Rafael Soares de Almeida

ALGORITMOS COM PYTHON PARA INICIANTES

EDITORA CIÊNCIA MODERNA

Algoritmos com Python para Iniciantes

Editor: Paulo André P. Marques
Produção Editorial: Dilene Sandes Pessanha
Capa: Daniel Jara
Diagramação: Daniel Jara
Copidesque: Equipe Ciência Moderna

FICHA CATALOGRÁFICA

ALMEIDA, Rafael Soares de.

Algoritmos com Python para Iniciantes

Rio de Janeiro: Editora Ciência Moderna Ltda., 2023.

1. Informática 2. Linguagem Python
I — Título

ISBN: 978-65-5842-250-1 CDD 001.642

Editora Ciência Moderna Ltda.
R. Alice Figueiredo, 46 – Riachuelo
Rio de Janeiro, RJ – Brasil CEP: 20.950-150
Tel: (21) 2201-6662/ Fax: (21) 2201-6896
E-MAIL: LCM@LCM.COM.BR
WWW.LCM.COM.BR

03/23

Agradecimentos

À minha amada Mãe, dona Zezé, sem a qual nada disto teria sentido.
À minha amada esposa Gorete e à minha amada filha Ana Paula, que me ensinam todos os dias o verdadeiro sentido da vida.
Aos meus irmãos, pelo positivismo empregado.
Aos amigos Cláudio Alcântara, José Orlando, Profª Msc Maria Beatriz Sena Brignol, Profº Doutor Ailton Feitosa.
Aos amigos que tanto me deram força para continuar nesta caminhada, meu muito obrigado e desculpas por minha ausência.

Em especial, à Editora Ciência Moderna, por ter acreditado no meu trabalho.

"O covarde nunca começa,
O fracassado nunca termina,
O vencedor nunca desiste."
Norman Vincent Peale

Sumário

Capítulo 01

Algoritmos

Conceitos

Para resolver um problema no computador, é necessário que seja, primeiramente, encontrada uma maneira de descrever este problema de uma forma clara e precisa. É preciso que encontremos uma sequência de passos que permitam que o problema possa ser resolvido de maneira automática e repetitiva. Além disso, é preciso definir como os dados que serão processados serão armazenados no computador. Portanto, a solução de um problema por computador é baseada em dois pontos: a sequência de passos e a forma como os dados serão armazenados no computador. Esta sequência de passos é chamada de algoritmo. Um exemplo simples e prosaico, de como um problema pode ser resolvido, caso forneçamos uma sequência de passos que mostrem a solução, é uma receita para preparar um bolo. A noção de algoritmo é central para toda a computação. A criação de algoritmos para resolver os problemas é uma das maiores dificuldades dos iniciantes em programação em computadores. Isto porque não existe um conjunto de regras, ou seja, um algoritmo, que nos permita criar algoritmos. Caso isto fosse possível, a função de criador de algoritmos desapareceria. Claro que existem linhas mestras e estruturas básicas, a partir das quais podemos criar algoritmos, mas a solução completa depende, em grande parte, do criador do algoritmo. Geralmente, existem diversos algoritmos para resolver o mesmo problema, cada um segundo o ponto de vista do seu criador.

No seu livro "Fundamental Algorithms vol. 1", Donald Knuth apresenta uma versão para a origem desta palavra. Ela seria derivada do nome de um famoso matemático persa chamado Abu Ja´far Maomé ibn Mûsâ al-Khowârism (825) que traduzido literalmente quer dizer Pai de Ja´far, Maomé, filho de Moisés, de Khowârizm. Khowârizm é hoje a cidade de Khiva, na ex-União Soviética. Este autor escreveu um livro chamado *Kitab al jabr w´al-muqabala* (Regras de Restauração e

Redução). O título do livro deu origem também à palavra Álgebra.

O significado da palavra é muito similar ao de uma receita, procedimento, técnica, rotina. Um algoritmo é um conjunto finito de regras que fornece uma sequência de operações para resolver um problema específico. Segundo o dicionário do prof. Aurélio Buarque de Holanda, um algoritmo é um processo de cálculo, ou de resolução de um grupo de problemas semelhantes, em que se estipulam, com generalidade e sem restrições, regras formais para a obtenção de resultado ou de solução de problemas.

Um algoritmo opera sobre um conjunto de entradas (no caso de uma receita de bolo: farinha, ovos, fermento, etc.) de modo a gerar uma saída que seja útil (ou agradável) para o usuário (o bolo pronto). Um algoritmo tem cinco características importantes:

Finitude:
Um algoritmo deve sempre terminar após um número finito de passos.
Definição:

Cada passo de um algoritmo deve ser precisamente definido. As ações devem ser definidas rigorosamente e sem ambiguidades.

Entradas:
Um algoritmo deve ter zero ou mais entradas, isto é, quantidades que lhe são fornecidas antes do algoritmo iniciar.

Saídas:
Um algoritmo deve ter uma ou mais saídas, isto é, quantidades que têm uma relação específica com as entradas.

Efetividade:
Um algoritmo deve ser efetivo. Isto significa que todas as operações devem ser suficientemente básicas de modo que possam ser, em princípio, executadas com precisão em um tempo finito por um humano usando papel e lápis. É claro que

todos nós sabemos construir algoritmos. Se isto não fosse verdade, não conseguiríamos sair de casa pela manhã, ir ao trabalho, decidir qual o melhor caminho para chegar a um lugar, voltar para casa, etc. Para que tudo isto seja feito, é necessário uma série de entradas do tipo: a que hora acordar, que hora sair de casa, qual o melhor meio de transporte, etc.

Um fator importante é que pode haver mais de um algoritmo para resolver um determinado problema. Por exemplo, para ir de casa até o trabalho, posso escolher diversos meios de transporte em função do preço, conforto, rapidez, etc. A escolha será feita em função do critério que melhor se adequar às nossas necessidades.

Todos nós, no dia a dia, nos deparamos com vários problemas. Quantas vezes já vimos um algoritmo e não sabíamos que aquela sequência de passos se chamava algoritmo. Um exemplo bem frequente é quando queremos falar em algum telefone público. Aquilo que está escrito no telefone é um algoritmo. Veja a seguir um exemplo de um algoritmo do cotidiano ou algoritmo não computacional, conforme **figura 1**:

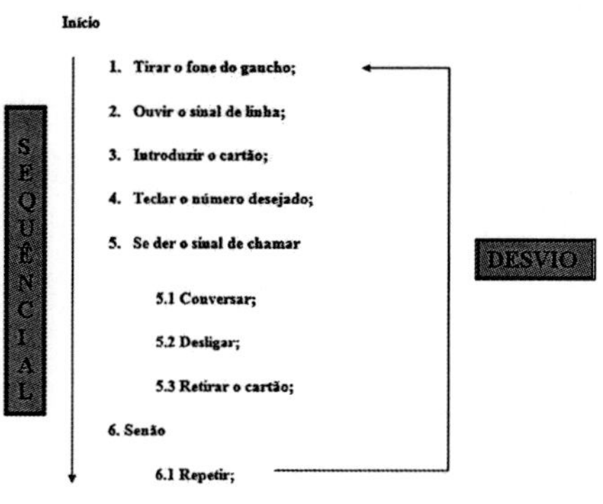

Figura 1

O algoritmo é exatamente esse conjunto de passos que resolveu o problema de uma pessoa falar ao telefone. E como se fôssemos ensinar uma máquina a fazer alguma tarefa específica. Outro exemplo clássico é um algoritmo para resolver o problema de fritar um ovo que poderia estar escrito em forma de uma receita. A receita é um algoritmo, pois é formada de ações que devem ser tomadas para fritar o ovo.

algoritmo 1

1 - Pegar frigideira, ovo, azeite e sal

2 - Colocar azeite na frigideira

3 - Acender o fogo

4 - Colocar a frigideira no fogo

5 - Esperar o azeite esquentar
6 - Colocar o ovo
7 - Retirar quando pronto

Cada linha do algoritmo podemos chamar de uma instrução, logo, podemos dizer que um algoritmo é um conjunto de instruções, onde uma **instrução** indica a um computador uma ação elementar a ser executada. Ao formularmos um algoritmo, temos de ter clareza a respeito do aspecto estático dessa sequência de ações escritas num pedaço de papel. O aspecto dinâmico só se evidencia ao executarmos essa sequência no computador e daí, poderemos ter certeza se conseguimos ou não resolver o problema.

Desenvolvendo algoritmos

Tipos de Algoritmos

Como veremos, existem diversos tipos de algoritmos, tais como: pseudocódigo, descrição narrativa, fluxograma ou diagrama de blocos, diagrama chapin, entre outros.

O pseudocódigo: utiliza linguagem estruturada e se assemelha, na forma, a um programa escrito na linguagem de programação Pascal ou C. O pseudocódigo é também denominado por alguns autores como português estruturado, embora existam pequenas diferenças de metodologia entre ambos. É bastante utilizado para representação da resolução de problemas computacionais.

A descrição narrativa: utiliza linguagem natural para especificar os passos para a realização das tarefas. Isso dá margem a más interpretações e ambiguidades. Não é muito utilizada.

O fluxograma: é uma forma universal de representação, pois se utiliza de figuras geométricas para ilustrar os passos a serem seguidos para a resolução dos problemas. Bastante utilizado, é também chamado por alguns autores de diagrama de blocos.

O diagrama de Chapin: também conhecido como diagrama Nassi-Shneiderman ou diagrama N-S, apresenta a solução do problema por meio de um diagrama de quadros com uma visão hierárquica e estruturada. Esse tipo de diagrama não é muito utilizado, pois é muito difícil representar recursividade, entre outros procedimentos. Neste livro vamos utilizar o pseudocódigo, que é tipo mais utilizado de representação de soluções para problemas computacionais.

Definições de Pseudocódigo

Os algoritmos também são descritos em uma linguagem chamada **pseudocódigo**. Este nome é uma alusão à posterior implementação em uma linguagem de programação, ou seja, quando formos programar em uma linguagem, por exemplo, **JavaScript** estaremos gerando código em **JavaScript**. Por isso os algoritmos são independentes das linguagens de programação. Ao contrário de uma linguagem de programação não existe um formalismo rígido de como deve ser escrito o algoritmo. O algoritmo deve ser fácil de interpretar e fácil de codificar. Ou seja, ele deve ser o intermediário entre a linguagem falada e a linguagem de programação.

Regras para construção do Algoritmo

Para escrever um algoritmo precisamos descrever a sequência de instruções, de maneira simples e objetiva. Para isso utilizaremos algumas técnicas:

1. Usar somente um verbo por frase;
2. Imaginar que você está desenvolvendo um algoritmo para pessoas que não trabalham com informática;
3. Usar frases curtas e simples;
4. Ser objetivo;
5. Procurar usar palavras que não tenham sentido dúbio;

Fases

Vimos que **ALGORITMO** é uma sequência lógica de instruções que podem ser executadas. É importante ressaltar que qualquer tarefa que siga determinado padrão pode ser descrita por um algoritmo, por exemplo: **COMO FAZER ARROZ DOCE** ou então **CALCULAR O SALDO FINANCEIRO DE UM ESTOQUE,** entretanto, ao montar um algoritmo, precisamos primeiro dividir o problema apresentado em três fases fundamentais, que são:

ENTRADA:
São os dados de entrada do algoritmo.
PROCESSAMENTO:
São os procedimentos utilizados para chegar ao resultado.
SAÍDA: São os dados já processados.

Analogia com o homem

Veja como, conforme **figura 2**:

Figura 2

Estrutura de um Algoritmo

Basicamente, um algoritmo tem a seguinte estrutura:

```
algoritmo "nome"
// Função :
// Autor :
// Data :
// Seção de Declarações
var
inicio
// Seção de Comandos
fimalgoritmo
```

A primeira linha é composta pela palavra-chave **algoritmo** seguida do seu **nome** delimitado por aspas duplas. A seção que se segue é a de declaração de variáveis, que termina com a linha que contém a palavra-chave **inicio**. Deste ponto em diante está a seção de comandos, que continua até a linha em que se encontre a palavra-chave **fimalgoritmo**. Esta última linha marca o final do pseudocódigo: todo texto existente a partir dela é ignorado.

Exemplo de Algoritmo

Vamos imaginar o seguinte problema: Calcular a média final dos alunos da 4º ano do ensino fundamental de uma escola imaginária. Os alunos realizarão duas provas bimestrais totalizando quatro notas: **N1**, **N2**, **N3** e **N4**.

Para montar o algoritmo proposto, faremos três perguntas:

a) Quais são os dados de entrada?
R: Os dados de entrada são **N1**, **N2**, **N3** e **N4**
b) Qual será o processamento a ser utilizado?
R: O procedimento será somar todos os dados de entrada e dividi-los por 4 (quatro)

c) Quais serão os dados de saída?
R: O dado de saída será a média final

```
algoritmo "calcula_media"
// Função : Calcular Média entre quatro notas
// Autor : Prof Msc Rafael Soares
// Data :  14/06/2018
// Seção de Declarações
var
n1, n2, n3, n4: real

inicio
// Seção de Comandos
```

```
escreva ("Digite a Nota n1: ")
leia (n1)
escreva ("Digite a Nota n2: ")
leia (n2)
escreva ("Digite a Nota n3: ")
leia (n3)
escreva ("Digite a Nota n4: ")
leia (n4)
escreva ("Média Final é = ", n1 + n2 + n3 + n4 / 4)
fimalgoritmo
```

Teste de Mesa

Após desenvolver um algoritmo, ele deverá sempre ser testado. Este teste é chamado de **TESTE DE MESA**, que significa, seguir as instruções do algoritmo de maneira precisa para verificar se o procedimento utilizado está correto ou não. Veja o exemplo, conforme **figura 3**:

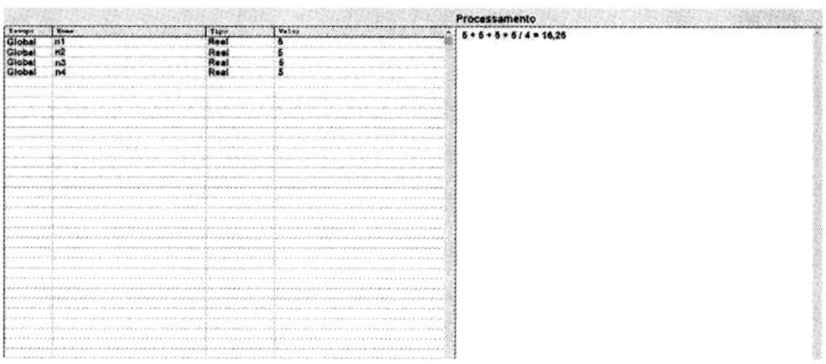

Figura 3

No processamento teremos o seguinte resultado = **5 + 5 + 5 + 5 / 4 = 16,25**. Observem que o resultado deveria ser **5**, ou seja **20 /4 = 5**. Este é um erro clássico na criação de algoritmos, pois estamos esquecendo que na matemática existe uma regra que é chamada de precedência de operadores, ou seja, a divisão tem precedência sobre a soma, desta forma ela vai ser feita primeiro, no nosso algoritmo acima, primeiro vai ser feito **5 / 4 = 1,25**, depois feita a soma **5 + 5 + 5 + 1,25 = 16,25**. Se observarmos, o cálculo está correto, simplesmente esquecemos da precedência dos operadores. Então como podemos alterar este cálculo? Para mudar a precedência dos operadores, basta usarmos os parênteses, desta forma o nosso processamento vai ficar conforme abaixo:

$$\frac{(n1 + n2 + n3 + n4)}{4}$$

Assim, nosso algoritmo vai ficar conforme o código abaixo:

```
algoritmo "calcula_media"
// Função : Calcular Média entre quatro notas
// Autor : Prof Msc Rafael Soares
// Data :  14/06/2018
// Seção de Declarações
var
n1, n2, n3, n4: real

inicio
// Seção de Comandos
escreva ("Digite a Nota n1: ")
leia (n1)
escreva ("Digite a Nota n2: ")
leia (n2)
escreva ("Digite a Nota n3: ")
leia (n3)
escreva ("Digite a Nota n4: ")
leia (n4)
escreva ("Média Final é = ", (n1 + n2 + n3 + n4) / 4)
fimalgoritmo
```

Veremos sobre a precedência de operadores mais adiante. Bem, você deve estar se perguntando, vamos ter que fazer os testes de mesa sempre na mão? Não. Mesmo porque, os algoritmos vão ficando mais complexos, e teremos a necessidade de um interpretador de algoritmos, para isto, usaremos o **VisuAlg**.

VisuAlg – Editor e Interpretador de Pseudocódigos

O **VisuAlg** é um editor e Interpretador de Pseudocódigos, para elaboração de algoritmos do mais simples ao mais complexo. Veja como instalar o **VisuAlg** no **Anexo 1**. Vamos nos familiarizar com o mesmo no decorrer do livro. Se você quiser conhecer um pouco mais o **VisuAlg**, tem um livro de minha autoria chamado: **Aprendendo Algoritmo com VisuAlg**, da editora Ciência Moderna.

Tipos Básicos de Dados

Chamamos de dados, os elementos do mundo exterior, que vão representar as informações que, nós desenvolvedores, manipulamos para serem utilizados na resolução de problemas. Esses dados podem ser abstraídos pelo desenvolvedor, fornecidos pelo usuário do programa ou ainda, originados a partir de processamentos, por exemplo, cálculo de média aritmética, e a partir de arquivos, banco de dados ou outros programas. O **VisuAlg** prevê quatro tipos de dados; são eles: **inteiro**, **real**, **caracter** e **lógico ou booleano**. As palavras-chave que os definem são as seguintes, observe na tabela abaixo, que elas não têm acentuação:

Tipo	Descrição
Inteiro	Define variáveis numéricas do tipo inteiro positivos e negativos, ou seja, sem casas decimais. Exemplo: 7, -7, 8, 11.
Real	Alguns autores o chamam de ponto flutuante. Define variáveis numéricas do tipo real positivos ou negativos, ou seja, com casas decimais. Vamos definir variáveis com este tipo quando precisarmos demonstrar algo que tenha uma precisão maior do que uma variável do tipo inteiro Exemplo: -7.7, 5, -5, -5.5.

Caractere	Define variáveis do tipo string, ou seja, cadeia de caracteres entre aspas duplas. Recebe letras, números e símbolos. Os números de tipo caractere não podem ser usados para cálculos. Exemplo: "Esta é uma cadeia de caracteres."
Logico ou Booleano	Define variáveis do tipo booleano, ou seja, com valor VERDADEIRO ou FALSO. Vai ser representado da seguinte forma: .VERDADEIRO. ou (.V.) .FALSO. ou (.F.). Exemplo: Sinalizador

Lembrem-se que o **VisuAlg não é uma linguagem de programação, por este motivo iremos usar a linguagem Python** para implementar os algoritmos que vamos criar, veja como instalar o editor para linguagem **Python** no **Anexo 1**. Vamos listar os tipos de dados disponíveis na linguagem **Pytohn** e que propriedades eles têm, comparando os tipos de dados do **VisuAlg**, com os da linguagem **Python**, conforme tabela abaixo:

VisuAlg		Linguagem Python	
Tipo	**Definição**	**Tipo**	**Capacidade de armazenamento em Python**
inteiro	Recebe números inteiros positivos e negativos	integer ou int	São limitados apenas pelo tamanho da memória e não por um número de bytes fixo como em outras linguagens, logo nós podemos criar um número inteiro com centenas de dígitos embora suas operações se tornem mais lentas do que usar os nativamente suportados pelo processador. Ex: 4 -234455 21543546546765756765328315713283490325324236723 1

real	Alguns autores o chamam de ponto flutuante. Recebe números com casas decimais positivos ou negativos. Vamos definir variáveis com este tipo quando precisarmos demonstrar algo que tenha uma precisão maior do que uma variável do tipo inteiro	float	Qualquer número com um ponto decimal ou que contenha a notação científica na base 10 (e) ou (E). Ex: 2.34 .009 2e4 2E4
lógico ou booleano	Recebe o valor verdadeiro ou falso. Vai ser representado da seguinte forma: .VERDADEIRO. ou (.V.) .FALSO. ou (.F.).	bool	Os booleanos em Python são: True (Verdadeiro) e False (Falso). Apesar dessa representação em caracteres os booleanos False podem representar 0 e True o inteiro 1, por isso podem ser colocados junto com os tipos numéricos. Em um controle de decisão Python também considera 0 como False e tudo que for diferente como True.
caractere ou texto ou literal ou cadeia	Recebe letras, números e símbolos. Os números de tipo caractere não podem ser usados para cálculos.	str	String representa um conjunto de caracteres disposto numa determinada ordem. A partir de agora, todas as vezes em que falarmos o termo String, estaremos nos referindo a um conjunto de caracteres. Ex: nome_do_aluno = «Ana Paula»

Comandos e Instruções

Os comandos de uma linguagem de programação de computadores são representados pelo conjunto de palavras-chave (vocabulário) que a linguagem possui com a finalidade de comandar em um computador certas funcionalidades e a forma como os dados armazenados devem ser tratados. Em **Python**, parte das instruções é escrita com letras minúsculas (a linguagem diferencia caracteres maiúsculos de minúsculos).

Os comandos são ferramentas que permitem determinar **ordens** que devem ser executadas por um computador, por intermédio de uma linguagem de programação. Quando um comando é utilizado estabelece-se uma instrução. Desta forma, uma instrução (que pode ser formada por um ou mais comandos) é a expressão do que se deseja realizar em um computador.

Cada comando da linguagem **Python**, possui um comportamento e resulta na obtenção de alguma resposta de sua ação. As palavras-chave que representam cada comando da linguagem **Python**, possuem como significado as descrições apresentadas na tabela abaixo:

Comando	Finalidade
False	Representa o valor lógico falso.
None	Representa a definição de um valor nulo.
True	Representa o valor lógico verdadeiro.
and	Usado para estabelecer operação lógica de conjunção.
as	Usado para dar um apelido a um módulo.
assert	Usado para operações de depuração.
break	Usado para interromper sumariamente a execução de um ciclo de laço.
class	Usado para definição de uma estrutura de dado definida.

continue	Usado para interromper a execução de um ciclo de laço apenas em um ciclo.
def	Usado para definir uma sub-rotina.
del	Usado para remover da memória um objeto em uso.
elif	Usado para avaliar uma condição que se for falsa deve seguir para o próximo teste.
else	Usado de forma opcional, executado quando a condição for falsa
except	Usado para capturar um erro de exceção e executar uma ação.
finally	Usado para finalizar a ação de uma exceção e limpa os recursos.
for	Usado para iterar itens de uma coleção e dar acesso a esses itens via laço.
from	Usado para importar um recurso a partir de um módulo.
global	Usado para dar acesso a variáveis definidas em funções externamente.
if	Usado para definir uma estrutura de tomada de decisão.
import	Usado para colocar em uso determinado módulo.
in	Usado para testar se uma estrutura de dado possui certo valor.
is	Usado para verificar a identidade de um objeto.
lambda	Usado para criar funções anônimas.
nonlocal	Usado para dar acesso a variáveis definidas em funções dentro de outra função.
not	Usado para estabelecer operação lógica de negação.
or	Usado para estabelecer operação lógica de disjunção inclusiva.
pass	Usado para deixar uma área reservada de operação.
raise	Usado para criar urna exceção definida pelo programador.
return	Usado para dar o retorno de um valor de uma função.
try	Usado para dar acesso a manipuladores de exceção.
while	Usado para controlar a execução de um trecho de programa na forma de laço.

with	Usado para definir certo grau de abstração em operações com arquivos.
yield	Usado para retornar valores de geradores, semelhante ao comando return.

O conjunto de instruções, que atenda a certo algoritmo, disposto em certa ordem lógica, estabelece o que chamamos de **programa**. Sendo uma instrução, como dissemos, pode ser o uso de um ou mais comandos podendo ser acrescido o uso de variáveis, constantes e ou expressões matemáticas (aritméticas ou algébricas) com a finalidade de estabelecer uma ordem de execução a um computador.

Variáveis

Python é uma linguagem de tipagem dinâmica. Isso significa que não necessitamos declarar o tipo de uma variável antes de sua atribuição. O tipo será automaticamente determinado quando o programa for processado. Isso também significa que podemos reatribuir uma mesma variável com um tipo diferente. Vejam o trecho de código no exemplo abaixo:

```
variavel = 53    # variável é um int agora
variavel = "Python" # variável é um string agora
variavel = false  # variável é um boolean agora
variavel = 0.77  # variável é um float ou double agora
```

A linguagem **Python**, não trata os tipos de dados elementares (primitivos) com a nomenclatura normalmente encontrada na documentação da maioria das linguagens de programação, na documentação oficial, os tipos primitivos são chamados de tipos **built-ins** ou então, tipos construídos. Essa nomenclatura é utilizada para indicar que estamos utilizando informações que foram definidas, por padrão, através de classes dentro da Máquina Virtual do **Python**, desta forma vamos chamar de Tipos Primitivos as informações em sua forma mais simples, pois o motivo da linguagem **Python** não trabalhar com tipos primitivos diretamente, deve-se ao fato de que em **Python**, tudo são objetos. Veja abaixo, a lista dos principais tipos built-ins da linguagem **Python**:

1. **int** - para números inteiros;
2. **str** - para conjunto de caracteres;
3. **bool** - armazena True ou False;
4. **list** - para agrupar um conjunto de elementos;
5. **tupla** - semelhante ao tipo list, porém, imutável;
6. **dic** - para agrupar elementos que serão recuperados por uma **chave**.

Os tipos que não foram listados na tabela acima, veremos seu uso no decorrer deste livro. O **VisuAlg** e a linguagem **Python** permitem também a declaração de variáveis estruturadas através da palavra-chave **vetor**, no **VisuAlg**, através da declaração **variavel = ["valor1", "valor2"]**, no **Python**, como veremos a seguir.

Nomes de Variáveis e sua Declaração

Variáveis são palavras que têm um significado bem específico no algoritmo. O computador deve conhecer os detalhes das variáveis que queremos utilizar, para que possa executar os comandos que envolvem variáveis de forma correta. Em resumo, podemos dizer que esses detalhes são: o **identificador** da variável e o tipo de valor que esta variável vai assumir, conforme visto no tópico anterior. Existem algumas regras para a declaração ou nomeação de variáveis, são elas:

1. Nomes de variáveis não podem ser iguais a palavras reservadas.
2. Nomes de variáveis devem possuir como primeiro caractere uma letra ou sublinhado, underline. Os caracteres seguintes podem ser letras, números, sublinhados, em qualquer ordem.
3. Nomes de variáveis devem ter no máximo 127 caracteres.
4. Nomes de variáveis não podem conter espaços em branco.
5. Nomes de variáveis devem ser significativos.
6. Nomes de variáveis não podem ter o mesmo nome, com exceção dos elementos de um mesmo vetor.
7. Na sintaxe do Português Estruturado do **VisuAlg**, não existe diferenciação entre letras maiúsculas e minúsculas para nomeação de variáveis. Esta regra não vale para as linguagens de programação, que fazem esta distinção.

Notação CamelCase

Uma prática muito importante na programação é o uso da notação **CamelCase**, com ela podemos acelerar o entendimento do código e a leitura dos nomes usados. A Notação **CamelCase** é amplamente utilizada e já virou uma prática comum e há apenas uma pequena controvérsia se um nome deve começar ou não com a primeira letra da primeira palavra em maiúscula ou não.

Até mesmo em C/C++ não há o mal costume de unir práticas de nomeação antigas com novas, deixando o código pouco elegante, em C++ apenas é perceptível o constante uso da Notação, já em C puro, é muito pouco usado, mas neste livro vamos utilizar sempre a notação **CamelCase**. Usaremos sempre a primeira letra de cada palavra em maiúscula, com as seguintes exceções:

1. Quando nome de variáveis a primeira palavra será toda em minúscula;
2. Quando nome de variáveis, não usaremos underline(traço baixo), a não ser que auxilie o entendimento de variáveis com nomes mais complexos, este uso deve ser acordado com a equipe, e claramente documentado como usar, caso for preciso criar novas variáveis.
3. Quando nome de constantes, todas as palavras serão escritas com todas as letras em maiúsculas, sendo cada palavra separada da outra por underline(traço baixo);
4. Quando nome de funções deverá ser adotado o mesmo critério usado para as variáveis;
5. Quando nome de procedimentos deverá ser usado cada primeira letra em maiúsculo, mesmo na primeira palavra, podendo quando negociado com a equipe, em caso de nomes mais complexos usar o underline(traço baixo) para auxiliar na criação do nome;
6. Quando nome de classes deverão seguir o mesmo critério para procedimentos;
7. Em todos os casos poderão ser usados números;
8. Mesmo que a linguagem permita, "nunca" use acentos e símbolos especiais;

Para conhecer a história da notação **CamelCase** e como adotá-la, visite o link **http://c2.com/cgi/wiki?CamelCase**.

Variáveis Simples e Vetores

As variáveis podem ser simples ou estruturadas, os vetores podem ser de uma ou duas dimensões. A seção de declaração de variáveis começa com a palavra-chave **var**, para variáveis simples, veja abaixo a sua sintaxe:

Variáveis Simples e Vetores	
Representação no VisuAlg	**Representação em Python**
<lista-de-variáveis> : <tipo-de-dado>	**<lista-de-variáveis>;**

Na **<lista-de-variáveis>**, se forem do mesmo tipo, devem ser separadas por vírgulas. Veja no **VisuAlg**, a sintaxe de criação de variáveis simples, conforme abaixo:

```
algoritmo "semnome"
// Função : Criar Variáveis
// Autor : Prof Msc Rafael Soares
// Data :  20/06/2018
// Seção de Declarações
var
a, idade_filho : inteiro
valor1, valor2 : real
nomeDoAluno : caracter
sinalizador : logico

inicio
// Seção de Comandos
fimalgoritmo
```

Veja no **Python**, a sintaxe de criação de variáveis simples, conforme abaixo:

```
a, idade_filho, valor1, valor2, nomeDoAluno, sinalizador
```

Note que no **VisuAlg** não há a necessidade de ponto e vírgula após cada declaração, basta pular linha. Já no **Python,** o ponto e vírgula é necessário. Para variáveis do tipo vetor, veja abaixo a sua sintaxe:

Variáveis do Tipo Vetor	
Representação no VisuAlg	**Representação em Python**
<lista-de-variáveis> : vetor "["<lista-de-intervalos>"]" de <tipo-de-dado>	**<lista-de-variáveis> = [] ou <lista-de-variáveis> = [valor1, valo2]**

Na **<lista-de-intervalos>** do **VisuAlg**, os **<intervalo>** são separados por vírgulas, e têm a seguinte sintaxe:

```
<intervalo>: <valor-inicial> .. <valor-final>
```

No **VisuAlg**, tanto **<valor-inicial>** como **<valor-final>** devem ser do tipo **inteiro**. Além disso, exige-se evidentemente que **<valor-final>** seja maior do que **<valor-inicial>**. Já no **Python,** não se tem este tipo de exigência. Veja no **VisuAlg**, a sintaxe de criação de variáveis do tipo vetor, conforme abaixo:

```
algoritmo "semnome"
// Função : Criar Variáveis
// Autor : Prof Msc Rafael Soares
// Data : 20/06/2018
// Seção de Declarações
var
valor1: vetor [1..10] de real
matriz: vetor [0..4,8..10] de inteiro
inicio
// Seção de Comandos
fimalgoritmo
```

A variável **valor1** acima tem 10 elementos, com os índices de [1] a [10], enquanto **matriz** corresponde a 15 elementos com índices [0,8], [0,9], [0,10], [1,8], [1,9], [1,10], ... até [4,10]. O número total de variáveis suportado pelo **VisuAlg** é 500, e cada elemento de um vetor é contado individualmente. Veja no **Python**, a sintaxe de criação de variáveis do tipo vetor, conforme abaixo:

```
cores = []
ou
cores = [cor1, cor2, cor3]
```

Na primeira sintaxe, temos um array infinito. Na segunda, o array vai ter apenas três elementos.

Palavras Reservadas

Observem as palavras reservadas do **VisuAlg**, conforme tabela abaixo:

VisuAlg				
aleatório	abs	algoritmo	arccos	arcsen
arctan	arquivo	asc	ate	caracter
caso	compr	copia	cos	cotan
cronometro	debug	declare	e	eco
enquanto	então	escolha	escreva	exp
faca	falso	fimalgoritmo	fimenquanto	fimescolha
fimfuncao	fimpara	fimprocedimento	fimrepita	fimse
função	grauprad	inicio	int	interrompa
leia	literal	log	logico	logn
maiusc	mensagem	minusc	não	numérico
numpcarac	ou	outrocaso	para	passo
pausa	pi	pos	procedimento	quad
radpgrau	raizq	rand	randi	repita
se	sem	senão	timer	tan
verdadeiro	xou			

Observem as palavras reservadas da linguagem **Python**, conforme tabela abaixo:

Python				
false	**class**	**finally**	**is**	**return**
none	**continue**	**for**	**lambda**	**try**
true	**def**	**from**	**nonlocal**	**while**
and	**del**	**global**	**not**	**with**
as	**elif**	**if**	**or**	**yield**
assert	**else**	**import**	**pass**	**break**
except	**in**	**raisse**		

Estas palavras não podem ser usadas em hipótese alguma como nomes de variáveis.

Constantes e Comando de Atribuição

Para **atribuir** ou **colocar** um valor dentro de uma variável, vamos utilizar o **operador de atribuição**, que é representado por uma seta apontando para a esquerda no **VisuAlg**, no **Python**, é representado pelo sinal de =, veja abaixo a sua sintaxe:

Comando de Atribuição	
Representação no VisuAlg	**Representação em Python**
←	=

Para representar esta seta no **VisuAlg**, selecione a tecla menor que < em seguida selecione a tecla tracinho —. Vamos abrir o **VisuAlg**, basta clicar sobre o ícone do **VisuAlg** na barra de tarefas do **Windows 10**, conforme vimos na **figura 145** no **Anexo I**, vai abrir a tela principal do mesmo, antes de começarmos digitar algo, vamos salvar nosso algoritmo, para isto, clique com o botão do mouse sobre o menu **Arquivo**, em seguida selecione o item **Salvar**, ou pressione ao mesmo tempo as teclas de atalho **Ctrl+S**, conforme **figura 4**:

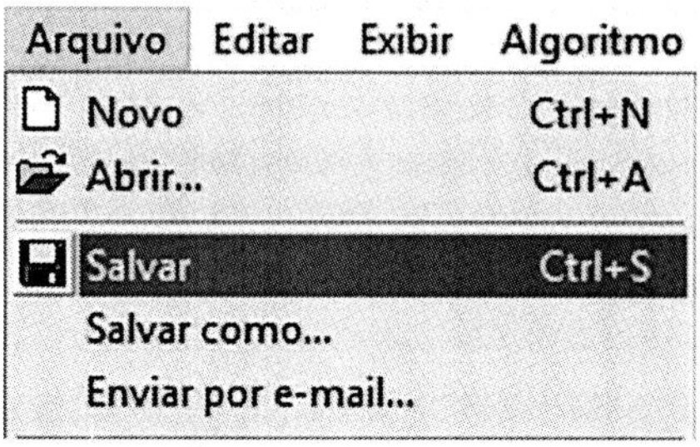

Figura 4

Figura 5

Ou clique no ícone do disquete no menu de ferramentas, conforme **figura 5**.

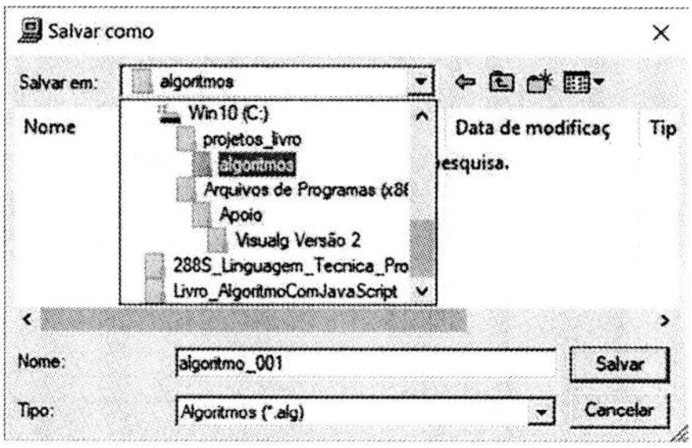

Figura 6

Independentemente da forma escolhida para salvar o algoritmo vai abrir a janela **Salvar como**, no item **Salvar em:**, selecione **Disco local (C:)**, se você renomeou o seu **Disco local (C:)**, clique no nome do disco que você escolheu — no meu caso eu chamei de **Win10 (C:)** —, em seguida selecione a pasta **projetos_livro**, e clique no botão **Abrir** ou clique duas vezes com o botão do mouse sobre a pasta, em seguida selecione a pasta **algoritmos**, e clique no botão **Abrir** ou clique duas vezes com o botão do mouse sobre a pasta. No item **Nome:**, digite **algoritmo_001**, conforme **figura 6**:

Clique no botão **Salvar**. Para saber se o algoritmo foi salvo no caminho que especificamos, basta verificar no topo da janela do **VisuAlg**, que mostra o caminho onde salvamos nosso algoritmo, conforme **figura 7**:

Figura 7

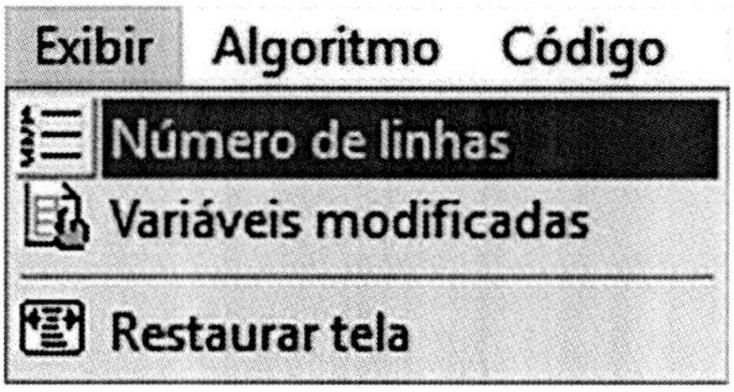

Figura 8

Vamos agora configurar nosso ambiente de trabalho. A primeira coisa que devemos configurar é a numeração de linhas, pois é muito importante, principalmente na indicação de erros. Para isto, clique no menu **Exibir**, e selecione o item **Número de linhas**, conforme **figura 8**:

Figura 9

Ou clique no ícone **Numerar linhas** no menu de ferramentas, conforme **figura 9**:

Figura 10

Outra configuração importante, é o tamanho da fonte, pois dependendo do tamanho do monitor é interessante ter uma fonte maior. Para isto, clique no menu **Ferramentas**, e selecione o item **Opções**, conforme **figura 10**:

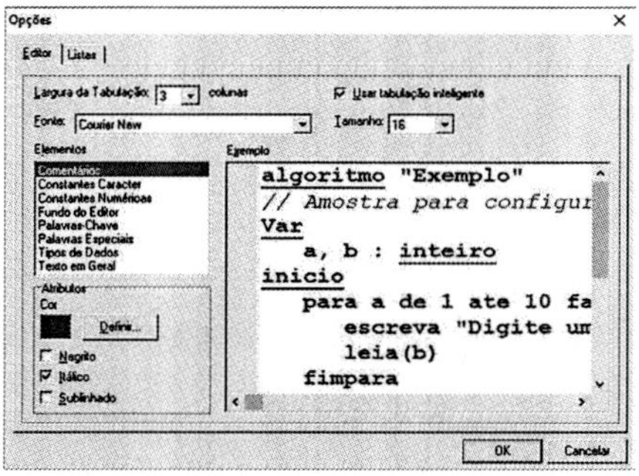

Figura 11

Vai abrir a janela **Opções**, aqui podemos alterar todos os elementos da área de trabalho do **VisuAlg**, tamanho da fonte, cores dos elementos, se o elemento vai ter uma fonte em negrito ou de cor diferente, mudar a cor de fundo da área de trabalho, etc. Vamos alterar, no momento, somente o tamanho da fonte, na caixa de seleção **Tamanho:**, clique na setinha para baixo e selecione **16**, conforme **figura 11**:

Figura 12

Clique no botão **OK**. Agora posicione o cursor no início da **linha 1**, em seguida pressione, ao mesmo tempo, as teclas **Ctrl+T**, veja como ficou, conforme **figura 12**:

Pressione a tecla **Delete** do teclado, e observe que o cursor do mouse vai ficar piscando na **linha 1**, neste local digite o código abaixo:

```
algoritmo "algoritmo_001"
// Função : Exemplo de Atribuicao
// Autor : Professor Msc Rafael Soares
// Data : 19/07/2019
// Seção de Declarações
var
a, valor1 : inteiro
valor2 : real
achei : Logico
nomeDoAluno : caractere

inicio
// Seção de Comandos
//este comando atribui a variável a o valor 3.
a <- 3
//este comando atribui a variável valor1 o valor 1.5
valor1 <- 1.5
//este comando atribui a variável valor2 a variável valor1 que
é 1.5 e soma com o valor da variável a, que é 3
valor2 <- valor1 + a
```

```
//este comando atribui a variável nomeDoAluno o valor Ana Paula
nomeDoAluno <- "Ana Paula"
//este comando atribui a variável achei o valor FALSO
achei <- FALSO
fimalgoritmo
```

Veja como ficou, conforme **figura 13**:

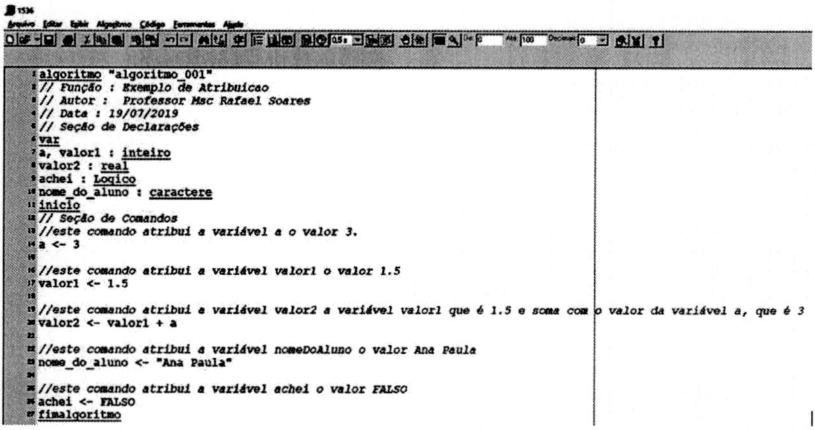

Figura 13

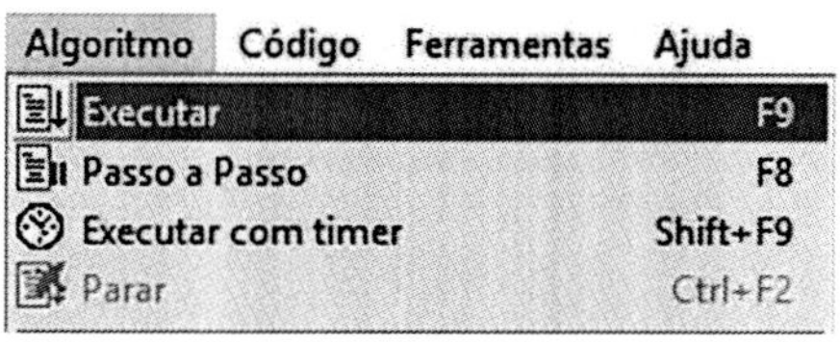

Figura 14

Salve o algoritmo, conforme vimos nas **figuras** 4 ou 5. Vamos executar o algoritmo, não podemos esquecer que só podemos atribuir às variáveis, valores do mesmo tipo que a variável foi nomeada, por exemplo, tentar atribuir um valor do tipo **real** em uma variável do tipo **inteiro**. Para isto, vamos até o menu **Algoritmo**, e vamos selecionar o item **Executar**, ou pressionar a tecla **F9**, conforme **figura 14**:

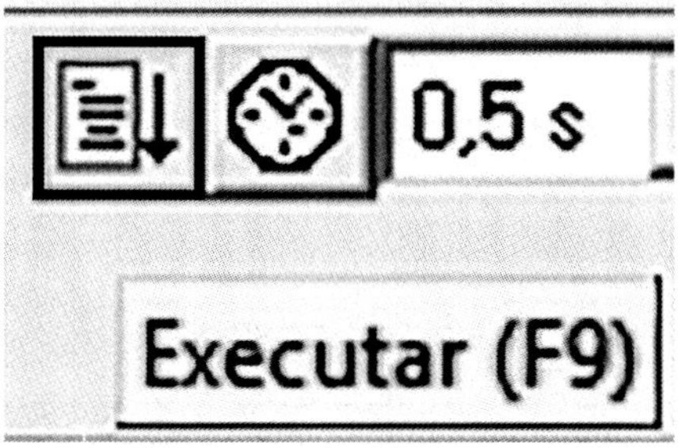

Figura 15

Ou clique no ícone **Executar** no menu de ferramentas, conforme **figura 15**:

Vejam que que o **VisuAlg** vai mostrar uma mensagem de erro ao executarmos o algoritmo, conforme **figura 16**:

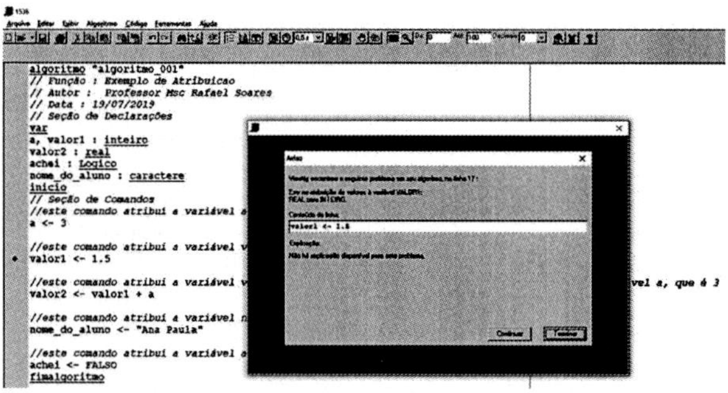

Figura 16

Clique no botão **Terminar**, e vai aparecer outra janela confirmando o erro de atribuição, conforme **figura 17**:

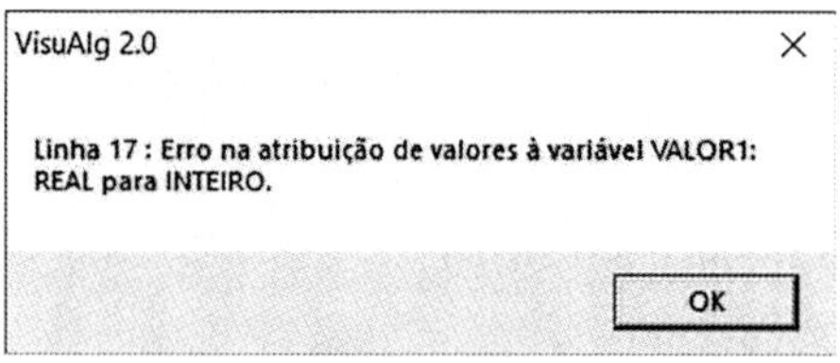

Figura 17

Clique no botão **Ok**. Vejam a importância da numeração de linha no algoritmo.

Temos duas maneiras de corrigir este erro. A primeira é alterando o tipo da variável **valor1** para **real**, delete a mesma da **linha** 7, em seguida crie a mesma na **linha 8**, deve ficar conforme **figura 18**:

```
6 var
7 a : inteiro
8 valor1, valor2 : real
9 achei : Logico
10 nomeDoAluno : caractere
```

Figura 18

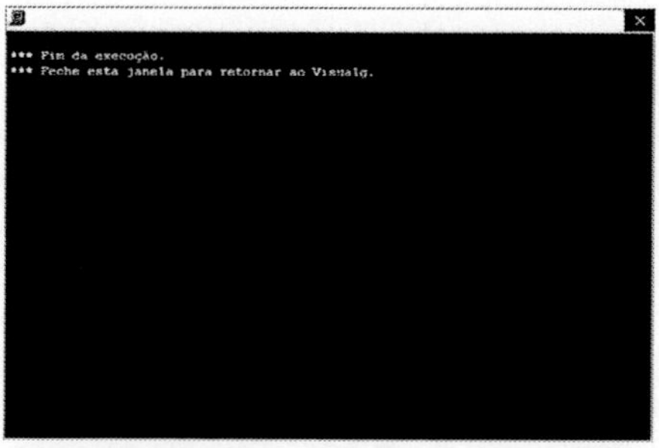

Figura 19

Salve seu algoritmo, conforme vimos nas **figuras 4** ou **5**. Execute novamente, conforme vimos nas **figuras 14** ou **15**. Vejam que vai aparecer uma janela dizendo que a execução foi encerrada e pedindo para fechar a janela, para retornar para o **VisuAlg**, para isto, clique no **X** que fica no canto superior direito da janela, conforme **figura 19**:

Escopo	Nome	Tipo	Valor
GLOBAL	A	I	3
GLOBAL	VALOR1	R	1.5
GLOBAL	VALOR2	R	4.5
GLOBAL	ACHEI	L	FALSO
GLOBAL	NOMEDOALUNO	C	"Ana Paula"

Figura 20

Observem que não foi mostrado o conteúdo das variáveis na tela. Veremos como fazer mais adiante. Mas se observarmos na janela de visualização de resultados, vamos ver o conteúdo das variáveis, conforme **figura 20**:

A segunda maneira de acertar o erro mencionado anteriormente, é alterando o valor que está sendo atribuído à variável **valor1**, na **linha 14**, altere o valor para **15**, deve ficar conforme **figura 21**:

```
16 //este comando atribui a variável valor1 o valor 1.5
17 valor1 <- 15
```

Figura 21

Salve seu algoritmo, conforme vimos nas **figuras 4** e **5**. Execute novamente, conforme vimos nas **figuras 14** e **15**. Vejam que vai aparecer uma janela dizendo que a execução foi encerrada e pedindo para fechar a janela para retornar para o **VisuAlg**, para isto, clique no **X** que fica no canto superior direito da janela, conforme vimos na **figura 19**. Observem que não foi mostrado o conteúdo das variáveis na tela. Veremos como fazer mais adiante. Mas se observarmos na janela de visualização de resultados, vamos ver o conteúdo das variáveis, conforme vimos na **figura 20**.

Vejam que o inverso não vai produzir erro, uma vez que um número do tipo **real** pode ser escrito sem casas decimais, neste caso uma variável do tipo **real** aceita variáveis do tipo **inteiro**. As variáveis do tipo **caractere** e **logico** também têm a mesma característica, ou seja, só aceitam valores do mesmo tipo. Vetores e matrizes têm o mesmo tratamento que variáveis, ou seja, só podem receber valores do mesmo tipo declarado do **vetor** e da **matriz**. Observem também que nós atribuímos valores fixos às variáveis. Chamamos este recurso de **Constantes.** O **VisuAlg** tem três tipos de constantes:

1. **Numéricas:** são valores numéricos escritos na forma usual das linguagens de programação. Podem ser inteiros ou reais. Neste último caso, o separador de decimais é o ponto e não a vírgula, independente da configuração regional do computador em que o **VisuAlg** está sendo executado. O **VisuAlg** também não suporta separadores de milhares, mas podemos formatar a quantidade de casas decimais.
2. **Caracteres:** qualquer cadeia de caracteres delimitada por aspas duplas ("").
3. **Lógicos:** admite os valores **VERDADEIRO** ou **FALSO**.

Vejam o exemplo nas **linhas 14**, **17**, **23** e **26**, no código da **figura 13**. Outro detalhe que devemos estar atentos é que sempre à esquerda do comando de atribuição deve ter um e somente um identificador de variável. Vamos alterar a **linha 15**, deve ficar conforme **figura 22**:

```
14 //este comando atribui a variável a o valor 3.
15 3 <- a
```

Figura 22

Salve seu algoritmo, conforme vimos nas **figuras 4** ou **5**. Execute novamente, conforme vimos nas **figuras 14** e **15**. Vejam que o **VisuAlg** vai mostrar uma mensagem de erro ao executamos o algoritmo, conforme **figura 23**:

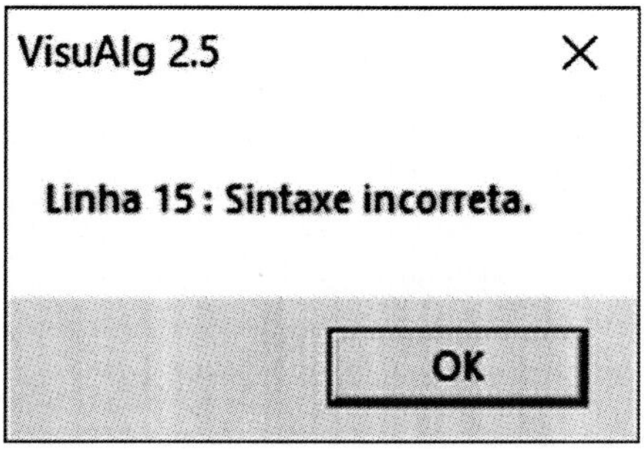

Figura 23

Clique no botão **Ok**. Este é um erro de sintaxe, pois não podemos fazer a atribuição do valor da variável para uma constante. Altere o código de forma que ele fique conforme vimos na **figura 13**. Agora vamos **atribuir** ou **colocar** um valor dentro de uma variável, utilizando o **Phyton**. Vamos abrir o **Wing 101 7.1**, basta clicar sobre o ícone do **Wing 101 7.1** na barra de tarefas do **Windows 10**, conforme vimos na **figura 166** no **Anexo I**, ao abrir pela primeira vez, vai aparecer uma janela pedindo para que você aceite a licença de uso do software, conforme **figura 24**:

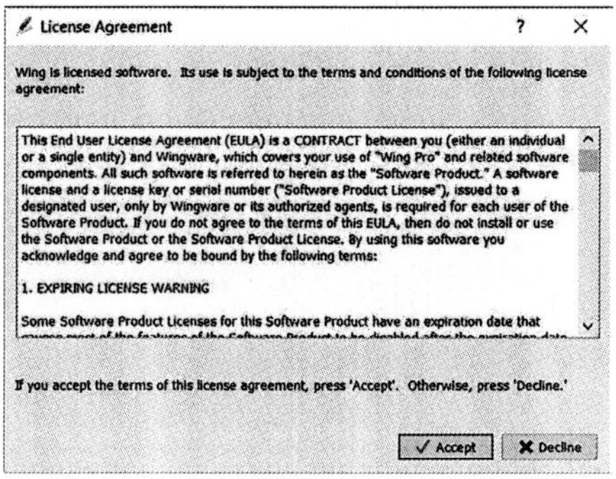

Figura 24

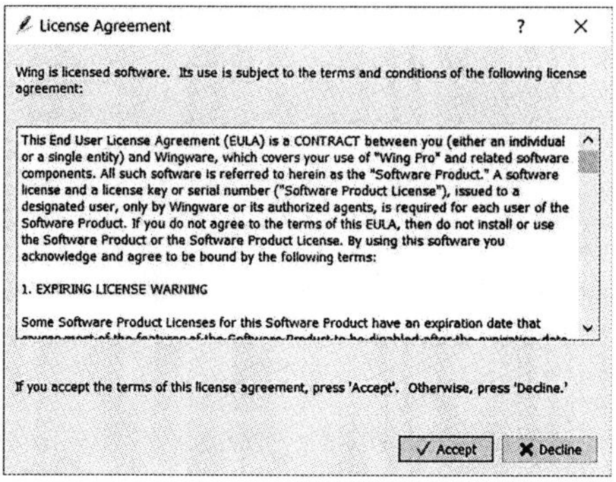

Figura 24

Clique no botão **Accept**, e veja que vai abrir a janela principal da **IDE**, juntamente com uma pequena janela falando sobre configuração do **Python**, feche este janela clicando no botão **OK**, em seguida, antes de começarmos a digitar algo, vamos fechar o arquivo **help**, para isto clique no ícone do quadradinho vermelho com um **X** dentro, conforme **figura 25**:

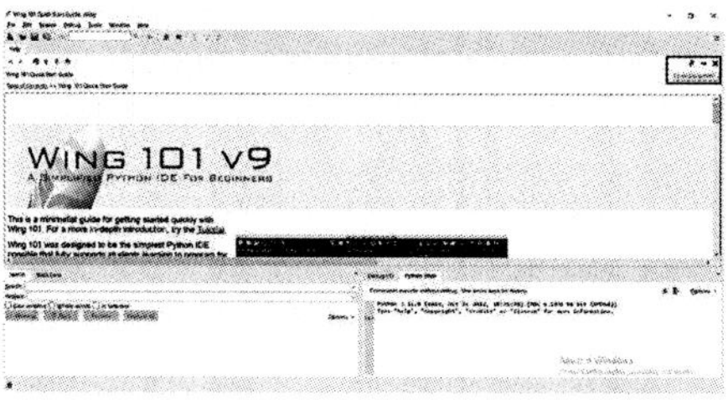

Figura 25

Veja como ficou, conforme **figura 26**:

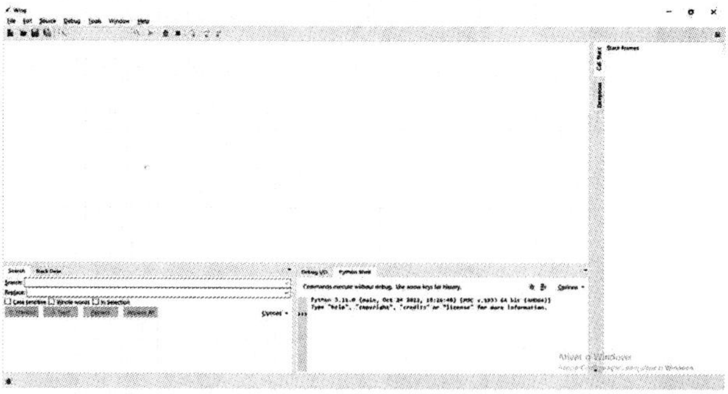

Figura 26

Vejam que podemos ganhar espaço na área de trabalho, para isto basta clicar na setinha preta e selecione o item **Move Search to**, em seguida, selecione o item **Right Toolbox**, repita este procedimento pra todas as abas, até a barra de ferramentas ficar vazia, em seguida clique na setinha preta novamente e selecione o item **Remove Toolbox Split**, vejam que todas as ferramentas estão do lado direito da **IDE**, clique duas vezes com o mouse sobre qualquer uma das abas que estão abertas na lateral do lado direito, e vejam como vai ficar, conforme **figura 27**:

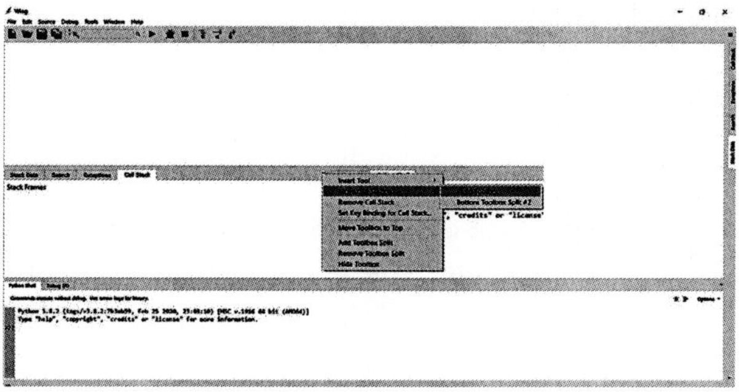

Figura 27

Agora vamos criar nosso primeiro aplicativo em **Python**, para isto clique com o botão do mouse sobre o menu **File**, em seguida selecione o item **New**, ou pressione, ao mesmo tempo, as teclas de atalho **Ctrl+N**, conforme **figura 28**:

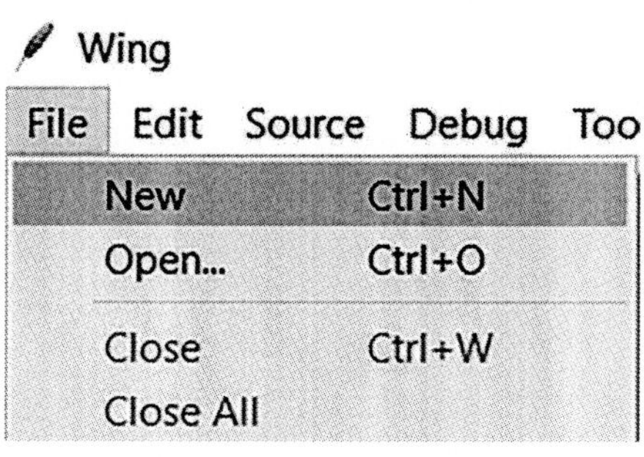

Figura 28

Vai abrir um script vazio com o seguinte nome: **untitled.py**, conforme **figura 29**:

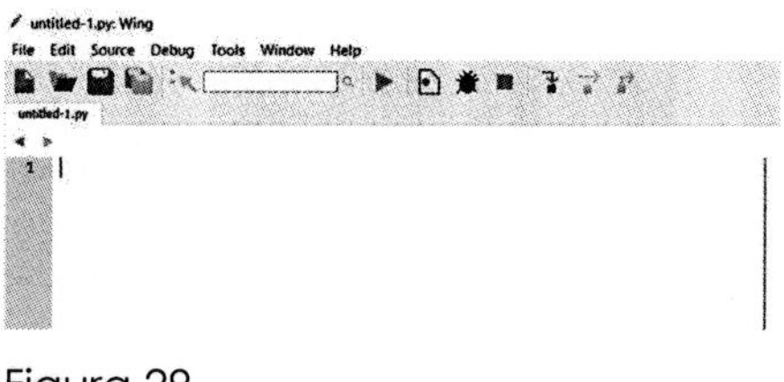

Figura 29

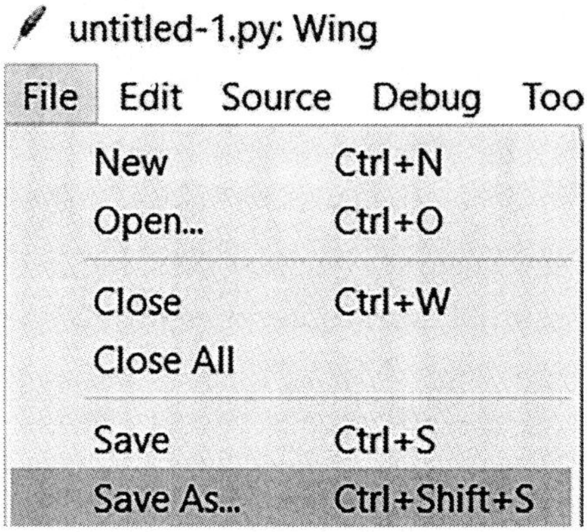

Figura 30

Vamos salvá-lo, para isto vá até o menu **File** e selecione o item **Save As...**, ou pressione ao mesmo tempo as teclas de atalho **Ctrl+Shift+S**, conforme **figura 30**:

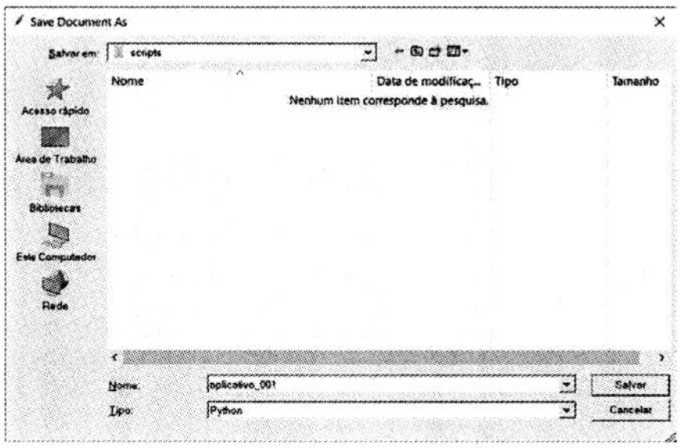

Figura 31

Vai abrir a janela **Save Document As**, no item **Salvar em:**, clique na setinha para baixo da caixa de seleção **combo-box** e selecione **Disco local (C:)**, se você renomeou o seu **Disco local (C:)**, clique no nome do disco que você escolheu — no meu caso eu chamei de **Win10 (C:)** —, em seguida clique duas vezes com o botão do mouse sobre a pasta **projetos_livro**, em seguida clique duas vezes com o botão do mouse sobre a pasta **scripts**, no item **Nome:**, digite **aplicativo_001**, no item **Tipo:**, deixe selecionado **Python**, conforme **figura 31**:

Clique no botão **Salvar**. Para saber se o aplicativo foi salvo no caminho que especificamos, basta verificar no topo da janela do **Wing 101**, que mostra o caminho onde salvamos nosso aplicativo, conforme **figura 32**:

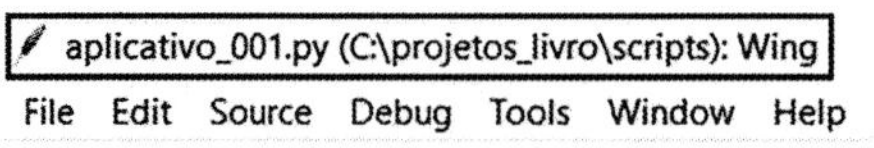

Figura 32

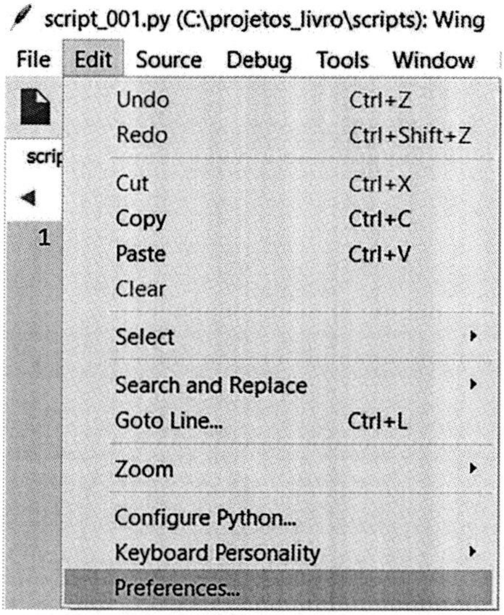

Figura 33

Vamos agora configurar nosso ambiente de trabalho. Uma configuração importante é o tamanho da fonte, pois dependendo do tamanho do monitor é interessante ter uma fonte maior. Para isto, clique no menu **Edit**, e selecione o item **Preferences...**, conforme **figura 33**:

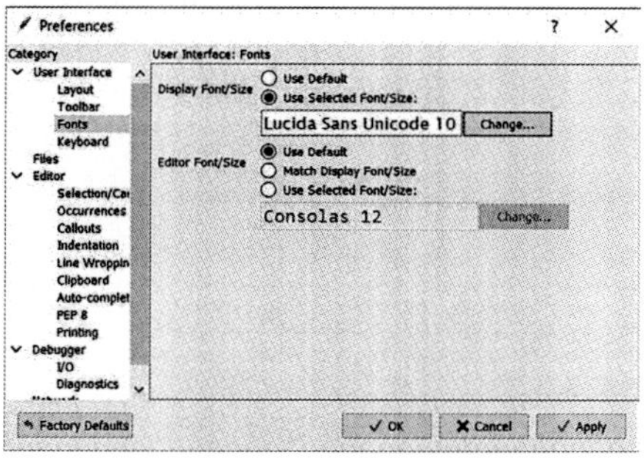

Figura 34

Vai abrir a janela **Preferences**, vamos alterar o tamanho da fonte, para isto, na coluna do lado esquerdo, no item **Category**, clique na setinha para baixo do item **User Interface**, em seguida, selecione o item **Fonts**, na coluna do lado direito, no item **Display Font/Size**, selecione o item **Use Selected Font/Size:**, e clique no botão **Change...**, conforme **figura 34**:

Vai abrir a janela **Select Fonte**, no item **Size**, selecione o tamanho 12, conforme **figura 35**:

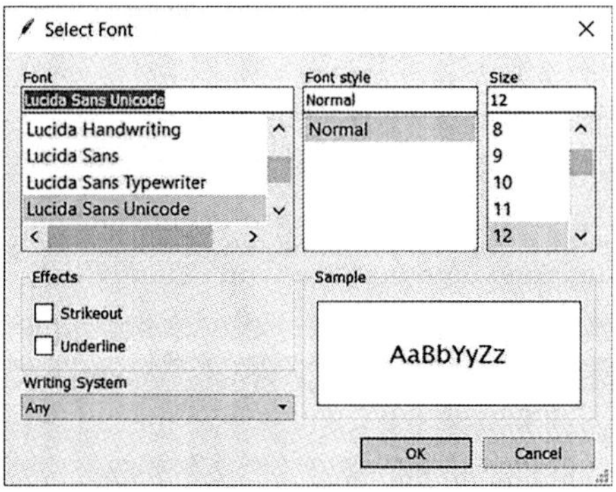

Figura 35

Clique no botão **OK**, e vamos retornar para a janela **Preferences**, repita os procedimentos acima para o item **Editor Font/Size**, selecione o item **Use Selected Font/Size:**, e clique no botão **Change...**, conforme vimos na **figura 34**. Vai abrir a janela **Select Fonte**, no item **Size**, selecione o tamanho 14, conforme vimos na **figura 35**. Clique no botão **OK**, e vamos retornar para a janela **Preferences**, clique no botão **OK** e vai aparecer uma caixa de diálogo solicitando para abrir e fechar o programa, conforme **figura 36**:

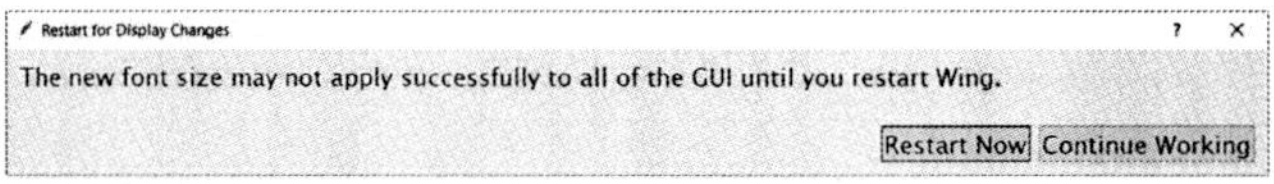

Figura 36

Clique no botão **Restart Now**, e aguarde o programa abrir novamente já com as configurações alteradas. Se você achar que as configurações não estão boas, basta repetir o processo anterior e fazer as devidas alterações. Vejam que o programa vai retornar com o documento vazio, posicione o cursor do mouse na **linha 1**, neste local digite o código abaixo:

```
# Função : Exemplo de Atribuicao
# Autor : Professor Msc Rafael Soares
# Data : 19/07/2019
# Seção de Declarações
```

```
#Criando as Variáveis
# Seção de Comandos

# este comando atribui a variável a o valor 3.
a = 3
print(a)

# este comando atribui a variável valor1 o valor 1.5
valor1 = 1.5
print(valor1)

# este comando atribui a variável valor2 a variável valor1 que
é 1.5 e soma com o valor da variável a, que é 3
valor2 = valor1 + a
print(valor2)

# este comando atribui a variável nome_do_aluno o valor Ana Paula
nome_do_aluno = "Ana Paula"
print(nome_do_aluno)

# este comando atribui a variável achei o valor FALSO
achei = False
print(achei)
```

Veja como ficou, conforme **figura 37**:

aplicativo_001.py *

```
# Função : Exemplo de Atribuicao
# Autor : Professor Msc Rafael Soares
# Data : 19/07/2019
# Seção de Declarações
#Criando as Variáveis
# Seção de Comandos

# este comando atribui a variável a o valor 3.
a = 3
print(a)

# este comando atribui a variável valor1 o valor 1.5
valor1 = 1.5
print(valor1)

# este comando atribui a variável valor2 a variável valor1 que é 1.5 e soma com o valor da variável a, que é 3
valor2 = valor1 + a
print(valor2)

# este comando atribui a variável nome_do_aluno o valor Ana Paula
nome_do_aluno = "Ana Paula"
print(nome_do_aluno)

# este comando atribui a variável achei o valor FALSO
achei = False
print(achei)
```

Figura 37

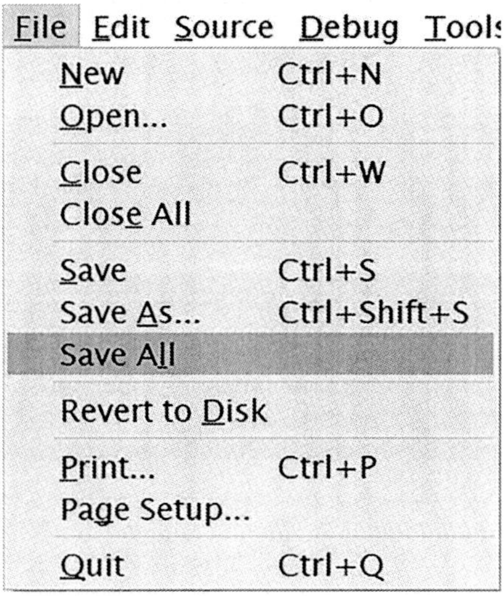

Figura 38

Observem que tem um asterisco na frente do nome do arquivo e os dois ícones dos disquetes ficam habilitados nas cores azul claro e azul escuro acima do nome do arquivo, aparece um disquete na cor azul claro, isto significa que temos que salvar nossa aplicação, para isto, clique com o botão do mouse sobre o menu **File**, em seguida selecione o item **Save All**, conforme **figura 38**:

Ou clique no ícone dos disquetes duplos na barra de ferramentas, conforme **figura 39**:

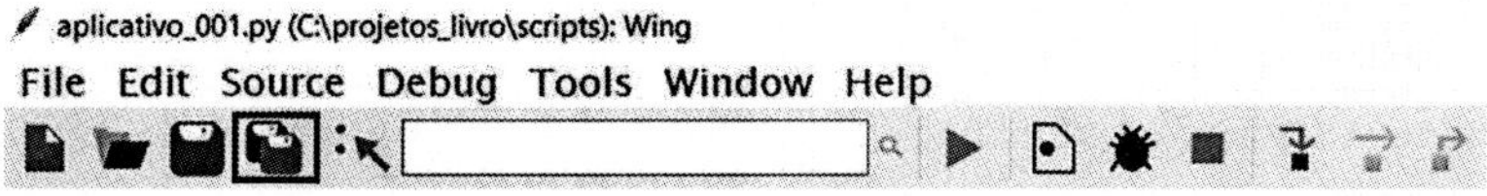

Figura 39

Como foi dito anteriormente, a linguagem **Python** tem uma tipagem dinâmica, ou seja, o valor que for atribuído à variável, vai ser o tipo da mesma. Observem que criamos todas elas no corpo do aplicativo, não tendo a necessidade de um local específico para a criação das mesmas. Vamos executar nosso aplicativo, para isto, clique no ícone do triângulo verde na barra de ferramentas, ou pressione as teclas **Ctrl+Alt+V**, conforme **figura 40**:

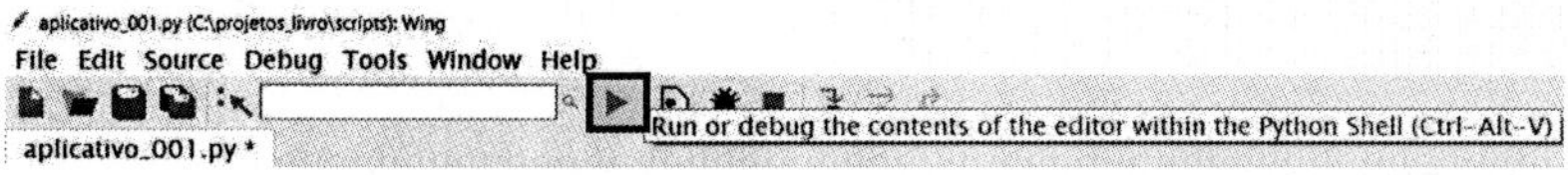

Figura 40

Vejam que o resultado vai ser mostrado na janela de visualização de resultados **Python Shell**, ou seja, conteúdo das variáveis, conforme **figura 41**:

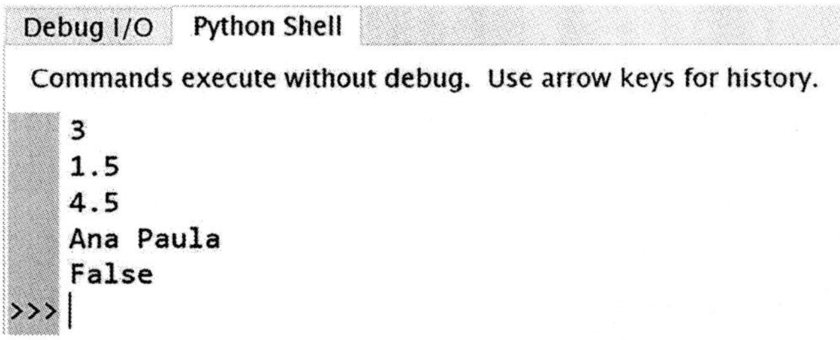

Figura 41

Diferentemente do **VisuAlg**, no **Python** não ocorreu o erro na atribuição de valores à variável **valor1**: **Real** para **Inteiro**, que vimos na **figura 17**, pois como já vimos, a linguagem **Python** é dinâmica e fracamente tipada, ou seja, o tipo da variável vai ser o valor que ela recebe. Vamos alterar o valor que está sendo atribuído à variável **valor1**, na **linha 13**, altere o valor para **15**, para retornar ao arquivo **aplicativo_001.py**, basta clicar na aba com o nome do arquivo, conforme **figura 42**:

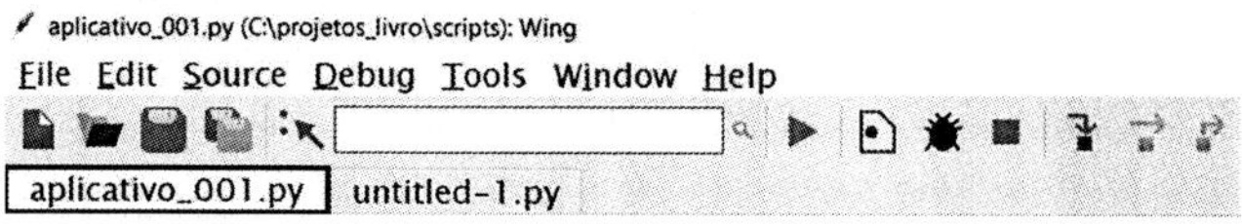

Figura 42

Se o mesmo estiver fechado, vá até o menu **Arquivo**, e selecione o item **Abrir**, ou pressione ao mesmo tempo as teclas **Ctrl+O**, conforme **figura 43**:

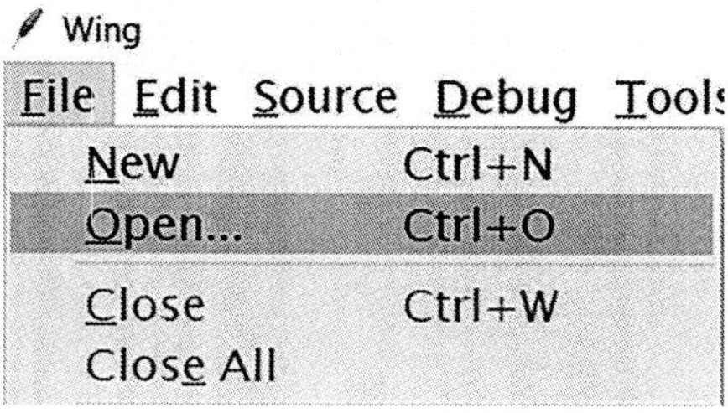

Figura 43

Ou clique no ícone da pastinha amarela aberta na barra de ferramentas, conforme **figura 44**:

Figura 44

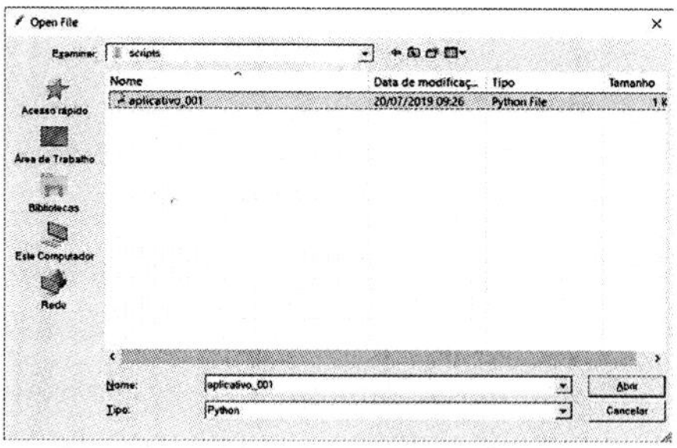

Figura 45

Ou pressione, ao mesmo tempo, as teclas **Ctrl+O**, e vai abrir a janela **Open File**, geralmente ele abre a pasta atual onde foram salvos os arquivos, caso ele não abra na pasta **scripts**, no item **Examinar**, clique na setinha para baixo da caixa de seleção **combobox** e selecione **Disco local (C:)**, se você renomeou o seu **Disco local (C:)**, clique no nome do disco que você escolheu — no meu caso eu chamei de **Win10 (C:)** —, em seguida, clique duas vezes com o botão do mouse sobre a pasta **projetos_livro**, em seguida, clique duas vezes com o botão do mouse sobre a pasta **scripts**, logo após clique duas vezes com o botão do mouse sobre o arquivo **aplicativo_001.py**, conforme **figura 45**:

Independentemente da forma escolhida para abrir o arquivo, vai aparecer a janela principal do mesmo, conforme vimos na **figura 26**. Na **linha 13**, altere o código, o mesmo deve ficar conforme **figura 46**:

```
12 # este comando atribui a variável valor1 o valor 1.5
13 valor1 = 15
14 print(valor1)
```

Figura 46

```
Debug I/O   Python Shell
Commands will be debugged. Use arrow keys for history.
1>>> [evaluate aplicativo_001.py]
     3
     15
     18
     Ana Paula
     False
2>>>
```

Figura 47

Salve o aplicativo, para isto, clique com o botão do mouse sobre o menu **File**, em seguida selecione o item **Save All**, conforme vimos na **figura 38**, ou clique no ícone dos disquetes duplos na barra de ferramentas, conforme vimos na **figura 39**. Vamos executar nosso aplicativo, para isto, clique no ícone do triângulo verde na barra de ferramentas, ou pressione as teclas **Ctrl+Alt+V**, conforme vimos na **figura 40**, vejam que o resultado vai ser mostrado na janela de visualização de resultados **Python Shell**, ou seja, conteúdo das variáveis, conforme vimos na **figura 47**:

Outro detalhe que devemos estar atentos é que sempre à esquerda do comando de atribuição deve ter um e somente um identificador de variável. Vamos alterar a **linha 9**, que deve ficar conforme **figura 48**:

```
8  # este comando atribui a variável a o valor 3.
9  3 = a
10 print(a)
```

Figura 48

Salve o aplicativo, para isto, clique com o botão do mouse sobre o menu **File**, em seguida selecione o item **Save All**, conforme vimos na **figura 38**, ou clique no ícone dos disquetes duplos na barra de ferramentas, conforme vimos na **figura 39**. Vamos executar nosso aplicativo, para isto, clique no ícone do triângulo verde na barra de ferramentas, ou pressione as teclas **Ctrl+Alt+V**, conforme vimos na **figura 40**, vejam que o resultado vai ser mostrado na janela de visualização de resultados **Python Shell**, conforme **figura 49**:

```
Debug I/O   Python Shell
Commands will be debugged. Use arrow keys for history.
1>>> [evaluate aplicativo_001.py]
     Traceback (most recent call last):
       File "C:/projetos_livro/scripts/aplicativo_001.py", line 9, in <module>
         3 = a
     Syntax Error: can't assign to literal: <string>, line 9, pos 0
2>>>
```

Figura 49

Vejam que deu erro na execução, e o legal é que ele mostra o tipo de erro e qual a linha onde o mesmo ocorreu. Aqui nós infringimos uma das regras básicas de criação de variáveis, ou seja, não pode ser um número ou começar com um número. Volte a **linha 9** aos valores anteriores e salve o aplicativo, para isto, clique com o botão do mouse sobre o menu **File**, em seguida selecione o item **Save All**, conforme vimos na **figura 38**, ou clique no ícone dos disquetes duplos na barra de ferramentas, conforme vimos na **figura 39**. Vamos verificar como o **Python** reage a criação de variáveis fora das regras, para isto, posicione o cursor do mouse no final da **linha 26**, pressione a tecla **Enter** do teclado duas vezes, e veja que o cursor do mouse vai ficar posicionado na **linha 28**, neste local, digite o código abaixo:

```
# este comando cria uma variável inválida
3_Terceira = 20
print(3_Terceira)
```

```
# este comando cria uma variável inválida
nome do aluno = "Ana Paula"
print(nome do aluno)
```

Veja como ficou, conforme **figura 50**:

```
28 # este comando cria uma variável inválida
29 3_Terceira = 20
30 print(3_Terceira)
31
32 # este comando cria uma variável inválida
33 nome do aluno = "Ana Paula"
34 print(nome do aluno)
```

Figura 50

Salve o aplicativo, para isto, clique com o botão do mouse sobre o menu **File**, em seguida, selecione o item **Save All**, conforme vimos na **figura 38**, ou clique no ícone dos disquetes duplos, na barra de ferramentas, conforme vimos na **figura 39**. Vamos executar nosso aplicativo, para isto, clique no ícone do triângulo verde na barra de ferramentas, ou pressione as teclas **Ctrl+Alt+V**, conforme vimos na **figura 40**, vejam que o resultado vai ser mostrado na janela de visualização de resultados **Python Shell**, ou seja, conteúdo das variáveis, conforme **figura 51**:

```
Debug I/O   Python Shell
Commands will be debugged. Use arrow keys for history.
1>>> [evaluate aplicativo_001.py]
     Traceback (most recent call last):
       File "C:/projetos_livro/scripts/aplicativo_001.py", line 29, in <module>
         3_Terceira = 20
     Syntax Error: invalid token: <string>, line 29, pos 2
2>>>
```

Figura 51

Vejam que ele vai acusar erro na **linha 29**, erro de sintaxe, ou seja, temos que ficar atentos às regras de criação de variáveis e às regras do **Camel Case**. Delete as **linhas 27** a **34,** para isto, posicione o cursor do mouse no final da **linha 26**, em seguida pressione, ao mesmo tempo, as teclas **Ctrl+Setinha para direita**, e veja como ficou, conforme **figura 52**:

```
# este comando atribui a variável achei o valor FALSO
achei = False
print(achei)

# este comando cria uma variável inválida
3_Terceira = 20
print(3_Terceira)#

# este comando cria uma variável inválida
nome do aluno = "Ana Paula"
print(nome do aluno)
```

Figura 52

Pressione a tecla **Delete** do teclado, em seguida salve o aplicativo, para isto, clique com o botão do mouse sobre o menu **File**, em seguida, selecione o item **Save All**, conforme vimos na **figura 38**, ou clique no ícone dos disquetes duplos na barra de ferramentas, conforme vimos na **figura 39**. Observem também que nós atribuímos valores fixos às variáveis. Chamamos este recurso de **Constantes**. No **Python,** que é uma linguagem de script, dinâmica, não existe o recurso de "constantes" de uma forma simples: tudo em **Python** é um objeto. Quando definimos um número literal em código **Python**, na verdade, esse número é uma constante - o compilador que gera o bytecode coloca o valor literal dele no **.pyc** - só que, pela natureza da linguagem, qualquer variável é apenas um nome vinculado a um objeto - e a qualquer momento, poderemos simplesmente vincular o nome a um outro objeto. Assim sendo, um valor declarado no corpo de um módulo, só para lembrar, segundo a notação **CamelCase**, todas as palavras serão escritas com todas as letras em maiúsculas, sendo cada palavra separada da outra por underline(traço baixo), é, por convenção, tratado como uma constante, e não se deve mudar o valor daquela variável. Simples assim. Vamos entender, se temos o seguinte código:

```
Pi = 3.141592
Pi = Pi + 1
print(Pi)
```

O valor 3.141592 continua existindo na memória. Só que a variável Pi agora vai fazer referência a um objeto float em outra posição da memória, e vai nos apresentar o novo valor:

```
4.141592
```

Agora, o **Python** permite uma personalização quase sem limites da forma como dados são acessados se eles são atributos de uma classe, não vou entrar em detalhes, pois, para isto, teria que escrever um capítulo inteiro para falar deste assunto. Assim, vamos ver um exemplo: a classe da biblioteca padrão **Enum** que pode ser usada para criar classes com **constantes** dentro - que além de um valor que não pode ser alterado de forma direta, ainda tem outras propriedades como **nome legível**, dentre outras. Vejamos um exemplo, para isto, clique com o botão do mouse sobre o menu **File**, em seguida selecione o item **New**, ou pressione ao mesmo tempo as teclas de atalho **Ctrl+N**, conforme vimos na **figura 28**, vai abrir um script vazio com o seguinte nome: **untitled.py**, conforme vimos na **figura 29**, agora vamos salvá-lo, para isto, vá até o menu **File** e selecione o item **Save As...**, ou pressione, ao mesmo tempo, as teclas de atalho **Ctrl+Shift+S**, conforme vimos na **figura 30**, vai abrir a janela **Save Document As**, no item **Salvar em:**, clique na setinha para baixo da caixa de seleção **combobox** e selecione **Disco local (C:)**, se você renomeou o seu **Disco local (C:)**, clique no nome do disco que você escolheu — no meu caso, eu chamei de **Win10 (C:)** —, em seguida, clique duas vezes com o botão do mouse sobre a pasta **projetos_livro**, em seguida, clique duas vezes com o botão do mouse sobre a pasta **scripts**, no item **Nome:**, digite **aplicativo_002**, no item **Tipo:**, deixe selecionado **Python**, conforme vimos na **figura 31**, clique no botão **Salvar**. Para saber se o aplicativo foi salvo no caminho que especificamos, basta verificar no topo da janela do **Wing 101**, que mostra o caminho onde salvamos nosso aplicativo, conforme vimos na **figura 32**, posicione o cursor do mouse na **linha 1**, neste local digite o código abaixo:

```
# Autor : Professor Msc Rafael Soares
# Data : 20/07/2019
# Seção de Declarações
# Criando Constantes
# Seção de Comandos

import enum
```

```
class Desconto(enum.Enum):
    TAXA = 0.1

resultado = 1000 - (1000 * Desconto.TAXA.value)

print ("O valor do desconto foi de R$", resultado)
```

Veja como ficou, conforme vimos na **figura 37**. Salve o aplicativo, para isto, clique com o botão do mouse sobre o menu **File**, em seguida, selecione o item **Save All**, conforme vimos na **figura 38**, ou clique no ícone dos disquetes duplos na barra de ferramentas, conforme vimos na **figura 39**. Vamos executar nosso aplicativo, para isto, clique no ícone do triângulo verde na barra de ferramentas, ou pressione as teclas **Ctrl+Alt+V**, conforme vimos na **figura 40**, vejam que o resultado vai ser mostrado na janela de visualização de resultados **Python Shell**, conforme **figura 53**:

```
Debug I/O   Python Shell
Commands will be debugged. Use arrow keys for history.
     3.7.4 (tags/v3.7.4:e09359112e, Jul  8 2019, 19:29:22) [MSC v.1916 32 bit (Intel)]
     Python Type "help", "copyright", "credits" or "license" for more information.
1>>> [evaluate aplicativo_002.py]
     O valor do desconto foi de R$ 900.0
2>>>
```

Figura 53

Agora vamos tentar atribuir um valor qualquer à variável **TAXA**, para isto, posicione o cursor do mouse no final da **linha 14**, pressione a tecla **Enter** do teclado duas vezes, e veja que o cursor do mouse vai ficar posicionado na **linha 16**, neste local, digite o código abaixo:

```
Desconto.TAXA = 0.2
```

Veja como ficou, conforme **figura 54**:

```
14 print ("O valor do desconto foi de R$", resultado)
15
16 Desconto.TAXA = 0.2
```

Figura 54

Vamos executar nosso aplicativo, para isto, clique no ícone do triângulo verde na barra de ferramentas, ou pressione as teclas **Ctrl+Alt+V**, conforme vimos na **figura 40**, veja que o resultado será mostrado na janela de visualização de resultados **Python Shell**, conforme **figura 55**:

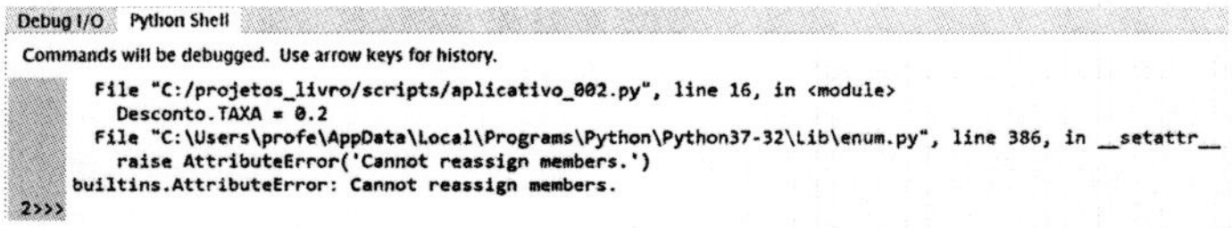

Figura 55

Veja que vai resultar em erro, pois esse mecanismo de **Enum** usa o dinamismo do **Python** para fazer uma coisa que não é possível fazer nas linguagens que utilizam constantes. Em tempo de execução no **Python** é possível usar o nome da constante e o seu valor, para isto, delete as **linhas 15** e **16,** posicione o cursor do mouse no final da **linha 14**, em seguida pressione, ao mesmo tempo, as teclas **Ctrl+Setinha para direita**, e veja como ficou, conforme vimos na **figura 52**, pressione a tecla **Enter** do teclado duas vezes, veja que o cursor do mouse vai ficar posicionado na **linha 16**, neste local, digite o código abaixo:

```
#Exibir o nome da variável TAXA
print (Desconto.TAXA.name)

#Exibir o valor do conetúdo da variável TAXA
print(Desconto.TAXA.value)
```

Em seguida, salve o aplicativo, para isto, clique com o botão do mouse sobre o menu **File**, em seguida, selecione o item **Save All**, conforme vimos na **figura 38**, ou clique no ícone dos disquetes duplos na barra de ferramentas, conforme vimos na **figura 39**. Veja como ficou na **figura 56**:

```
#Exibir o nome da variável TAXA
print (Desconto.TAXA.name)

#Exibir o valor do conetúdo da variável TAXA
print(Desconto.TAXA.value)
```

Figura 56

Vamos executar nosso aplicativo, para isto, clique no ícone do triângulo verde na barra de ferramentas, ou pressione as teclas **Ctrl+Alt+V**, conforme vimos na **figura 40**, vejam que o resultado vai ser mostrado na janela de visualização de resultados **Python Shell**, conforme **figura 57**:

```
Debug I/O   Python Shell
Commands will be debugged. Use arrow keys for history.
    Python Type "help", "copyright", "credits" or "license" for more information.
1>>> [evaluate aplicativo_002.py]
    O valor do desconto foi de R$ 900.0
    TAXA
    0.1
2>>>
```

Figura 57

Linhas de Comentários

Observe que utilizamos nos códigos implementados até o momento várias linhas de comentários. O **VisuAlg** permite a inclusão de comentários, que se referem a qualquer texto precedido dos símbolos de duas barras invertidas // que é ignorado, até se atingir o final da sua linha. Desta forma, os comentários não se estendem por mais de uma linha, conforme vimos na **linha 10**, da **figura 13**. No **Python**, é totalmente diferente, para uma linha, usamos o caractere cerquilha # para demarcarmos que tudo que estiver à frente desse caractere deve ser ignorado pelo interpretador do **Python**. Para várias linhas, usamos de 3 aspas simples, ou então, 3 aspas duplas. Veja abaixo a sua sintaxe:

Comentários	
Representação no VisuAlg	**Representação em Python**
Uma linha: // Comentários Várias linhas: /* Comentários em várias linhas */	**Uma linha:** **# Comentários** **Várias linhas:** ‘’’ **toda informação contida entre 3 aspas SIMPLES** é **considerada como caractere que deve ser ignorado.** ‘’’ **Ou** «»» **toda informação contida entre 3 aspas DUPLAS** é **considerada texto que deve ser ignorado.** «»»

Vejam um exemplo no **VisuAlg**, conforme **figura 58**:

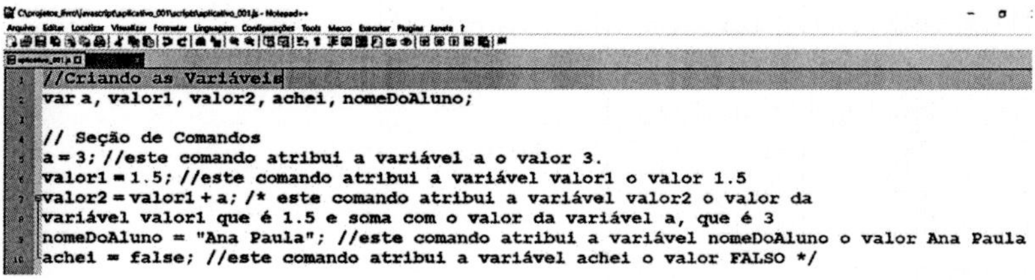

Figura 58

Tudo que está marcado a partir do comando /* até o comando */, vai ser ignorado pelo depurador. Veja um exemplo no **Python**, conforme **figura 59**:

```
# Comentários
'''
toda informações contida entre 3 aspas SIMPLES
é considerada como caracteres que devem ser ignorados.
'''
"""
toda informações contida entre 3 aspas DUPLAS
é considerado texto que deve ser ignorado.
"""
```

Figura 59

Comandos de Entrada e Saída E/S

Comandos de Saída

Analise a seguinte situação: você compra uma calculadora para usar nas suas operações matemáticas e descobre que ela não mostra o resultado no display. Fazendo analogia com o algoritmo, de que adianta ele fazer o processamento e não mostrar o resultado obtido por este processamento? Para mostrar este resultado usamos os comandos de saída, que existem em todas as linguagens de programação e no **VisuAlg** é representado pelo comando **escreva** ou **escreval**, no **Python** é representado pelo comando **print**, veja abaixo a sua sintaxe:

Comandos de Saída	
Representação no VisuAlg	**Representação em Python**

escreva (<lista-de-expressões ou identificador ou constante>,...,<lista-de-expressões ou identificador ou constante>)
 	
escreval (<lista-de-expressões ou identificador ou constante>,...,<lista-de-expressões ou identificador ou constante>)
	• **print()**
	  • Pula para a próxima linha
	• **print(*expressão*)**
	  • Escreve o resultado da expressão
	  • Pula para a próxima linha

<table>
<tr>
<td></td>
<td>• print(“expressão1”,..., expressãoN)
• Escreve o resultado de cada expressão
• Espaço em branco é escrito entre cada par de expressão
• Pula para a próxima linha
• print(expressão, end= “término”)
• Escreve o resultado da expressão
• Ao final, escreve o String de término
• print(expressão1,...,expressãoN, end= “término\n”)
• Escreve o resultado de cada expressão
• Espaço em branco é escrito entre cada par de expressão
• Ao final, escreve o String de término e pula uma linha</td>
</tr>
</table>

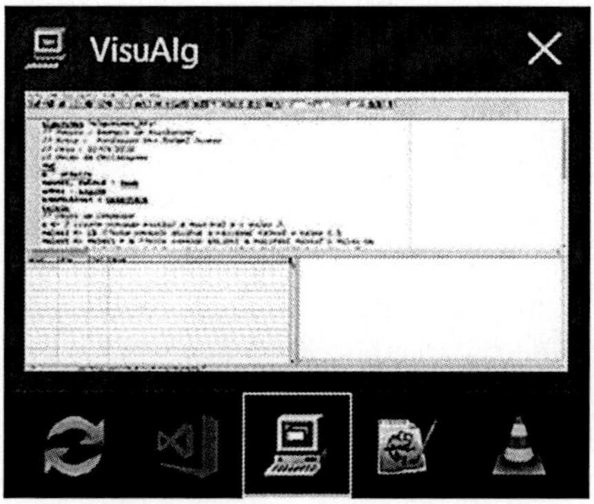

Figura 60

O comando de saída **escreva** mostra o resultado na mesma linha, mas em colunas diferentes. O comando de saída **escreval**, mostra o primeiro resultado na mesma linha, dos próximos, em linhas diferentes. Veja como estes comandos são implementados no **VisuAlg**, vamos retornar para o nosso algoritmo **algoritmo_001** no **VisuAlg**, se o mesmo estiver aberto, basta posicionar o botão do mouse sobre o ícone do **VisuAlg** na barra de tarefas do **Windows 10**, vai aparecer uma miniatura do algoritmo, conforme **figura 60**:

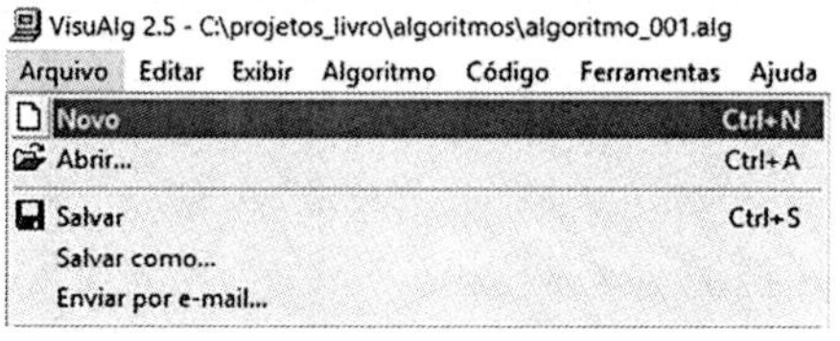

Figura 61

Clique sobre esta miniatura e vamos retornar à tela principal do mesmo. Caso o **VisuAlg** esteja fechado, para abrí-lo novamente, basta clicar sobre o ícone do **VisuAlg** na barra de tarefas do **Windows 10**, conforme vimos na **figura 145** no **Anexo I**, vai abrir a tela principal do mesmo, clique com o botão do mouse sobre o menu **Arquivo**, em seguida, selecione o item **Novo**, ou pressione, ao mesmo tempo, as teclas de atalho **Ctrl+N**, conforme **figura 61**:

Antes de começarmos a digitar algo, vamos salvar nosso algoritmo, para isto, clique com o botão do mouse sobre o menu **Arquivo**, em seguida, selecione o item **Salvar**, ou pressione, ao mesmo tempo, as teclas de atalho **Ctrl+S**, conforme vimos na **figura 4**. Ou clique no ícone do disquete no menu de ferramentas, conforme vimos na **figura 5**. Independentemente da forma escolhida para salvar o algoritmo, vai abrir a janela **Salvar como**, no item **Salvar em:**, selecione **Disco local (C:)**, se você renomeou o seu **Disco local (C:)**, clique no nome do disco que você escolheu — no meu caso, eu chamei de **Win10 (C:)** —, em seguida, selecione a pasta **projetos_livro**, e clique no botão **Abrir** ou clique duas vezes com o botão do mouse sobre a pasta, em seguida, selecione a pasta **algoritmos**, e clique no botão **Abrir** ou clique duas vezes com o botão do mouse sobre a pasta. No item **Nome:**, digite **algoritmo_002**, conforme vimos na **figura 6**. Clique no botão **Salvar**. Para saber se o algoritmo foi salvo no caminho que especificamos, basta verificar no topo da janela do **VisuAlg**, que mostra o caminho onde salvamos nosso algoritmo, conforme vimos na **figura 7**. Não esqueçam de configurar a numeração de linhas, pois é muito importante, principalmente na indicação de erros. Para isto, clique no menu **Exibir**, e selecione o item **Número de linhas**, conforme vimos na **figura 8**. Ou clique no ícone **Numerar linhas** no menu de ferramentas, conforme vimos na **figura 9**. Agora posicione o cursor no início da **linha 1**, em seguida, pressione, ao mesmo tempo, as teclas **Ctrl+T**, veja como ficou, conforme vimos na **figura 12**. Pressione a tecla **Delete** do teclado, e observe que o cursor do mouse vai ficar piscando na **linha 1**, neste local digite o código abaixo:

```
algoritmo "comandos_escreva_escreval"
// Função : Mostra o funcionamento do comandos escreva e escre-
val no VisuAlg
// Autor : Professor Msc Rafael Soares
// Data : 20/07/2019
// Seção de Declarações
var
a, b : real

inicio
// Seção de Comandos
a <- 7.2
b <- 3
escreva("Usando o Comando escreva")
escreva("O Valor de a é: ", a)
escreva("O Valor de b é: ", b)
escreva("A Soma de a + b, é: ", a + b)
escreval("")
escreval("Usando o Comando escreval")
escreval("O Valor de a é: ", a)
escreval("O Valor de b é: ", b)
escreval("A Soma de a + b, é: ",a + b)
fimalgoritmo
```

Veja como ficou, conforme **figura 62**:

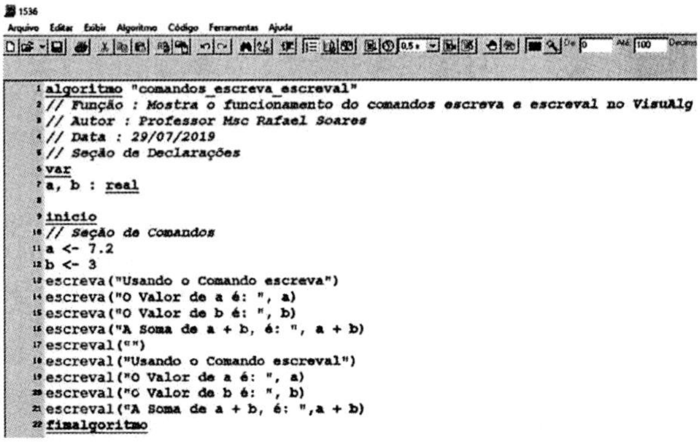

Figura 62

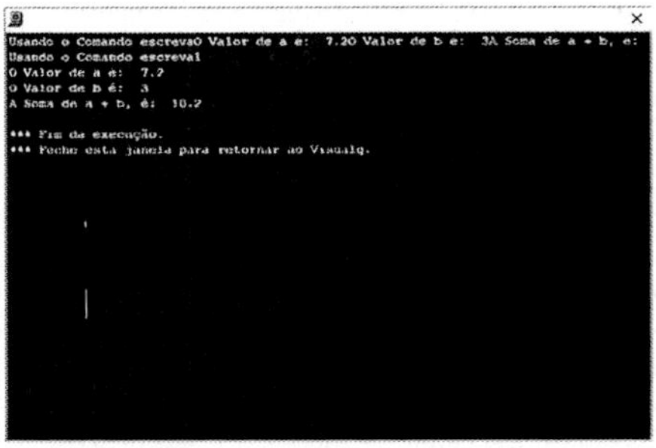

Figura 63

Salve o algoritmo, conforme vimos nas **figuras 4** e **5**. Vamos executar o algoritmo, para isto vamos até o menu **Algoritmo**, e vamos selecionar o item **Executar**, ou pressionar a tecla **F9**, conforme vimos na **figura 14**. Ou clique no ícone **Executar** no menu de ferramentas, conforme vimos na **figura 15**. Vejam que vai aparecer uma janela com as informações do comando **escreva** e **escreval** e os conteúdos das variáveis, no final da janela, uma mensagem dizendo que a execução foi encerrada e pedindo para fechar a janela para retornar para o **VisuAlg**, para isto, clique no **X** que fica no canto superior direito da janela, conforme **figura 63**:

Veja o resultado no **simulador de saída** do **VisuAlg**, conforme **figura 64**:

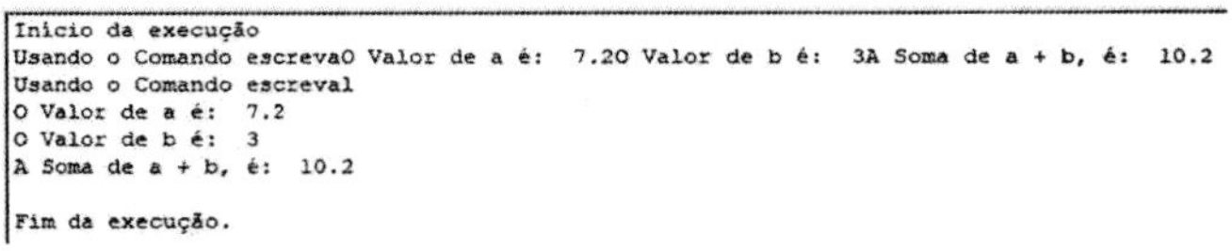

Figura 64

Observem que nas **linhas 13** a **16**, o comando **escreva** mostrou os resultados em uma única linha. Já nas **linhas 17** a **21**, o comando **escreval** mostrou os resultados, uma linha embaixo da outra, deixando a visualização dos resultados muito mais legível. Então aqui a dica é: se tivermos informações que necessitam de mais de uma linha para serem visualizadas, usaremos o comando **escreval**, caso contrário, usaremos o comando **escreva**.

Figura 65

Vejam como os comandos de saída são implementados no **Python**, vamos retornar para o nosso aplicativo **aplicativo_002.py** no **Wing 101**, se o mesmo estiver aberto, basta posicionar o botão do mouse sobre o ícone do **Wing 101** na barra de tarefas do **Windows 10**, vai aparecer uma miniatura do aplicativo, conforme **figura 65**:

Clique sobre esta miniatura e vamos retornar à tela principal do mesmo. Caso o **Wing 101** esteja fechado, para abrí-lo novamente, basta clicar sobre o ícone do **Wing 101** na barra de tarefas do **Windows 10**, conforme vimos na **figura 166** no **Anexo I**, vai abrir a tela principal do mesmo, antes de começarmos a digitar algo, vamos fechar o **aplicativo_002**, para isto, clique no ícone do quadradinho vermelho com um **X**, conforme vimos na **figura 25**. Agora vamos criar um novo aplicativo em **Python**, para isto, clique com o botão do mouse sobre o menu **File**, em seguida, selecione o item **New**, ou pressione, ao mesmo tempo, as teclas de atalho **Ctrl+N**, conforme vimos na **figura 28**, vai abrir um script vazio com o seguinte nome: **untitled.py**, conforme vimos na **figura 29**, vamos salvá-lo, para isto, vá até o menu **File** e selecione o item **Save As...**, ou pressione, ao mesmo tempo, as teclas de atalho **Ctrl+Shift+S**, conforme vimos na **figura 30**, vai abrir a janela **Save Document As**, no item **Salvar em:**, clique na setinha para baixo da caixa de seleção **combobox** e selecione **Disco local (C:)**, se você renomeou o seu **Disco local (C:)**, clique no nome do disco que você escolheu — no meu caso eu chamei de **Win10 (C:)** —, em seguida clique duas vezes com o botão do mouse sobre a pasta **projetos_livro**, em seguida clique duas vezes com o botão do mouse sobre a pasta **scripts**, no item **Nome:**, digite **aplicativo_003**, no item **Tipo:**, deixe selecionado **Python**, conforme vimos na **figura 31**, clique no botão **Salvar**. Para saber se o aplicativo foi salvo no caminho que especificamos, basta verificar no topo da janela do **Wing 101**, que mostra o caminho onde salvamos nosso aplicativo, conforme vimos na **figura 32**. Vejam que o cursor do mouse está posicionado na **linha 1**, neste local digite o código abaixo:

```
# Função : Mostra o funcionamento do comando print no Python
# Autor : Professor Msc Rafael Soares
# Data : 29/07/2019
# Seção de Comandos
a = 7.2
b = 3

print("Usando o Comando print()")
print("O Valor de a é: ", a)
print("O Valor de b é: ", b)
print("A Soma de a + b, é: ", a + b)
```

Veja como ficou, conforme vimos na **figura 37**. Observem que tem um asterisco na frente do nome do arquivo e os dois ícones dos disquetes ficam habilitados nas cores azul claro e azul escuro acima do nome do arquivo, aparece um disquete na cor azul claro, isto significa que temos que salvar nossa aplicação, para isto, clique com o botão do mouse sobre o menu **File**, em seguida, selecione o item **Save All**, conforme vimos na **figura 38**, ou clique no ícone dos disquetes duplos na barra de ferramentas, conforme vimos na **figura 39**. Vamos executar nosso aplicativo, para isto, clique no ícone do triângulo verde na barra de ferramentas, ou pressione as teclas **Ctrl+Alt+V**, conforme vimos na **figura 40**, vejam que o resultado vai ser mostrado na janela de visualização de resultados **Python Shell**, conforme **figura 66**:

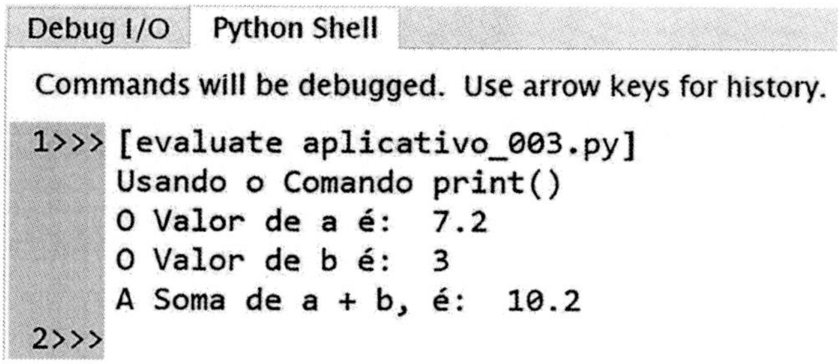

Figura 66

No **Python**, existe uma particularidade do comando **print()**, que são as expressões formatadas usando o operador **percent %**, sua sintaxe é a seguinte:

```
texto = "...%formato1 ... %formatoN..." %(exp1, ..., expN)
```

Os formatos mais comuns utilizados são os seguintes:

```
d (inteiro), f (número com ponto flutuante) e s (String).
```

Vamos ver como estas expressões funcionam, para isto, ainda no arquivo **aplicativo_003.py**, posicione o cursor do mouse no final da **linha 11**, pressione a tecla **Enter** do teclado duas vezes, e veja que o cursor do mouse vai ficar posicionado na **linha 13**, neste local, digite o código abaixo:

```
# Expressões Formatadas (operador %(...))
mensagem = "A media dos numeros é %5.2f" %(8656656.6164134)
print(mensagem)

print("%f + %f = %5.1f" %(15, 9.578421, 15 + 9.578421 ))

print("%d + %d = %d" %(5, 7.578421, 5 + 7.578421 ), end="\nApli-
cativo encerrado !!!!")
```

Veja como ficou, conforme **figura 67**:

```
13 # Expressões Formatadas (operador %(…))
14 mensagem = "A media dos numeros é %5.2f" %(8656656.6164134)
15 print(mensagem)
16
17 print("%f + %f = %5.1f" %(15, 9.578421, 15 + 9.578421 ))
18
19 print("%d + %d = %d" %(5, 7.578421, 5 + 7.578421 ), end="\nAplicativo encerrado !!!!")
```

Figura 67

Observe que tem um asterisco na frente do nome do arquivo e os dois ícones dos disquetes ficam habilitados nas cores azul claro e azul escuro, acima do nome do arquivo, aparece um disquete na cor azul claro, isto significa que temos que salvar nossa aplicação, para isto, clique com o botão do mouse sobre o menu **File**, em seguida, selecione o item **Save All**, conforme vimos na **figura 38**, ou clique no ícone dos disquetes duplos na barra de ferramentas, conforme vimos na **figura 39**. Vamos executar nosso aplicativo, para isto, clique no ícone do triângulo verde na barra de ferramentas, ou pressione as teclas **Ctrl+Alt+V**, conforme vimos na **figura 40**, vejam que o resultado vai ser mostrado na janela de visualização de resultados **Python Shell**, conforme **figura 68**:

```
Debug I/O | Python Shell
Commands will be debugged. Use arrow keys for history.
A Soma de a + b, é:  10.2
A media dos numeros é 8656656.62
15.000000 + 9.578421 =  24.6
5 + 7 = 12
Aplicativo encerrado !!!!
2>>>
```

Figura 68

Observe que no código do arquivo **aplicativo_003.py**, as **linhas 08** a **18**, tem o comportamento do comando **escreval** do **VisuAlg**, já a **linha 19**, temos um caractere de escape **\n**, que pula uma linha.

Comandos de Entrada

Em um algoritmo e nas linguagens de programação, devemos salientar que nem todos os dados são gerados por nós, programadores; na maioria das vezes, vamos pedir que o usuário entre com alguma informação, e nesta hora iremos utilizar o comando de entrada de dados, que todas as linguagens de programação implementam, no **VisuAlg** é representado pelo comando **leia**, no **Python**, é representado pelos comandos **input()**, veja abaixo a sua sintaxe:

Comandos de Entrada	
Representação no VisuAlg	**Representação no Python**
leia (<lista-de-variáveis>)	**variavel = input("Texto para Exibição "));**

Vejam como este comando é implementado no **VisuAlg**, vamos retornar para o nosso algoritmo **algoritmo_002** no **VisuAlg**, se o mesmo estiver aberto, basta posicionar o botão do mouse sobre o ícone do **VisuAlg** na barra de tarefas do **Windows 10**, vai aparecer uma miniatura do algoritmo, conforme vimos na **figura 60**. Clique sobre esta miniatura e vamos retornar à tela principal do mesmo. Caso o **VisuAlg** esteja fechado, para abrí-lo novamente, basta clicar sobre o ícone do **VisuAlg** na barra de tarefas do **Windows 10**, conforme vimos na **figura 145** no **Anexo I**, vai abrir a tela principal do mesmo, clique com o botão do mouse sobre o menu **Arquivo**, em seguida selecione o item **Novo**, ou pressione, ao mesmo tempo, as teclas de atalho **Ctrl+N**, conforme vimos na **figura 61**. Antes de começarmos a digitar algo, vamos salvar nosso algoritmo, para isto, clique com o botão do mouse sobre o menu **Arquivo**, em seguida selecione o item **Salvar**, ou pressione, ao mesmo tempo, as teclas de atalho **Ctrl+S**, conforme vimos na **figura 4**. Ou clique no ícone do disquete no menu de ferramentas, conforme vimos na **figura 5**. Independentemente da forma escolhida para salvar o algoritmo vai abrir a janela **Salvar como**, no item **Salvar em:**, selecione **Disco local (C:)**, se você renomeou o seu **Disco local (C:)**, clique no nome do disco que você escolheu —no meu caso eu chamei de **Win10 (C:)** —, em seguida selecione a pasta **projetos_livro**, e clique no botão **Abrir** ou clique duas vezes com o botão do mouse sobre a pasta, em seguida selecione a pasta **algoritmos**, e clique no botão **Abrir** ou clique duas vezes com o botão do mouse sobre a pasta. No item **Nome:**, digite **algoritmo_003**, conforme vimos na **figura 6**. Clique no botão **Salvar**. Para saber se o algoritmo foi salvo no caminho que especificamos, basta verificar no topo da janela do **VisuAlg**, que mostra o caminho onde salvamos nosso algoritmo, conforme vimos na **figura 7**. Não esqueçam de configurar a numeração de linhas, pois é muito importante, principalmente na indicação de erros. Para isto, clique no menu **Exibir**, e selecione o item **Número de linhas**, conforme vimos na **figura 8**. Ou clique no ícone **Numerar linhas** no menu de ferramentas, conforme vimos na **figura 9**. Agora posicione o cursor no início da **linha 1**, em seguida, pressione, ao mesmo tempo, as teclas **Ctrl+T**, veja como ficou, conforme vimos na **figura 12**. Pressione a tecla **Delete** do teclado, e observe que o cursor do mouse vai ficar piscando na **linha 1**, neste local digite o código abaixo:

```
algoritmo "Comandos_Entrada"
// Função : Mostra o funcionamento do comando leia no VisuAlg
// Autor : Professor Msc Rafael Soares
// Data : 20/07/2019
// Seção de Declarações
var
nome : caractere

inicio
// Seção de Comandos
escreva("Digite o seu Nome: ")
leia(nome)
escreval("O Nome Digitado foi: ", nome)
fimalgoritmo
```

Veja como ficou, conforme **figura 69**:

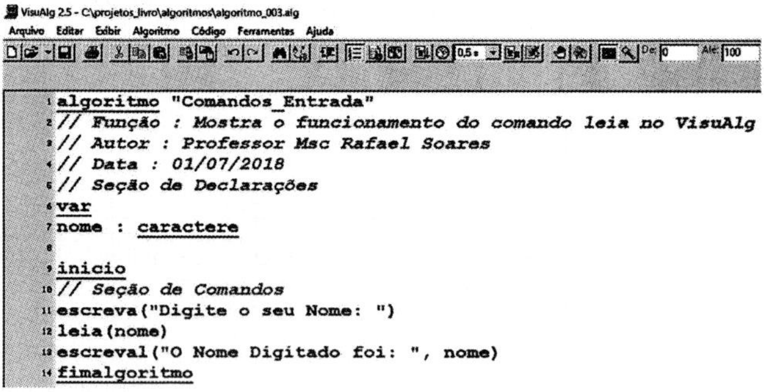

Figura 69

Figura 70

Salve o algoritmo, conforme vimos nas **figuras 4** e **5**. Vamos executar o algoritmo, para isto, vamos até o menu **Algoritmo**, e vamos selecionar o item **Executar**, ou pressionar a tecla **F9**, conforme vimos na **figura 14**. Ou clique no ícone **Executar** no menu de ferramentas, conforme vimos na **figura 15**. Veja que vai aparecer uma janela com o cursor do mouse piscando em frente à frase: **Digite o seu Nome:**, conforme **figura 70**:

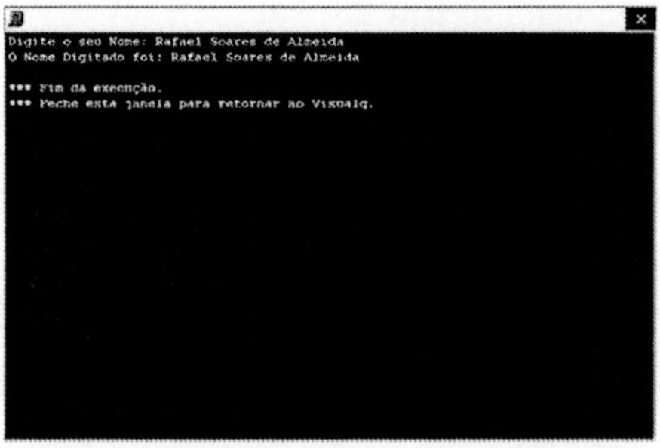

Figura 71

Enquanto não for digitado o que está sendo pedido, no caso, o seu nome, e pressionado a tecla **Enter** do teclado, o cursor do mouse vai ficar piscando no local acima, até a ação ser concluída. Então, digite o seu nome e pressione a tecla **Enter** do teclado, veja que vai aparecer uma janela com as informações digitadas e os conteúdos das variáveis, no final da janela, uma mensagem dizendo que a execução foi encerrada e pedindo para fechar a janela para retornar para o **VisuAlg**, para isto, clique no **X** que fica no canto superior direito da janela, conforme **figura 71**:

Veja o resultado no **simulador de saída** do **VisuAlg**, conforme **figura 74**:

```
Início da execução
Digite o seu Nome: Rafael Soares de Almeida
O Nome Digitado foi: Rafael Soares de Almeida

Fim da execução.
```

Figura 72

Veja como o comando **input()** é implementado no **Python**, vamos retornar para o nosso aplicativo **aplicativo_003** no **Wing 101**, se o mesmo estiver aberto, basta posicionar o botão do mouse sobre o ícone do **Wing 101** na barra de tarefas do **Windows 10** vai aparecer uma miniatura do aplicativo, conforme vimos na **figura 65**. Clique sobre essa miniatura e vamos retornar a tela principal do mesmo. Caso o **Wing 101** esteja fechado, para abrí-lo novamente, basta clicar sobre o ícone do **Wing 101** na barra de tarefas do **Windows 10**, conforme vimos na **figura 166** no **Anexo I**, vai abrir a tela principal do mesmo, antes de começarmos a digitar algo, vamos fechar o arquivo **aplicativo_003**, para isto, clique no ícone do quadradinho vermelho com um **X**, conforme vimos na **figura 25**. Agora vamos criar um novo aplicativo em **Python**, para isto, clique com o botão do mouse sobre o menu **File**, em seguida, selecione o item **New**, ou pressione, ao mesmo tempo, as teclas de atalho **Ctrl+N**, conforme vimos na **figura 28**, vai abrir um script vazio com o seguinte nome: **untitled.py**, conforme vimos na **figura 29**, vamos salvá-lo, para isto, vá até o menu **File** e selecione o item **Save As...**, ou pressione, ao mesmo tempo, as teclas de atalho **Ctrl+Shift+S**, conforme vimos na **figura 30**, vai abrir a janela **Save Document As**, no item **Salvar em:**, clique na setinha para baixo da caixa de seleção **combobox** e selecione **Disco local (C:)**, se você renomeou o seu **Disco local (C:)**, clique no nome do disco que você escolheu — no meu caso eu chamei de **Win10 (C:)** —, em seguida, clique duas vezes com o botão do mouse sobre a pasta **projetos_livro**, após, clique duas vezes com o botão do mouse sobre a pasta **scripts**, no item **Nome:**, digite **aplicativo_004**, no item **Tipo:**, deixe selecionado **Python**, conforme vimos na **figura 31**, clique no botão **Salvar**. Para saber se o aplicativo foi salvo no caminho que especificamos, basta verificar no topo da janela do **Wing 101**, que mostra o caminho onde salvamos nosso aplicativo, conforme vimos na **figura 32**. Vejam que o cursor do mouse está posicionado na **linha 1**, neste local digite o código abaixo:

```
# Função : Mostra o funcionamento do comando print() no Python
# Autor : Professor Msc Rafael Soares
# Data : 20/07/2019
# Seção de Declarações
```

```
numero1 = input('Digite um Valor Numérico para a Variável nume-
ro1: ')

numero2 = input('Digite um Valor Numérico para a Variável nume-
ro2: ')

soma = numero1 + numero2

print ("A soma é igual a:", soma)
```

Veja como ficou, conforme vimos na **figura 37**. Observe que tem um asterisco na frente do nome do arquivo e os dois ícones dos disquetes ficam habilitados nas cores azul claro e azul escuro acima do nome do arquivo, aparece um disquete na cor azul claro, isto significa que temos que salvar nossa aplicação, para isto, clique com o botão do mouse sobre o menu **File**, em seguida selecione o item **Save All**, conforme vimos na **figura 38**, ou clique no ícone dos disquetes duplos na barra de ferramentas, conforme vimos na **figura 39**. Vamos executar nosso aplicativo, para isto, clique no ícone do triângulo verde na barra de ferramentas, ou pressione as teclas **Ctrl+Alt+V**, conforme vimos na **figura 40**, vejam que o cursor vai ficar parado em frente à frase **Digite um Valor Numérico para a Variável numero1:**, na janela de visualização de resultados **Python Shell**, conforme **figura 73**:

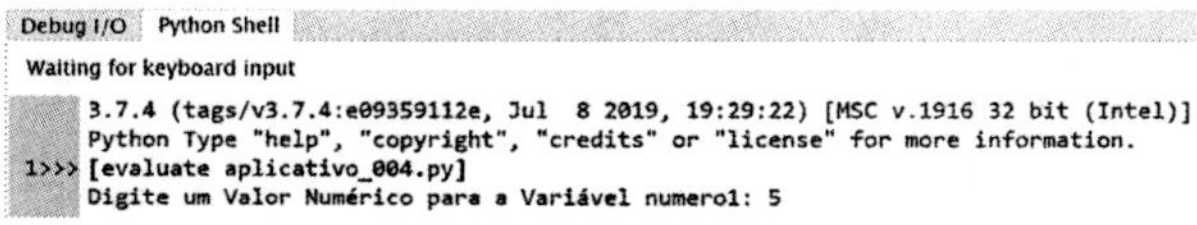

Figura 73

Digite um valor numérico qualquer, vou digitar 5, em seguida pressione a tecla **Enter** do teclado e veja que o cursor vai ficar parado em frente à frase **Digite um Valor Numérico para a Variável numero2:**, na janela de visualização de resultados **Python Shell**, conforme **figura 74**:

```
Debug I/O   Python Shell
Waiting for keyboard input
     Python Type "help", "copyright", "credits" or "license" for more information.
1>>> [evaluate aplicativo_004.py]
     Digite um Valor Numérico para a Variável numero1: 5
     Digite um Valor Numérico para a Variável numero2: 5
```

Figura 74

Digite um valor numérico qualquer, vou digitar 5, em seguida pressione a tecla **Enter** do teclado e veja que vai aparecer a outra mensagem mostrando o valor total da soma, na janela de visualização de resultados **Python Shell**, conforme **figura 75**:

```
Debug I/O   Python Shell
Commands will be debugged.  Use arrow keys for history.
     3.7.4 (tags/v3.7.4:e09359112e, Jul  8 2019, 19:29:22) [MSC v.1916 32 bit (Intel)]
     Python Type "help", "copyright", "credits" or "license" for more information.
1>>> [evaluate aplicativo_004.py]
     Digite um Valor Numérico para a Variável numero1: 5
     Digite um Valor Numérico para a Variável numero2: 5
     A soma é igual a: 55
2>>>
```

Figura 75

Observe que o resultado foi **55**, e deveria ser **10**. Por que este resultado? A explicação é muito simples, no caso de soma, quando utilizamos o comando **input()**, o **Python**, entende que tudo que é digitado em uma caixa de texto, seja uma **string**, neste caso ele está concatenando, ou seja, juntando as duas **strings**, o que é correto. Se fosse qualquer outra operação, ele entenderia que o que foi digitado seria um número. Para resolvermos isto, vamos utilizar uma função do **Python**, chamada **int()**, que tem como objetivo transformar texto em número, assim poderemos fazer as operações matemáticas corretamente. Vamos alterar nosso script **aplicativo_004.py**, para isto, vamos retornar para o nosso aplicativo **aplicativo_004.py** no **Wing 101** se o mesmo estiver aberto, basta posicionar o botão do mouse sobre o ícone do **Wing 101** na barra de tarefas do **Windows 10**, vai aparecer uma miniatura do aplicativo, conforme vimos na **figura 65**, clique sobre essa miniatura e vamos retornar à tela principal do mesmo. Caso o **Wing 101** esteja fechado, para abrí-lo novamente, basta clicar sobre o ícone do **Wing 101** na barra de tarefas do **Windows 10**, conforme vimos na **figura 166** no **Anexo I**, vai abrir a tela principal do mesmo, vamos alterar as linhas **6** e **8**, que devem ficar conforme **figura 76**:

```
numero1 = int(input('Digite um Valor Numérico para a Variável numero1:'))

numero2 = int(input('Digite um Valor Numérico para a Variável numero2:'))
```

Figura 76

Observem que tem um asterisco na frente do nome do arquivo e os dois ícones dos disquetes ficam habilitados nas cores azul claro e azul escuro acima do nome do arquivo, aparece um disquete na cor azul claro, isto significa que temos que salvar nossa aplicação, para isto, clique com o botão do mouse sobre o menu **File**, em seguida, selecione o item **Save All**, conforme vimos na **figura 38**, ou clique no ícone dos disquetes duplos na barra de ferramentas, conforme vimos na **figura 39**. Vamos executar nosso aplicativo, para isto, clique no ícone do triângulo verde na barra de ferramentas, ou pressione as teclas **Ctrl+Alt+V**, conforme vimos na **figura 40**, vejam que o cursor vai ficar parado em frente à frase **Digite um Valor Numérico para a Variável numero1:**, na janela de visualização de resultados **Python Shell**, conforme vimos na **figura 75**, digite um valor numérico qualquer, vou digitar 5, em seguida, pressione a tecla **Enter** do teclado e vejam que o cursor vai ficar parado em frente à frase **Digite um Valor Numérico para a Variável numero2:**, na janela de visualização de resultados **Python Shell**, conforme vimos na **figura 76**, digite um valor numérico qualquer, vou digitar 5, em seguida, pressione a tecla **Enter** do teclado e vejam que vai aparecer a outra mensagem mostrando o valor total da soma, agora correto, na janela de visualização de resultados **Python Shell**, conforme **figura 77**:

```
Debug I/O   Python Shell
Commands will be debugged.  Use arrow keys for history.
     3.7.4 (tags/v3.7.4:e09359112e, Jul  8 2019, 19:29:22) [MSC v.1916 32 bit (Intel)]
     Python Type "help", "copyright", "credits" or "license" for more information.
1>>> [evaluate aplicativo_004.py]
     Digite um Valor Numérico para a Variável numero1: 5
     Digite um Valor Numérico para a Variável numero2: 5
     A soma é igual a: 10
2>>>
```

Figura 77

Vamos digitar valores numéricos do tipo decimal, ou ponto flutuante, para isto vamos executar nosso aplicativo, em seguida, clique no ícone do triângulo verde na barra de ferramentas, ou pressione as teclas **Ctrl+Alt+V**, conforme vimos na **figura 40**, vejam que o cursor vai ficar parado em frente à frase **Digite um Valor**

Numérico para a Variável numero1:, na janela de visualização de resultados **Python Shell**, conforme vimos na **figura 75**, digite um valor numérico do tipo decimal, ou ponto flutuante, vou digitar 1.5, em seguida, pressione a tecla **Enter** do teclado e veja que vai acontecer um erro que é mostrado na janela de visualização de resultados **Python Shell**, conforme **figura 78**:

```
Debug I/O   Python Shell
Commands will be debugged. Use arrow keys for history.
1>>> [evaluate aplicativo_004.py]
     Digite um Valor Numérico para a Variável numero1: 1.5
     Traceback (most recent call last):
       File "C:/projetos_livro/scripts/aplicativo_004.py", line 6, in <module>
         numero1 = int(input('Digite um Valor Numérico para a Variável numero1: '))
     builtins.ValueError: invalid literal for int() with base 10: '1.5'
2>>>
```

Figura 78

Você deve estar se perguntando, por que esse erro ocorreu? O que estamos fazendo é tentar atribuir um valor do tipo **real**, **float** ou **double** em uma variável do tipo **inteiro**, para sanar este erro de sintaxe, vamos alterar nosso script **aplicativo_004.py**, para isto, vamos retornar para o nosso aplicativo **aplicativo_004.py** no **Wing 101**, se o mesmo estiver aberto, basta posicionar o botão do mouse sobre o ícone do **Wing 101** na barra de tarefas do **Windows 10**, vai aparecer uma miniatura do aplicativo, conforme vimos na **figura 65**, clique sobre esta miniatura e vamos retornar à tela principal do mesmo. Caso o **Wing 101** esteja fechado, para abrí-lo novamente, basta clicar sobre o ícone do **Wing 101** na barra de tarefas do **Windows 10**, conforme vimos na **figura 166** no **Anexo I**, vai abrir a tela principal do mesmo, vamos alterar as **linhas 6** e **8**, que devem ficar conforme **figura 79**:

```
6 numero1 = float(input('Digite um Valor Numérico para a Variável numero1: '))
7
8 numero2 = float(input('Digite um Valor Numérico para a Variável numero2: '))
```

Figura 79

Observe que tem um asterisco na frente do nome do arquivo e os dois ícones dos disquetes ficam habilitados nas cores azul claro e azul escuro acima do nome do arquivo, aparece um disquete na cor azul claro, isto significa que temos que salvar nossa aplicação, para isto, clique com o botão do mouse sobre o menu **File**, em seguida, selecione o item **Save All**, conforme vimos na **figura 38**, ou clique no ícone dos disquetes duplos na barra de ferramentas, conforme vimos na **figura 39**. Vamos executar nosso aplicativo, para isto, clique no ícone do triângulo verde na barra de ferramentas, ou pressione as teclas **Ctrl+Alt+V**, conforme vimos na **figura 40**, veja que o cursor vai ficar parado em frente à frase **Digite um Valor Numérico para a Variável numero1:**, na janela de visualização de resultados **Python Shell**, conforme vimos na **figura 75**, digite um valor numérico do tipo decimal, ou ponto flutuante, vou digitar 1.5, no caso de valores decimais, devemos usar a notação de **ponto** e não de **vírgula**, em seguida, pressione a tecla **Enter** do teclado e veja que o cursor vai ficar parado em frente à frase **Digite um Valor Numérico para a Variável numero2:**, na janela de visualização de resultados **Python Shell**, conforme vimos na **figura 76**, digite um valor numérico do tipo decimal, ou ponto flutuante, vou digitar 1.5, no caso de valores decimais, devemos usar a notação de **ponto** e não de **vírgula**, em seguida, pressione a tecla **Enter** do teclado e veja que vai aparecer a outra mensagem mostrando o valor total da soma, agora correto, na janela de visualização de resultados **Python Shell**, conforme **figura 80**:

```
Debug I/O   Python Shell
Commands will be debugged.  Use arrow keys for history.
    3.7.4 (tags/v3.7.4:e09359112e, Jul  8 2019, 19:29:22) [MSC v.1916 32 bit (Intel)]
    Python Type "help", "copyright", "credits" or "license" for more information.
1>>> [evaluate aplicativo_004.py]
    Digite um Valor Numérico para a Variável numero1: 1.5
    Digite um Valor Numérico para a Variável numero2: 1.5
    A soma é igual a: 3.0
2>>>
```

Figura 80

Vejam que agora o valor está correto. No próximo capítulo, veremos mais sobre funções numéricas.

Capítulo 02

Operadores Matemáticos no Editor e Interpretador de Pseudocódigos VisuAlg e na Linguagem de Programação Python

Operadores Aritméticos

Devemos salientar que, para podermos construir algoritmos e aplicativos que realizam cálculos matemáticos, todas as expressões aritméticas devem ser linearizadas, ou seja, colocadas em linhas, devendo também ser feito o mapeamento dos operadores da aritmética tradicional para os utilizados no **VisuAlg** e no **Python**. Vejamos o exemplo na **figura 83**:

Linearização de Expressões	
Tradicional	Computacional
$\left\{\left[\frac{7}{3}-(7+2)\right]+5\right\}.2$	((7/3-(7+2)+5))*2

Figura 81

Veja na tabela abaixo os operadores aritméticos disponíveis no **VisuAlg**:

Operadores Aritméticos	Português Estruturado	Descrição
Adição	+	Operadores aritméticos tradicionais de adição.
Subtração	-	Operadores aritméticos tradicionais de subtração.
Multiplicação	*	Operadores aritméticos tradicionais de multiplicação.
Divisão	/	Operadores aritméticos tradicionais de Divisão.
Divisão Inteira	\	Operador de divisão inteira, sempre vai ter o resto inteiro, por exemplo, 5 \ 2 = 2.
Módulo (resto da divisão)	%	Operador de módulo (isto é, resto da divisão inteira). Por exemplo, 8 % 3 = 2.
Potenciação	↑ **ou** ^	Operador de Potenciação.
Incremento	**a+1**	Operador de Incremento, acrescentar 1 ao conteúdo da variável.
Decremento	**a-1**	Operador de Decremento, diminuir 1 do conteúdo da variável.
Unários	**+1, -1**	São aplicados a um único operando. São os operadores aritméticos de maior precedência. Exemplos: -3, +x. Enquanto o operador unário - inverte o sinal do seu operando, o operador + não altera em nada o seu valor.

Veja na tabela abaixo os operadores aritméticos disponíveis no **Python**:

Operadores Aritméticos	Python	Descrição
Adição	+	Operadores aritméticos tradicionais de adição.
Subtração	-	Operadores aritméticos tradicionais de subtração.
Multiplicação	*	Operadores aritméticos tradicionais de multiplicação.
Divisão de ponto flutuante	/	Operadores aritméticos tradicionais de Divisão.
Divisão inteira	//	Operadores aritméticos usando duas barras.
Modulo (resto da divisão)	%	Operador binário. Operador de módulo (isto é, resto da divisão inteira). Por exemplo, 8 % 3 = 2.
Exponenciação/ Potenciação	**	Operador de exponenciação, calcula a base elevada à potência do expoente, **2 ** 3** retorna 8.
Incremento	**+= x**	Operador unário. Adiciona um ao seu operando. Se usado como operador pré-fixado (**++x**), retorna o valor de seu operando após a adição. Se usado como operador pós-fixado (**x++**), retorna o valor de seu operando antes da adição.
Decremento	**-= x**	Operador unário. Subtrai um de seu operando. O valor de retorno é análogo àquele do operador de incremento.
Unários	+, -	São aplicados a um único operando. São os operadores aritméticos de maior precedência. Exemplos: +3 retorna 3, +true retorna 1. Se x é 3, então -x retorna -3.

Vejam como os operadores aritméticos são implementados no **VisuAlg**, vamos retornar para o nosso algoritmo **algoritmo_003** no **VisuAlg**, se o mesmo estiver aberto, basta posicionar o botão do mouse sobre o ícone do **VisuAlg** na barra de tarefas do **Windows 10**, vai aparecer uma miniatura do algoritmo, conforme vimos na **figura 60**. Clique sobre esta miniatura e vamos retornar à tela principal do mesmo. Caso o **VisuAlg** esteja fechado, para abrí-lo novamente, basta clicar sobre o ícone do **VisuAlg** na barra de tarefas do **Windows 10**, conforme vimos na **figura 145** no **Anexo I**, vai abrir a tela principal do mesmo, clique com o botão do mouse sobre o menu **Arquivo**, em seguida, selecione o item **Novo**, ou pressione, ao mesmo tempo, as teclas de atalho **Ctrl+N**, conforme vimos na **figura 61**. Antes de começarmos a digitar algo, vamos salvar nosso algoritmo, para isto, clique com o botão do mouse sobre o menu **Arquivo**, em seguida, selecione o item **Salvar**, ou pressione, ao mesmo tempo, as teclas de atalho **Ctrl+S**, conforme vimos na **figura 4**. Ou clique no ícone do disquete no menu de ferramentas, conforme vimos na **figura 5**. Independentemente da forma escolhida para salvar o algoritmo vai abrir a janela **Salvar como**, no item **Salvar em:**, selecione **Disco local (C:)**, se você renomeou o seu **Disco local (C:)**, clique no nome do disco que você escolheu – no meu caso eu chamei de **Win10 (C:)** –, em seguida, selecione a pasta **projetos_livro**, e clique no botão **Abrir** ou clique duas vezes com o botão do mouse sobre a pasta, em seguida, selecione a pasta **algoritmos**, e clique no botão **Abrir** ou clique duas vezes com o botão do mouse sobre a pasta. No item **Nome:**, digite **algoritmo_004**, conforme vimos na **figura 6**. Clique no botão **Salvar**. Para saber se o algoritmo foi salvo no caminho que especificamos, basta verificar no topo da janela do **VisuAlg**, que mostra o caminho onde salvamos nosso algoritmo, conforme vimos na **figura 7**. Não esqueçam de configurar a numeração de linhas, pois é muito importante, principalmente na indicação de erros. Para isto, clique no menu **Exibir**, e selecione o item **Número de linhas**, conforme vimos na **figura 8**. Ou clique no ícone **Numerar linhas** no menu de ferramentas, conforme vimos na **figura 9**. Agora posicione o cursor no início da **linha 1**, em seguida, pressione, ao mesmo tempo, as teclas **Ctrl+T**, veja como ficou, conforme vimos na **figura 12**. Pressione a tecla **Delete** do teclado, e observe que o cursor do mouse vai ficar piscando na **linha 1**, neste local digite o código abaixo:

```
algoritmo "Operadores_Aritmeticos"
// Função : Mostra o funcionamento dos operadores aritméticos
no VisuAlg
// Autor : Professor Msc Rafael Soares
// Data : 21/07/2019
// Seção de Declarações
```

```
var
a, b, c, d : real
f, g : inteiro

inicio
// Seção de Comandos
a <- 2
b <- 3
c <- 4
d <- 5
f <- 10
g <- 5
escreval("Adição : a + b = ", a+b)
escreval("Subtração: a - c = ", a-c)
escreval("Multiplicação: c * d = ", c*d)
escreval("Divisão: d / a = ", d/a)
escreval("Divisão Inteira: f \ g = ", f\g)
escreval("Exponenciação: a ^ d = ", a^d)
escreval("Módulo: f % g = ", f % g)
escreval("Potenciação: ^ c = ", 2^c)
escreval("Incremento: b+1 = ", b+1)
escreval("Decremnto: c-1 = ", c-1)
escreval("Unário: -d = ", -d)
fimalgoritmo
```

Figura 82

Salve o algoritmo, conforme vimos nas **figuras 4** e **5**. Como vamos apenas visualizar as informações, não precisamos da janela do **DOS**, vamos alterar a exibição da janela de entrada e saída do **VisuAlg**, clique no ícone **Executar o algoritmo como DOS** no menu de ferramentas, conforme **figura 82**.

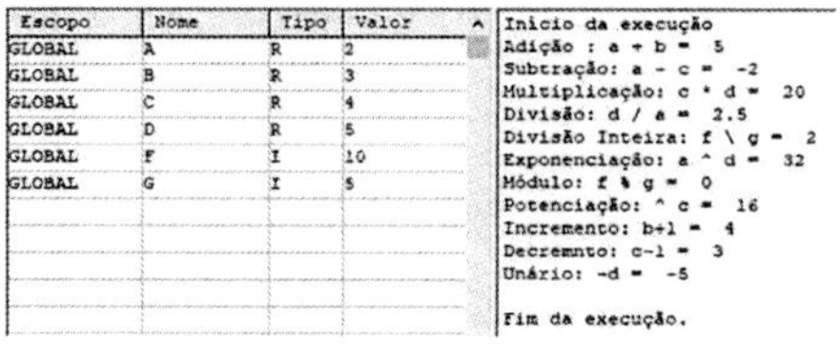

Figura 83

Vamos executar o algoritmo, para isto, vamos até o menu **Algoritmo**, e vamos selecionar o item **Executar**, ou pressionar a tecla **F9**, conforme vimos na **figura 14**. Ou clique no ícone **Executar** no menu de ferramentas, conforme vimos na **figura 15**. Veja que as informações vão aparecer na janela de visualização de resultados, conforme **figura 93**:

Veja como os operadores aritméticos são implementados no **Python**, vamos retornar para o nosso aplicativo **aplicativo_004.py** no **Wing 101**, se o mesmo estiver aberto, basta posicionar o botão do mouse sobre o ícone do **Wing 101** na barra de tarefas do **Windows 10**, vai aparecer uma miniatura do aplicativo, conforme vimos na **figura 65**, clique sobre essa miniatura e vamos retornar à tela principal do mesmo. Caso o **Wing 101** esteja fechado, para abrí-lo novamente, basta clicar sobre o ícone do **Wing 101** na barra de tarefas do **Windows 10**, conforme vimos na **figura 166** no **Anexo I**, vai abrir a tela principal do mesmo, antes de começarmos a digitar algo, vamos fechar o **aplicativo_004**, para isto, clique no ícone do quadradinho vermelho com um **X**, conforme vimos na **figura 25**. Agora vamos criar um novo aplicativo em **Python**, para isto, clique com o botão do mouse sobre o menu **File**, em seguida, selecione o item **New**, ou pressione, ao mesmo tempo, as teclas de atalho **Ctrl+N**, conforme vimos na **figura 28**, vai abrir um script vazio com o seguinte nome: **untitled.py**, conforme vimos na **figura 29**, vamos salvá-lo, para isto, vá até o menu **File** e selecione o item **Save As...**, ou pressione, ao mesmo tempo, as teclas de atalho **Ctrl+Shift+S**, conforme vimos na **figura 30**, vai abrir a janela **Save Document As**, no item **Salvar em:**, clique na setinha para baixo da caixa de seleção **combobox** e selecione **Disco local (C:)**, se você renomeou o seu **Disco local (C:)**, clique no nome do disco que você escolheu — no meu caso eu chamei de **Win10 (C:)** —, em seguida ,clique duas vezes com o botão do mouse sobre a pasta **projetos_livro**, em seguida, clique duas vezes com o botão do mouse sobre a pasta **scripts**, no item **Nome:**, digite **aplicativo_005**, no item **Tipo:**, deixe selecionado **Python**, conforme vimos na **figura 31**, clique no botão **Salvar**. Para saber se o aplicativo foi salvo no caminho que especificamos, basta verificar no topo da janela do **Wing 101**, que mostra o caminho onde salvamos nosso aplicativo, conforme vimos na **figura 32**. Veja que o cursor do mouse está posicionado na **linha 1**, neste local digite o código abaixo:

```
# Função : Mostra o funcionamento dos operadores aritméticos no
Python
# Autor : Professor Msc Rafael Soares
# Data : 21/07/2019
# Seção de Comandos

a = 2
b = 3
c = 4
d = 5
f = 10
g = 5

print("Adição : a + b = ", a+b)
print("Subtração: a - c = ", a-c)
print("Multiplicação: c * d = ", c*d)
print("Divisão: d / a = ", d/a)
print("Divisão Inteira: f // g = ", f//g)
print("Exponenciação: a ^ d = ", a^d)
print("Módulo: f % g = ", f % g)
print("Potenciação: ^ c = ", 2^c)
print("Incremento: b+1 = ", b+1)
print("Decremnto: c-1 = ", c-1)
print("Unário: -d = ", -d)
```

Veja como ficou, conforme vimos na **figura 37**. Observe que tem um asterisco na frente do nome do arquivo e os dois ícones dos disquetes ficam habilitados nas cores azul claro e azul escuro acima do nome do arquivo, aparece um disquete na cor azul claro, isto significa que temos que salvar nossa aplicação, para isto, clique com o botão do mouse sobre o menu **File**, em seguida, selecione o item **Save All**, conforme vimos na **figura 38**, ou clique no ícone dos disquetes duplos na barra de ferramentas, conforme vimos na **figura 39**. Vamos executar nosso aplicativo, para isto, clique no ícone do triângulo verde na barra de ferramentas, ou pressione as teclas **Ctrl+Alt+V**, conforme vimos na **figura 40**, veja que o resultado vai ser mostrado na janela de visualização de resultados **Python Shell**, conforme **figura 84**:

```
Debug I/O   Python Shell
Commands will be debugged. Use arrow keys for history.
     3.7.4 (tags/v3.7.4:e09359112e, Jul  8 2019, 19:29:22) [MSC v.1916 32 bit (Intel)]
     Python Type "help", "copyright", "credits" or "license" for more information.
1>>> [evaluate aplicativo_005.py]
     Adição : a + b =  5
     Subtração: a - c =  -2
     Multiplicação: c * d =  20
     Divisão: d / a =  2.5
     Divisão Inteira: f // g =  2
     Exponenciação: a ^ d =  7
     Módulo: f % g =  0
     Potenciação: ^ c =  6
     Incremento: b+1 =  4
     Decremnto: c-1 =  3
     Unário: -d =  -5
2>>>
```

Figura 84

Operadores de Caracteres

Chamamos de operador de concatenação de strings, isto é, cadeias de caracteres, quando usado com dois valores que podem ser uma variável ou uma constante, do tipo **caractere**. No **VisuAlg** a representação e feita utilizando o caractere mais (+), por exemplo: **"Distrito "** + **" Federal"** = **"Distrito Federal"**. Na linguagem **Python**, também utilizamos o caractere mais (+). Veja como os operadores de caracteres são implementados no **VisuAlg**, vamos retornar para o nosso algoritmo **algoritmo_004** no **VisuAlg**, se o mesmo estiver aberto, basta posicionar o botão do mouse sobre o ícone do **VisuAlg** na barra de tarefas do **Windows 10**, vai aparecer uma miniatura do algoritmo, conforme vimos na **figura 60**. Clique sobre esta miniatura e vamos retornar à tela principal do mesmo. Caso o **VisuAlg** esteja fechado, para abrí-lo novamente, basta clicar sobre o ícone do **VisuAlg** na barra de tarefas do **Windows 10**, conforme vimos na **figura 145** no **Anexo I**, vai abrir a tela principal do mesmo, clique com o botão do mouse sobre o menu **Arquivo**, em seguida, selecione o item **Novo**, ou pressione, ao mesmo tempo, as teclas de atalho **Ctrl+N**, conforme vimos na **figura 61**.

Antes de começarmos a digitar algo, vamos salvar nosso algoritmo, para isto, clique com o botão do mouse sobre o menu **Arquivo**, em seguida, selecione o item **Salvar**, ou pressione, ao mesmo tempo, as teclas de atalho **Ctrl+S**, conforme vimos na **figura 4**. Ou clique no ícone do disquete no menu de ferramentas, conforme vimos na **figura 5**. Independentemente da forma escolhida para salvar o algoritmo vai abrir a janela **Salvar como**, no item **Salvar em:**, selecione **Disco local (C:)**, se você renomeou o seu **Disco local (C:)**, clique no nome do disco que você escolheu — no meu caso eu chamei de **Win10 (C:)** —, em seguida selecione a pasta **projetos_livro**, e clique no botão **Abrir** ou clique duas vezes com o botão do mouse sobre a pasta, em seguida, selecione a pasta **algoritmos**, e clique no botão **Abrir** ou clique duas vezes com o botão do mouse sobre a pasta. No item **Nome:**, digite **algoritmo_005**, conforme vimos na **figura 6**. Clique no botão **Salvar**. Para saber se o algoritmo foi salvo no caminho que especificamos, basta verificar no topo da janela do **VisuAlg**, que mostra o caminho onde salvamos nosso algoritmo, conforme vimos na **figura 7**. Não esqueça de configurar a numeração de linhas, pois é muito importante, principalmente na indicação de erros. Para isto, clique no menu **Exibir**, e selecione o item **Número de linhas**, conforme vimos na **figura 8**. Ou clique no ícone **Numerar linhas** no menu de ferramentas, conforme vimos na **figura 9**. Agora posicione o cursor no início da **linha 1**, em seguida, pressione, ao mesmo tempo, as teclas **Ctrl+T**, veja como ficou, conforme vimos na **figura 12**. Pressione a tecla **Delete** do teclado, e observe que o cursor do mouse vai ficar piscando na **linha 1**, neste local digite o código abaixo:

```
algoritmo "Operadores de Caracteres"
// Função : Concatenação de Strings
// Autor : Professor Msc Rafael Soares de Almeida
// Data : 21/07/2019
// Seção de Declarações
var
cadeia1, cadeia2 : caracter
```

```
inicio
// Seção de Comandos
cadeia1 <- "Rafael"
cadeia2 <- " Soares"
escreval(cadeia1 + cadeia2)
escreva("Distrito" + " Federal")
fimalgoritmo
```

Salve o algoritmo, conforme vimos nas **figuras 4** e **5**. Como vamos apenas visualizar as informações, não precisamos da janela do **DOS**, vamos alterar a exibição da janela de entrada e saída do **VisuAlg**, clique no ícone **Executar o algoritmo como DOS** no menu de ferramentas, conforme vimos na **figura 82**. Vamos executar o algoritmo, para isto, vamos até o menu **Algoritmo**, e vamos selecionar o item **Executar**, ou pressionar a tecla **F9**, conforme vimos na **figura 14**. Ou clique no ícone **Executar** no menu de ferramentas, conforme vimos na **figura 15**. Vejam que as informações vão aparecer na janela de visualização de resultados, conforme **figura 85**:

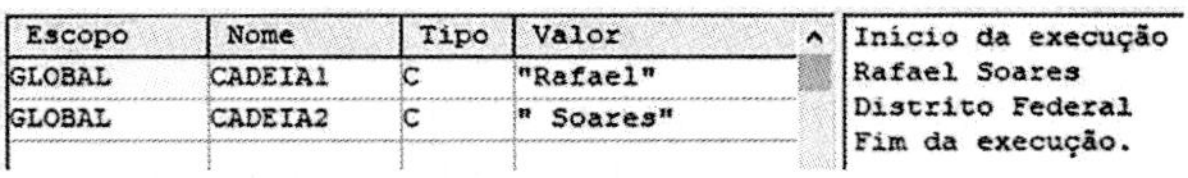

Figura 85

Veja como os operadores aritméticos são implementados no **Python**, vamos retornar para o nosso aplicativo **aplicativo_005.py** no **Wing 101**, se o mesmo estiver aberto, basta posicionar o botão do mouse sobre o ícone do **Wing 101** na barra de tarefas do **Windows 10**, vai aparecer uma miniatura do aplicativo, conforme vimos na **figura 65**, clique sobre essa miniatura e vamos retornar à tela principal do mesmo. Caso o **Wing 101** esteja fechado, para abrí-lo novamente, basta clicar sobre o ícone do **Wing 101** na barra de tarefas do **Windows 10**, conforme vimos na **figura 166** no **Anexo I**, vai abrir a tela principal do mesmo, antes de começarmos a digitar algo, vamos fechar o **aplicativo_005**, para isto, clique no ícone do quadradinho vermelho com um **X**, conforme vimos na **figura 25**. Agora vamos criar um novo aplicativo em **Python**, para isto, clique com o botão do mouse sobre o menu **File**, em seguida, selecione o item **New**, ou pressione, ao mesmo tempo, as teclas de atalho **Ctrl+N**, conforme vimos na **figura 28**, vai abrir um script vazio com o seguinte nome: **untitled.py**, conforme vimos na **figura 29**, vamos salvá-lo, para isto, vá até o menu **File** e selecione o item **Save As...**, ou pressione ao mesmo tempo as teclas de atalho **Ctrl+Shift+S**, conforme vimos na **figura 30**, vai abrir a janela **Save Document As**, no item **Salvar em:**, clique na setinha para baixo da caixa de seleção **combobox** e selecione **Disco local (C:)**, se você renomeou o seu **Disco local (C:)**, clique no nome do disco que você escolheu — no meu caso eu chamei de **Win10 (C:)** —, em seguida, clique duas vezes com o botão do mouse sobre a pasta **projetos_livro**, em seguida, clique duas vezes com o botão do mouse sobre a pasta **scripts**, no item **Nome:**, digite **aplicativo_006**, no item **Tipo:**, deixe selecionado **Python**, conforme vimos na **figura 31**, clique no botão **Salvar**. Para saber se o aplicativo foi salvo no caminho que especificamos, basta verificar no topo da janela do **Wing 101**, que mostra o caminho onde salvamos nosso aplicativo, conforme vimos na **figura 32**. Veja que o cursor do mouse está posicionado na **linha 1**, neste local digite o código abaixo:

```
# Função : Concatenação de Strings
# Autor : Professor Msc Rafael Soares de Almeida
# Data : 21/07/2019

# Seção de Comandos
cadeia1 = "Rafael"
cadeia2 = " Soares"
print(cadeia1 + cadeia2)
print("Distrito" + " Federal")

# numero1_str e numero2_str guardam strings
numero1_str = input("Digite o 1° Número do Tipo Inteiro: ")
numero2_str = input("Digite o 2° Número do Tipo Inteiro: ")

# numero1_int e numero2_int guardam inteiros
numero1_int = int(numero1_str) # converte string/texto para in-
teiro
```

```
numero2_int = int(numero2_str) # converte string/texto para inteiro

# calcule a soma entre valores que são números inteiros
soma = numero1_int + numero2_int

# imprima a soma
print("A soma de", numero1_int, "+", numero2_int, "é igual a", soma)
```

Veja como ficou, conforme vimos na **figura 37**. Observe que tem um asterisco na frente do nome do arquivo e os dois ícones dos disquetes ficam habilitados nas cores azul claro e azul escuro acima do nome do arquivo, aparece um disquete na cor azul claro, isto significa que temos que salvar nossa aplicação, para isto, clique com o botão do mouse sobre o menu **File**, em seguida selecione o item **Save All**, conforme vimos na **figura 38**, ou clique no ícone dos disquetes duplos na barra de ferramentas, conforme vimos na **figura 39**. Vamos executar nosso aplicativo, para isto, clique no ícone do triângulo verde na barra de ferramentas, ou pressione as teclas **Ctrl+Alt+V**, conforme vimos na **figura 40**, veja que o resultado vai ser mostrado na janela de visualização de resultados **Python Shell**, conforme **figura 85**:

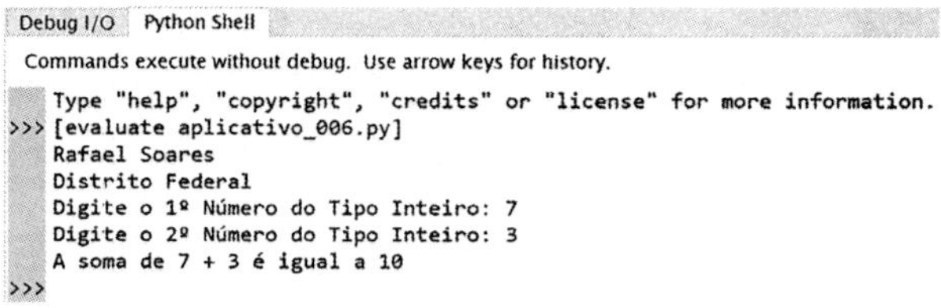

Figura 86

Observe que fizemos a concatenação de strings e também, conversão de string para inteiros, e também podemos converter para ponto flutuante, basta utilizar **float**.

Operadores Relacionais ou de Comparação

Os operadores relacionais ou de comparação realizam a comparação entre dois operandos ou duas expressões e resultam em valores lógicos (**VERDADEIRO** ou **FALSO**). Esses operadores são utilizados em expressões lógicas do tipo condicional, múltipla escolha entre outras, para verificar a relação entre dois valores do mesmo tipo. Veja na tabela abaixo os operadores relacionais no **VisuAlg**:

Operadores Relacionais	Representação no VisuAlg
Maior que	>
Menor que	<
Maior ou igual	>=
Menor ou igual	<=
Igual	=
Diferente	<>

Veja na tabela abaixo os operadores relacionais no **Python**:

Operadores Relacionais	Representação no Python
Maior que	>
Menor que	<
Maior ou igual a	>=
Menor ou igual a	<=
Igual	==
Diferente	!=

Veja como os operadores relacionais ou de comparação são implementados no **VisuAlg**, vamos retornar para o nosso algoritmo **algoritmo_005** no **VisuAlg**, se o mesmo estiver aberto, basta posicionar o botão do mouse sobre o ícone do **VisuAlg** na barra de tarefas do **Windows 10**, vai aparecer uma miniatura do algoritmo, conforme vimos na **figura 60**. Clique sobre esta miniatura e vamos retornar à tela principal do mesmo. Caso o **VisuAlg** esteja fechado, para abrí-lo novamente, basta clicar sobre o ícone do **VisuAlg** na barra de tarefas do **Windo-**

ws 10, conforme vimos na **figura 145** no **Anexo I**, vai abrir a tela principal do mesmo, clique com o botão do mouse sobre o menu **Arquivo**, em seguida, selecione o item **Novo**, ou pressione, ao mesmo tempo, as teclas de atalho **Ctrl+N**, conforme vimos na **figura 61**. Antes de começarmos a digitar algo, vamos salvar nosso algoritmo, para isto, clique com o botão do mouse sobre o menu **Arquivo**, em seguida, selecione o item **Salvar**, ou pressione, ao mesmo tempo, as teclas de atalho **Ctrl+S**, conforme vimos na **figura 4**. Ou clique no ícone do disquete no menu de ferramentas, conforme vimos na **figura 5**. Independentemente da forma escolhida para salvar o algoritmo vai abrir a janela **Salvar como**, no item **Salvar em:**, selecione **Disco local (C:)**, se você renomeou o seu **Disco local (C:)**, clique no nome do disco que você escolheu — no meu caso eu chamei de **Win10 (C:)** —, em seguida, selecione a pasta **projetos_livro**, e clique no botão **Abrir** ou clique duas vezes com o botão do mouse sobre a pasta, em seguida, selecione a pasta **algoritmos**, e clique no botão **Abrir** ou clique duas vezes com o botão do mouse sobre a pasta. No item **Nome:**, digite **algoritmo_006**, conforme vimos na **figura 6**. Clique no botão **Salvar**. Para saber se o algoritmo foi salvo no caminho que especificamos, basta verificar no topo da janela do **VisuAlg**, que mostra o caminho onde salvamos nosso algoritmo, conforme vimos na **figura 7**. Não esqueçam de configurar a numeração de linhas, pois é muito importante, principalmente na indicação de erros. Para isto, clique no menu **Exibir**, e selecione o item **Número de linhas**, conforme vimos na **figura 8**. Ou clique no ícone **Numerar linhas** no menu de ferramentas, conforme vimos na **figura 9**. Agora, posicione o cursor no início da **linha 1**, em seguida, pressione, ao mesmo tempo, as teclas **Ctrl+T**, veja como ficou, conforme vimos na **figura 12**. Pressione a tecla **Delete** do teclado, e observe que o cursor do mouse vai ficar piscando na **linha 1**, neste local digite o código abaixo:

```
algoritmo "Operadores Relacionais"
// Função : Compara duas expressões lógicas de mesmo tipo
// Autor : Professor Msc Rafael Soares
// Data : 21/07/2019
// Seção de Declarações
var
valor1, valor2 : inteiro
```

```
inicio
// Seção de Comandos
valor1 <- 5
valor2 <- 4
se valor1 > valor2 entao
escreval(valor1, " >", valor2, " Esta Condição é Verdadeira")
senao
escreval(valor1, " >", valor2, " Esta Condição é Falsa")
fimse
se valor1 < valor2 entao
escreval(valor1, " <", valor2, " Esta Condição é Verdadeira")
senao
escreval(valor1, " <", valor2, " Esta Condição é Falsa")
fimse
se valor1 >= valor2 entao
escreval(valor1, " >=", valor2, " Esta Condição é Verdadeira")
senao
escreval(valor1, " >=", valor2, " Esta Condição é Falsa")
fimse
se valor1 <= valor2 entao
escreval(valor1, " <=", valor2, " Esta Condição é Verdadeira")
senao
   escreval(valor1, " <=", valor2, " Esta Condição é Falsa")
fimse
se valor1 = 5 entao
escreval(valor1, " =", 5, " Esta Condição é Verdadeira")
senao
escreval(valor1, " =", 5, " Esta Condição é Falsa")
fimse
se valor1 <> valor2 entao
escreval(valor1, " <>", valor2, " Esta Condição é Verdadeira")
senao
escreval(valor1, " <>", valor2, " Esta Condição é Falsa")
```

```
fimse
fimalgoritmo
```

Figura 87

Salve o algoritmo, conforme vimos nas **figuras 4** e **5**. Neste tipo de código, temos que fazer a indentação do mesmo, ou seja, a tabulação do pseudocódigo, tabulando cada comando interno com espaços à esquerda, para isto, clique no menu **Editar**, e selecione o item **Corrigir indentação**, conforme **figura 87**:

Ou clique no ícone **Corrigir indentação (Ctrl+G)** no menu de ferramentas, conforme **figura 88**:

Figura 88

Ou pressione, ao mesmo tempo, as teclas **Ctrl+G**. É muito importante fazer a indentação do código, pois desta forma, deixaremos o nosso código mais legível. Sempre faça a indentação ao final da digitação do código. Como vamos apenas visualizar as informações, não precisamos da janela do **DOS**, vamos alterar a exibição da janela de entrada e saída do **VisuAlg**, clique no ícone **Executar o algoritmo como DOS** no menu de ferramentas, conforme vimos na **figura 82**. Vamos executar o algoritmo, para isto, vamos até o menu **Algoritmo**, e vamos selecionar o item **Executar**, ou pressionar a tecla **F9**, conforme vimos na **figura 14**. Ou clique no ícone **Executar** no menu de ferramentas, conforme vimos na **figura 15**. Veja que as informações vão aparecer na janela de visualização de resultados, conforme **figura 89**:

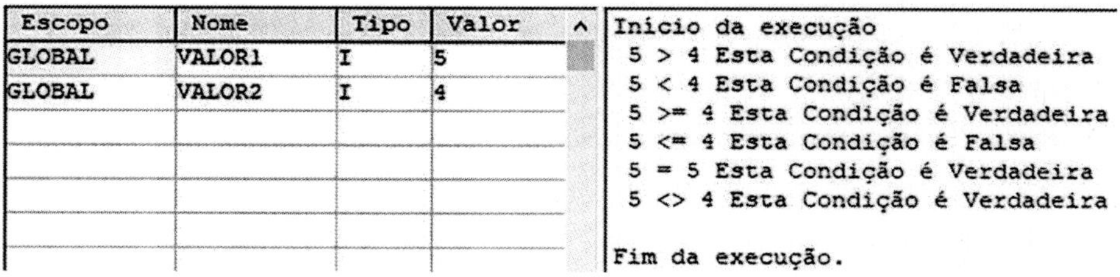

Figura 89

Uma observação que deve ser feita é que na linguagem **VisuAlg**, as comparações entre strings não fazem distinção entre as letras maiúsculas das letras minúsculas. Desta forma, "**ABC**" é igual a "**abc**". No caso de valores lógicos os mesmos vão obedecer à seguinte ordem: **FALSO < VERDADEIRO**, ou seja, falso é menor que verdadeiro. Veremos mais sobre expressões lógicas nos próximos tópicos. Veja como os operadores relacionais ou de comparação são implementados no **Python**, vamos retornar para o nosso aplicativo **aplicativo_006.py** no **Wing 101**, se o mesmo estiver aberto, basta posicionar o botão do mouse sobre o ícone do **Wing 101** na barra de tarefas do **Windows 10**, vai aparecer uma miniatura do aplicativo, conforme vimos na **figura 65**, clique sobre esta miniatura e vamos retornar à tela principal do mesmo. Caso o **Wing 101** esteja fechado, para abrí-lo novamente, basta clicar sobre o ícone do **Wing 101** na barra de tarefas do **Windows 10**, conforme vimos na **figura 166** no **Anexo I**, vai abrir a tela principal do mesmo, antes de começarmos a digitar algo, vamos fechar o **aplicativo_006**, para isto, clique no ícone do quadradinho vermelho com um **X**, conforme vimos na **figura 25**. Agora vamos criar um novo aplicativo em **Python**, para isto, clique com o botão do mouse sobre o menu **File**, em seguida selecione o item **New**, ou pressione, ao mesmo tempo, as teclas de atalho **Ctrl+N**, conforme vimos na **figura 28**, vai abrir um script vazio com o seguinte nome: **untitled.py**, conforme vimos na **figura 29**, vamos salvá-lo, para isto vá até o menu **File** e selecione o item **Save As...**, ou pressione, ao mesmo tempo, as teclas de atalho **Ctrl+Shift+S**, conforme vimos na **figura 30**, vai abrir a janela **Save Document As**, no item **Salvar em:**, clique na setinha para baixo da caixa de seleção **combobox** e selecione **Disco local (C:)**, se você renomeou o seu **Disco local (C:)**, clique no nome do disco que você escolheu — no meu caso eu chamei de **Win10 (C:)** —, em seguida clique duas vezes com o botão do mouse sobre a pasta **projetos_livro**, em seguida, clique duas vezes com o botão do mouse sobre a pasta **scripts**, no item **Nome:**, digite **aplicativo_007**, no item **Tipo:**, deixe selecionado **Python**, conforme vimos na **figura 31**, clique no botão **Salvar**. Para saber se o aplicativo foi salvo no caminho que especificamos, basta verificar no topo da janela do **Wing 101**, que mostra o caminho onde salvamos nosso aplicativo, conforme vimos na **figura 32**. Veja que o cursor do mouse está posicionado na **linha 1**, neste local digite o código abaixo:

```
# Função : Compara duas expressões lógicas de mesmo tipo
# Autor : Professor Msc Rafael Soares
# Data : 21/07/2019
# Seção de Comandos

valor1 = 5
valor2 = 4

if valor1 > valor2:
   print(valor1, ">", valor2, "Esta Condição é Verdadeira")
else:
   print(valor1, ">", valor2, "Esta Condição é Falsa")

if valor1 < valor2:
   print(valor1, "<", valor2, "Esta Condição é Verdadeira")
else:
   print(valor1, "<", valor2, "Esta Condição é Falsa")

if valor1 >= valor2:
   print(valor1, ">=", valor2, "Esta Condição é Verdadeira")
else:
   print(valor1, ">=", valor2, "Esta Condição é Falsa")

if valor1 <= valor2:
   print(valor1, "<=", valor2, "Esta Condição é Verdadeira")
else:
   print(valor1, "<=", valor2, " Esta Condição é Falsa")
```

```
if valor1 == 5:
   print(valor1, "==", 5, "Esta Condição é Verdadeira")
else:
   print(valor1, "==", 5, "Esta Condição é Falsa")

if valor1 != valor2:
   print(valor1, "!=", valor2, "Esta Condição é Verdadeira")
else:
   print(valor1, "!=", valor2, "Esta Condição é Falsa")
```

Veja como ficou, conforme vimos na **figura 37**. Observe que tem um asterisco na frente do nome do arquivo e os dois ícones dos disquetes ficam habilitados nas cores azul claro e azul escuro acima do nome do arquivo, aparece um disquete na cor azul claro, isto significa que temos que salvar nossa aplicação, para isto, clique com o botão do mouse sobre o menu **File**, em seguida, selecione o item **Save All**, conforme vimos na **figura 38**, ou clique no ícone dos disquetes duplos na barra de ferramentas, conforme vimos na **figura 39**. Vamos executar nosso aplicativo, para isto, clique no ícone do triângulo verde na barra de ferramentas, ou pressione as teclas **Ctrl+Alt+V**, conforme vimos na **figura 40**, veja que o resultado vai ser mostrado na janela de visualização de resultados **Python Shell**, conforme **figura 90**:

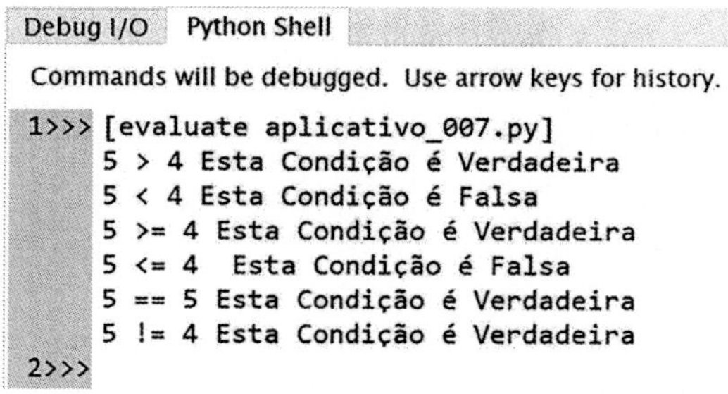

Figura 90

Operadores Lógicos

Os operadores lógicos vão atuar também sobre as expressões e vão resultar valores lógicos **VERDADEIRO** ou **FALSO**, são utilizados tipicamente com valores booleanos (lógicos); neste caso, retornam um valor booleano. Veja na tabela abaixo os operadores lógicos no **VisuAlg**:

Operadores Lógicos	Representação no VisuAlg	Significado
Multiplicação Lógica ou Conjunção	**e**	O resultado vai ser **VERDADEIRO** se ambas as partes forem **verdadeiras**.
Adição Lógica ou Disjunção	**ou**	O resultado vai ser **VERDADEIRO** se pelo menos uma das partes for verdadeira.
Não lógico	**nao**	O resultado é a inversão do valor lógico, neste caso se for **VERDADEIRO** torna-se **FALSO**, se for **FALSO** torna-se **VERDADEIRO**.

Veja na tabela abaixo os operadores lógicos no **Python**:

Operadores Relacionais	Representação no Python	Significado
Multiplicação Lógica ou Conjunção	**and**	**(E lógico)** – Retorna **expressao1** caso possa ser convertido para falso; senão, retorna **expressao2**. Assim, quando utilizado com valores booleanos, **and** retorna verdadeiro caso ambos operandos

		sejam verdadeiros; caso contrário, retorna falso. Exemplos de expressões que podem ser convertidas para falso são aquelas que são avaliadas como nulo, 0, string vazia («»).
Adição Lógica ou Disjunção	**or**	**(OU lógico)** – Retorna **expressao1** caso possa ser convertido para verdadeiro; senão, retorna **expressao2**. Assim, quando utilizado com valores booleanos, **or** retorna verdadeiro, caso ambos os operandos sejam verdadeiros; se ambos forem falsos, retorna falso.
Não lógico	**not**	**(Negação lógica)** – Retorna falso caso o único operando possa ser convertido para verdadeiro; senão, retorna verdadeiro.

Você deve estar se perguntando: como chego nestes valores? Existe um método da matemática booleana, chamado **tabela-verdade**, que mostra os resultados das aplicações dos operadores lógicos de acordo com os valores dos operadores envolvidos. Veja abaixo a **tabela-verdade**:

A	B	A e B A and B	A ou B A or B	nao A ! A	nao B ! B
VERDADEIRO	**VERDADEIRO**	**VERDADEIRO**	**VERDADEIRO**	**FALSO**	**FALSO**
VERDADEIRO	**ALSO**	**FALSO**	**VERDADEIRO**	**FALSO**	**VERDADEIRO**
FALSO	**VERDADEIRO**	**FALSO**	**VERDADEIRO**	**VERDADEIRO**	**FALSO**
FALSO	**FALSO**	**FALSO**	**FALSO**	**VERDADEIRO**	**VERDADEIRO**

Veja como **Multiplicação Lógica ou Conjunção (e)**, é implementada no **VisuAlg**, vamos retornar para o nosso algoritmo **algoritmo_006** no **VisuAlg**, se o mesmo estiver aberto, basta posicionar o botão do mouse sobre o ícone do

VisuAlg na barra de tarefas do **Windows 10**, vai aparecer uma miniatura do algoritmo, conforme vimos na **figura 60**. Clique sobre esta miniatura e vamos retornar a tela principal do mesmo. Caso o **VisuAlg** esteja fechado, para abrí-lo novamente, basta clicar sobre o ícone do **VisuAlg** na barra de tarefas do **Windows 10**, conforme vimos na **figura 145** no **Anexo I**, vai abrir a tela principal do mesmo, clique com o botão do mouse sobre o menu **Arquivo**, em seguida, selecione o item **Novo**, ou pressione, ao mesmo tempo, as teclas de atalho **Ctrl+N**, conforme vimos na **figura 61**.

Antes de começarmos a digitar algo, vamos salvar nosso algoritmo, para isto, clique com o botão do mouse sobre o menu **Arquivo**, em seguida, selecione o item **Salvar**, ou pressione, ao mesmo tempo, as teclas de atalho **Ctrl+S**, conforme vimos na **figura 4**. Ou clique no ícone do disquete no menu de ferramentas, conforme vimos na **figura 5**. Independentemente da forma escolhida para salvar o algoritmo vai abrir a janela **Salvar como**, no item **Salvar em:**, selecione **Disco local (C:)**, se você renomeou o seu **Disco local (C:)**, clique no nome do disco que você escolheu — no meu caso eu chamei de **Win10 (C:)** —, em seguida, selecione a pasta **projetos_livro**, e clique no botão **Abrir** ou clique duas vezes com o botão do mouse sobre a pasta, em seguida, selecione a pasta **algoritmos**, e clique no botão **Abrir** ou clique duas vezes com o botão do mouse sobre a pasta. No item **Nome:**, digite **algoritmo_007**, conforme vimos na **figura 6**. Clique no botão **Salvar**. Para saber se o algoritmo foi salvo no caminho que especificamos, basta verificar no topo da janela do **VisuAlg**, que mostra o caminho onde salvamos nosso algoritmo, conforme vimos na **figura 7**. Não esqueça de configurar a numeração de linhas, pois é muito importante, principalmente na indicação de erros. Para isto, clique no menu **Exibir**, e selecione o item **Número de linhas**, conforme vimos na **figura 8**. Ou clique no ícone **Numerar linhas** no menu de ferramentas, conforme vimos na **figura 9**. Agora, posicione o cursor no início da **linha 1**, em seguida, pressione, ao mesmo tempo, as teclas **Ctrl+T**, veja como ficou, conforme vimos na **figura 12**. Pressione a tecla **Delete** do teclado, e observe que o cursor do mouse vai ficar piscando na **linha 1**, neste local digite o código abaixo:

```
algoritmo "Operadores Lógicos"
// Função : Multiplicação Lógica ou Conjunção (e)
// Autor : Professor Msc Rafael Soares
// Data : 23/07/2019
// Seção de Declarações
var
a, b, s : logico

inicio
// Seção de Comandos
a <- verdadeiro
b <- verdadeiro
s <- a e b
escreval("*************************************************************")
escreval("**** Tabela Verdade da Multiplicação Lógica ou Conjunção *****")
escreval("*********** A e B *********** Saída *************************")
escreval("|", a , " | ", b , " | " , s)
a <- verdadeiro
b <- falso
s <- a e b
escreval("|", a , " | ", b , "      | " , s)
a <- falso
b <- verdadeiro
s <- a e b
escreval("|", a , "      | ", b , " | " , s)
a <- falso
b <- falso
s <- a e b
escreval("|", a , "      | ", b , "      | " , s)
fimalgoritmo
```

Salve o algoritmo, conforme vimos nas **figuras** 4 e 5. Não esqueça de fazer a indentação do código, conforme vimos nas **figuras** 87 e 88, ou pressione, ao mesmo tempo, as teclas **Ctrl+G**. É muito importante fazer a indentação do código, pois desta forma, deixaremos o nosso código mais legível. Como vamos apenas visualizar as informações, não precisamos da janela do **DOS**, vamos alterar a exibição da janela de entrada e saída do **VisuAlg**, clique no ícone **Executar o algoritmo como DOS** no menu de ferramentas, conforme vimos na **figura 82**. Vamos executar o algoritmo, para isto vamos até o menu **Algoritmo**, e vamos selecionar o item **Executar**, ou pressionar a tecla **F9**, conforme vimos na **figura 14**. Ou clique no ícone **Executar** no menu de ferramentas, conforme vimos na **figura 15**. Veja que as informações vão aparecer na janela de visualização de resultados, conforme **figura 91**:

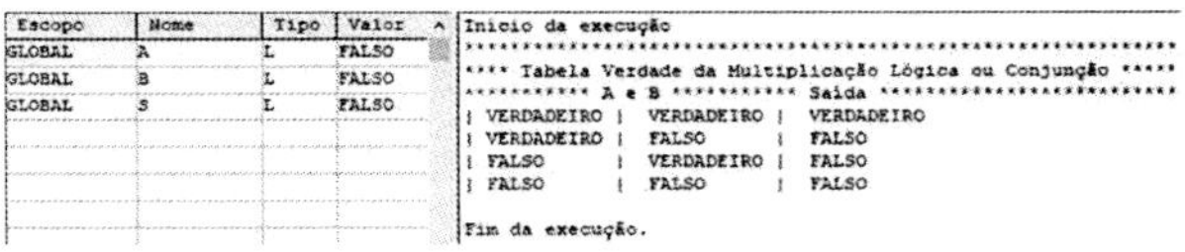

Figura 91

Veja como **Adição Lógica ou Disjunção (ou)** é implementada no **VisuAlg**, vamos retornar para o nosso algoritmo **algoritmo_007** no **VisuAlg**, se o mesmo estiver aberto, basta posicionar o botão do mouse sobre o ícone do **VisuAlg** na barra de tarefas do **Windows 10**, vai aparecer uma miniatura do algoritmo, conforme vimos na **figura 60**. Clique sobre esta miniatura e vamos retornar à tela principal do mesmo. Caso o **VisuAlg** esteja fechado, para abrí-lo novamente, basta clicar sobre o ícone do **VisuAlg** na barra de tarefas do **Windows 10**, conforme vimos na **figura 145** no **Anexo I**, vai abrir a tela principal do mesmo, clique com o botão do mouse sobre o menu **Arquivo**, em seguida selecione o item **Novo**, ou pressione, ao mesmo tempo, as teclas de atalho **Ctrl+N**, conforme vimos na **figura 61**.

Antes de começarmos a digitar algo, vamos salvar nosso algoritmo, para isto, clique com o botão do mouse sobre o menu **Arquivo**, em seguida selecione o item **Salvar**, ou pressione, ao mesmo tempo, as teclas de atalho **Ctrl+S**, conforme vimos na **figura 4**. Ou clique no ícone do disquete no menu de ferramentas, conforme vimos na **figura 5**. Independentemente da forma escolhida para salvar o algoritmo, vai abrir a janela **Salvar como**, no item **Salvar em:**, selecione **Disco**

local (C:), se você renomeou o seu **Disco local (C:)**, clique no nome do disco que você escolheu — no meu caso eu chamei de **Win10 (C:)** —, em seguida selecione a pasta **projetos_livro**, e clique no botão **Abrir** ou clique duas vezes com o botão do mouse sobre a pasta, em seguida selecione a pasta **algoritmos**, e clique no botão **Abrir** ou clique duas vezes com o botão do mouse sobre a pasta. No item **Nome:**, digite **algoritmo_008**, conforme vimos na **figura 6**. Clique no botão **Salvar**. Para saber se o algoritmo foi salvo no caminho que especificamos, basta verificar no topo da janela do **VisuAlg**, que mostra o caminho onde salvamos nosso algoritmo, conforme vimos na **figura 7**. Não esqueçam de configurar a numeração de linhas, pois é muito importante, principalmente na indicação de erros. Para isto, clique no menu **Exibir**, e selecione o item **Número de linhas**, conforme vimos na **figura 8**. Ou clique no ícone **Numerar linhas** no menu de ferramentas, conforme vimos na **figura 9**. Agora posicione o cursor no início da **linha 1**, em seguida pressione, ao mesmo tempo, as teclas **Ctrl+T**, veja como ficou, conforme vimos na **figura 12**. Pressione a tecla **Delete** do teclado, e observe que o cursor do mouse vai ficar piscando na **linha 1**, neste local digite o código abaixo:

```
algoritmo "Operadores Lógicos"
// Função : Adição Lógica ou Disjunção (ou)
// Autor : Professor Msc Rafael Soares
// Data : 23/07/2019
// Seção de Declarações
var
a, b, s : logico

inicio
// Seção de Comandos
a <- verdadeiro
b <- verdadeiro
s <- a ou b
escreval("*****************************************************")
escreval("*** Tabela Verdade da Adição Lógica ou Disjunção ***")
escreval("********** A ou B ********** Saída *****************")
escreval("|", a , " | ", b , " | " , s)
```

```
a <- verdadeiro
b <- falso
s <- a ou b
escreval("|", a , " | ", b , "         | " , s)
a <- falso
b <- verdadeiro
s <- a ou b
escreval("|", a , "         | ", b , " | " , s)
a <- falso
b <- falso
s <- a ou b
escreval("|", a , "         | ", b , "         | " , s)
fimalgoritmo
```

Salve o algoritmo, conforme vimos nas **figuras 4** e **5**. Não esqueça de fazer a indentação do código, conforme vimos nas **figuras 87** e **88**, ou pressione, ao mesmo tempo, as teclas **Ctrl+G**. É muito importante fazer a indentação do código, pois desta forma, deixaremos o nosso código mais legível. Como vamos apenas visualizar as informações, não precisamos da janela do **DOS**, vamos alterar a exibição da janela de entrada e saída do **VisuAlg**, clique no ícone **Executar o algoritmo como DOS** no menu de ferramentas, conforme vimos na **figura 82**. Vamos executar o algoritmo, para isto vamos até o menu **Algoritmo**, e vamos selecionar o item **Executar**, ou pressionar a tecla **F9**, conforme vimos na **figura 14**. Ou clique no ícone **Executar** no menu de ferramentas, conforme vimos na **figura 15**. Vejam que as informações vão aparecer na janela de visualização de resultados, conforme **figura 92**:

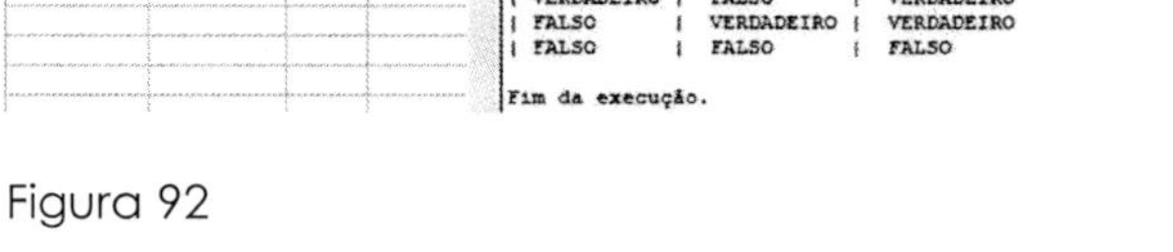

Figura 92

Veja como **Não Lógico (nao)** é implementado no **VisuAlg**, vamos retornar para o nosso algoritmo **algoritmo_008** no **VisuAlg**, se o mesmo estiver aberto, basta posicionar o botão do mouse sobre o ícone do **VisuAlg** na barra de tarefas do **Windows 10**, vai aparecer uma miniatura do algoritmo, conforme vimos na **figura 60**. Clique sobre esta miniatura e vamos retornar á tela principal do mesmo. Caso o **VisuAlg** esteja fechado, para abrí-lo novamente, basta clicar sobre o ícone do **VisuAlg** na barra de tarefas do **Windows 10**, conforme vimos na **figura 145** no **Anexo I**, vai abrir a tela principal do mesmo, clique com o botão do mouse sobre o menu **Arquivo**, em seguida selecione o item **Novo**, ou pressione, ao mesmo tempo, as teclas de atalho **Ctrl+N**, conforme vimos na **figura 61**.

Antes de começarmos a digitar algo, vamos salvar nosso algoritmo, para isto, clique com o botão do mouse sobre o menu **Arquivo**, em seguida selecione o item **Salvar**, ou pressione, ao mesmo tempo, as teclas de atalho **Ctrl+S**, conforme vimos na **figura 4**. Ou clique no ícone do disquete no menu de ferramentas, conforme vimos na **figura 5**. Independentemente da forma escolhida para salvar o algoritmo vai abrir a janela **Salvar como**, no item **Salvar em:**, selecione **Disco local (C:)**, se você renomeou o seu **Disco local (C:)**, clique no nome do disco que você escolheu — no meu caso eu chamei de **Win10 (C:)** —, em seguida selecione a pasta **projetos_livro**, e clique no botão **Abrir** ou clique duas vezes com o botão do mouse sobre a pasta, em seguida selecione a pasta **algoritmos**, e clique no botão **Abrir** ou clique duas vezes com o botão do mouse sobre a pasta. No item **Nome:**, digite **algoritmo_009**, conforme vimos na **figura 6**. Clique no botão **Salvar**. Para saber se o algoritmo foi salvo no caminho que especificamos, basta verificar no topo da janela do **VisuAlg**, que mostra o caminho onde salvamos nosso algoritmo, conforme vimos na **figura 7**. Não esqueçam de configurar a numeração de linhas, pois é muito importante, principalmente na indicação de erros. Para isto, clique no menu **Exibir**, e selecione o item **Número de linhas**, conforme vimos na **figura 8**. Ou clique no ícone **Numerar linhas** no menu de ferramentas, conforme vimos na **figura 9**. Agora posicione o cursor no início da **linha 1**, em seguida pressione, ao mesmo tempo, as teclas **Ctrl+T**, veja como ficou, conforme vimos na **figura 12**. Pressione a tecla **Delete** do teclado, e observe que o cursor do mouse vai ficar piscando na **linha 1**, neste local digite o código abaixo:

```
algoritmo "Operadores Lógicos"
// Função : Não Lógico (nao)
// Autor : Professor Msc Rafael Soares
// Data : 23/07/2019
// Seção de Declarações
var
a, b, s : logico

inicio
// Seção de Comandos
a <- verdadeiro
s <- nao a
escreval(«*******************************************»)
escreval(«**** Tabela Verdade do Não lógico (nao) ***»)
escreval(«*********** nao A ********* Saída *********»)
escreval(«|», a , « | « , s)
a <- falso
s <- nao a
escreval(«|», a , «       | « , s)
escreval(«*********** nao B ********* Saída *********»)
b <- verdadeiro
s <- nao b
escreval(«|», b , « | « , s)
b <- falso
s <- nao b
escreval(«|», b , «       | « , s)
fimalgoritmo
```

Salve o algoritmo, conforme vimos nas **figuras 4** e **5**. Não esqueça de fazer a indentação do código, conforme vimos nas **figuras 87** e **88**, ou pressione, ao mesmo tempo, as teclas **Ctrl+G**. É muito importante fazer a indentação do código, pois desta forma, deixaremos o nosso código mais legível. Como vamos apenas visualizar as informações, não precisamos da janela do **DOS**, vamos alterar a exibição da janela de entrada e saída do **VisuAlg**, clique no ícone **Executar o algoritmo como DOS** no menu de ferramentas, conforme vimos na **figura 82**. Vamos executar o algoritmo, para isto vamos até o menu **Algoritmo**, e vamos selecionar o item **Executar**, ou pressionar a tecla **F9**, conforme vimos na **figura 14**. Ou clique no ícone **Executar** no menu de ferramentas, conforme vimos na **figura 15**. Vejam que as informações vão aparecer na janela de visualização de resultados, conforme **figura 93**:

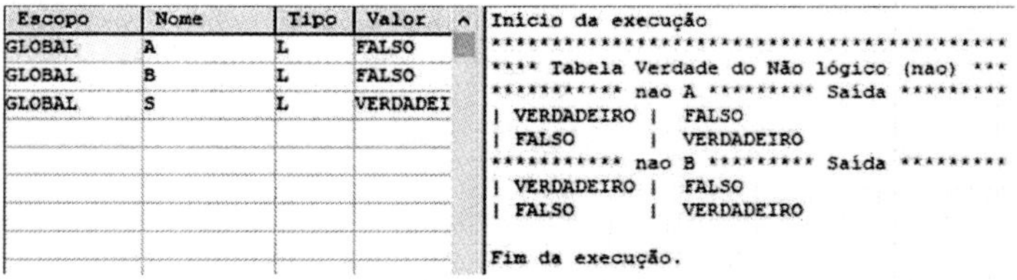

Figura 93

Veja como **Multiplicação Lógica ou Conjunção (and)**, é implementada no **Python**, vamos retornar para o nosso aplicativo **aplicativo_007.py** no **Wing 101**, se o mesmo estiver aberto, basta posicionar o botão do mouse sobre o ícone do **Wing 101** na barra de tarefas do **Windows 10**, vai aparecer uma miniatura do aplicativo, conforme vimos na **figura 65**, clique sobre esta miniatura e retorne à tela principal do mesmo. Caso o **Wing 101** esteja fechado, para abrí-lo novamente, basta clicar sobre o ícone do **Wing 101** na barra de tarefas do **Windows 10**, conforme vimos na **figura 166** no **Anexo I**, vai abrir a tela principal do mesmo, antes de começarmos a digitar algo, vamos fechar o **aplicativo_007**, para isto, clique no ícone do quadradinho vermelho com um **X**, conforme vimos na **figura 25**. Agora vamos criar um novo aplicativo em **Python**, para isto, clique com o botão do mouse sobre o menu **File**, em seguida selecione o item **New**, ou pressione, ao mesmo tempo, as teclas de atalho **Ctrl+N**, conforme vimos na **figura 28**, vai abrir um script vazio com o seguinte nome: **untitled.py**, conforme vimos na **figura 29**, vamos salvá-lo, para isto, vá até o menu **File** e selecione o item **Save As...**, ou pressione, ao mesmo tempo, as teclas de atalho **Ctrl+Shift+S**, conforme vimos na **figura 30**, vai abrir a janela **Save Document As**, no item **Salvar em:**, clique na setinha para baixo da caixa de seleção **combobox** e selecione **Disco local (C:)**, se você renomeou o seu **Disco local (C:)**, clique no nome do disco que você escolheu — no meu caso eu chamei de **Win10 (C:)** —, em seguida clique duas vezes com o botão do mouse sobre a pasta **projetos_livro**, em seguida clique duas vezes com o botão do mouse sobre a pasta **scripts**, no item **Nome:**, digite **aplicativo_008**, no item **Tipo:**, deixe selecionado **Python**, conforme vimos na **figura 31**, clique no botão **Salvar**. Para saber se o aplicativo foi salvo no caminho que especificamos, basta verificar no topo da janela do **Wing 101**, que mostra o caminho onde salvamos nosso aplicativo, conforme vimos na **figura 32**. Vejam que o cursor do mouse está posicionado na **linha 1**, neste local digite o código abaixo:

```
# Função : Multiplicação Lógica ou Conjunção (and)
# Autor : Professor Msc Rafael Soares
# Data : 23/07/2019
# Seção de Declarações

a = True
b = True
s = a and b
print("****************************************************************")
print("**** Tabela Verdade da Multiplicação Lógica ou Conjunção *****")
print("*** A  and    B ********* Saída **************************")
print("|", a , " | ", b , " | " , s)
a = True
b = False
s = a and b
print("|", a , " | ", b , "| " , s)
a = False
b = True
s = a and b
print("|", a , "| ", b , " | " , s)
a = False
b = False
s = a and b
print("|", a , "| ", b , "| " , s)
```

Veja como ficou, conforme vimos na **figura 37**. Observe que tem um asterisco na frente do nome do arquivo e os dois ícones dos disquetes ficam habilitados nas cores azul claro e azul escuro acima do nome do arquivo, aparece um disquete na cor azul claro, isto significa que temos que salvar nossa aplicação, para isto, clique com o botão do mouse sobre o menu **File**, em seguida selecione o item **Save All**, conforme vimos na **figura 38**, ou clique no ícone dos disquetes duplos na barra de ferramentas, conforme vimos na **figura 39**. Vamos executar nosso aplicativo, para isto, clique no ícone do triângulo verde na barra de ferramentas, ou pressione as teclas **Ctrl+Alt+V**, conforme vimos na **figura 40**, veja que o resultado será mostrado na janela de visualização de resultados **Python Shell**, conforme **figura 94**:

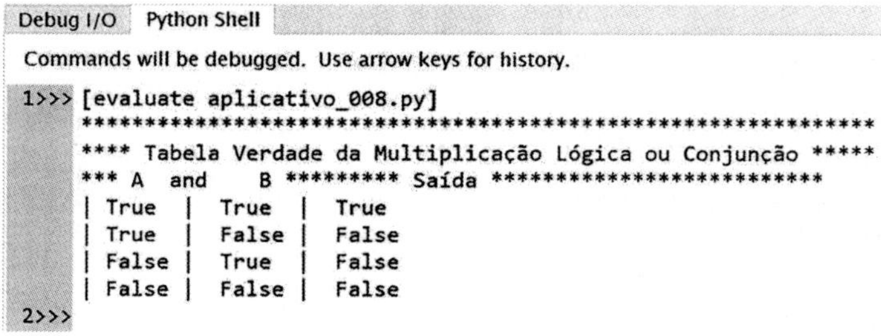

Figura 94

Veja como **Adição Lógica ou Disjunção (or)** é implementada no **Python**, vamos retornar para o nosso aplicativo **aplicativo_008.py** no **Wing 101**, se o mesmo estiver aberto, basta posicionar o botão do mouse sobre o ícone do **Wing 101** na barra de tarefas do **Windows 10**, vai aparecer uma miniatura do aplicativo, conforme vimos na **figura 65**, clique sobre esta miniatura e vamos retornar à tela principal do mesmo. Caso o **Wing 101** esteja fechado, para abrí-lo novamente, basta clicar sobre o ícone do **Wing 101** na barra de tarefas do **Windows 10**, conforme vimos na **figura 166** no **Anexo I**, vai abrir a tela principal do mesmo, antes de começarmos a digitar algo, vamos fechar o **aplicativo_008**, para isto clique no ícone do quadradinho vermelho com um **X**, conforme vimos na **figura 25**. Agora vamos criar um novo aplicativo em **Python**, para isto clique com o botão do mouse sobre o menu **File**, em seguida, selecione o item **New**, ou pressione, ao mesmo tempo, as teclas de atalho **Ctrl+N**, conforme vimos na **figura 28**, vai abrir um script vazio com o seguinte nome: **untitled.py**, conforme vimos na **figura 29**, vamos salvá-lo, para isto vá até o menu **File** e selecione o item **Save As...**, ou pressione, ao mesmo tempo, as teclas de atalho **Ctrl+Shift+S**, conforme vimos na **figura 30**, vai abrir a janela **Save Document As**, no item **Salvar em:**, clique na setinha para baixo da caixa de seleção **combobox** e selecione **Disco local (C:)**, se você renomeou o seu **Disco local (C:)**, clique no nome do disco que você escolheu — no meu caso eu chamei de **Win10 (C:)** —, em seguida clique duas vezes com o botão do mouse sobre a pasta **projetos_livro**, em seguida, clique duas vezes com o botão do mouse sobre a pasta **scripts**, no item **Nome:**, digite **aplicativo_009**, no item **Tipo:**, deixe selecionado **Python**, conforme vimos na **figura 31**, clique no botão **Salvar**. Para saber se o aplicativo foi salvo no caminho que especificamos, basta verificar no topo da janela do **Wing 101**, que mostra o caminho onde salvamos nosso aplicativo, conforme vimos na **figura 32**. Vejam que o cursor do mouse está posicionado na **linha 1**, neste local digite o código abaixo:

```
# Função : Adição Lógica ou Disjunção (or)
# Autor : Professor Msc Rafael Soares
# Data : 23/07/2019
# Seção de Declarações

a = True
b = True
s = a or b
print("**********************************************************")
print("****** Tabela Verdade da Adição Lógica ou Disjunção ******")
print("*** A  or    B ********* Saída **************************")
print("|", a , " | ", b , " | " , s)
a = True
b = False
s = a or b
print("|", a , " | ", b , "| " , s)
a = False
b = True
s = a or b
```

```
print("|", a , "| ", b , " | " , s)
a = False
b = False
s = a or b
print("|", a , "| ", b , "| " , s)
```

Veja como ficou, conforme vimos na **figura 37**. Observem que tem um asterisco na frente do nome do arquivo e os dois ícones dos disquetes ficam habilitados nas cores azul claro e azul escuro acima do nome do arquivo, aparece um disquete na cor azul claro, isto significa que temos que salvar nossa aplicação, para isto, clique com o botão do mouse sobre o menu **File**, em seguida selecione o item **Save All**, conforme vimos na **figura 38**, ou clique no ícone dos disquetes duplos na barra de ferramentas, conforme vimos na **figura 39**. Vamos executar nosso aplicativo, para isto clique no ícone do triângulo verde na barra de ferramentas, ou pressione as teclas **Ctrl+Alt+V**, conforme vimos na **figura 40**, vejam que o resultado vai ser mostrado na janela de visualização de resultados **Python Shell**, conforme **figura 95**:

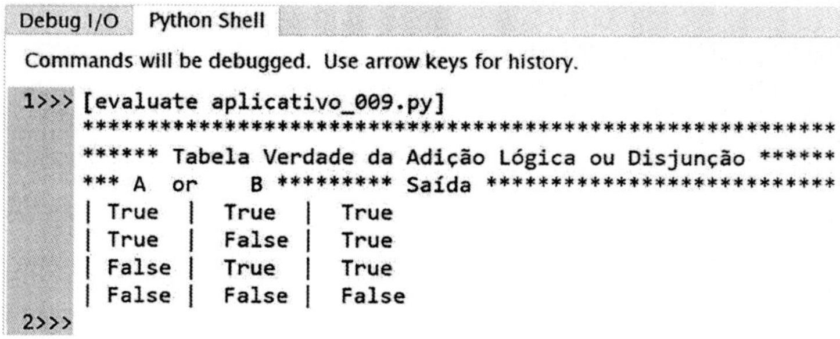

Figura 95

Vejam como o **Não Lógico (not)** é implementado no **Python**, vamos retornar para o nosso aplicativo **aplicativo_009.py** no **Wing 101**, se o mesmo estiver aberto, basta posicionar o botão do mouse sobre o ícone do **Wing 101** na barra de tarefas do **Windows 10**, vai aparecer uma miniatura do aplicativo, conforme vimos na **figura 65**, clique sobre esta miniatura e vamos retornar à tela principal do mesmo. Caso o **Wing 101** esteja fechado, para abrí-lo novamente, basta clicar sobre o ícone do **Wing 101** na barra de tarefas do **Windows 10**, conforme vimos na **figura 166** no **Anexo I**, vai abrir a tela principal do mesmo, antes de começarmos a digitar algo, vamos fechar o **aplicativo_009**, para isto clique no ícone do quadradinho vermelho com um **X**, conforme vimos na **figura 25**. Agora vamos criar um novo aplicativo em **Python**, para isto clique com o botão do mouse sobre o menu **File**, em seguida selecione o item **New**, ou pressione, ao mesmo tempo, as teclas de atalho **Ctrl+N**, conforme vimos na **figura 28**, vai abrir um script vazio com o seguinte nome: **untitled.py**, conforme vimos na **figura 29**, vamos salvá-lo, para isto vá até o menu **File** e selecione o item **Save As...**, ou pressione, ao mesmo tempo, as teclas de atalho **Ctrl+Shift+S**, conforme vimos na **figura 30**, vai abrir a janela **Save Document As**, no item **Salvar em:**, clique na setinha para baixo da caixa de seleção **combobox** e selecione **Disco local (C:)**, se você renomeou o seu **Disco local (C:)**, clique no nome do disco que você escolheu — no meu caso eu chamei de **Win10 (C:)** —, em seguida clique duas vezes com o botão do mouse sobre a pasta **projetos_livro**, em seguida clique duas vezes com o botão do mouse sobre a pasta **scripts**, no item **Nome:**, digite **aplicativo_010**, no item **Tipo:**, deixe selecionado **Python**, conforme vimos na **figura 31**, clique no botão **Salvar**. Para saber se o aplicativo foi salvo no caminho que especificamos, basta verificar no topo da janela do **Wing 101**, que mostra o caminho onde salvamos nosso aplicativo, conforme vimos na **figura 32**. Vejam que o cursor do mouse está posicionado na **linha 1**, neste local digite o código abaixo:

```
# Função : Não Lógico (not)
# Autor : Professor Msc Rafael Soares
# Data : 23/07/2019
# Seção de Declarações

a = True
s = not a
print(«*****************************************»)
print(«**** Tabela Verdade do Não lógico (not) ***»)
print("** not A ********* Saída *****************")
print("|", a , " | " , s)
a = False
```

```
s = not a
print("|", a , "| " , s)
print("** not B ********* Saída *****************")
b = True
s = not b
print("|", b , " | " , s)
b = False
s = not b
print("|", b , "| " , s)
```

Veja como ficou, conforme vimos na **figura 37**. Observe que tem um asterisco na frente do nome do arquivo e os dois ícones dos disquetes ficam habilitados nas cores azul claro e azul escuro acima do nome do arquivo, aparece um disquete na cor azul claro, isto significa que temos que salvar nossa aplicação, para isto, clique com o botão do mouse sobre o menu **File**, em seguida selecione o item **Save All**, conforme vimos na **figura 38**, ou clique no ícone dos disquetes duplos na barra de ferramentas, conforme vimos na **figura 39**. Vamos executar nosso aplicativo, para isto clique no ícone do triângulo verde na barra de ferramentas, ou pressione as teclas **Ctrl+Alt+V**, conforme vimos na **figura 40**, veja que o resultado vai ser mostrado na janela de visualização de resultados **Python Shell**, conforme **figura 96**:

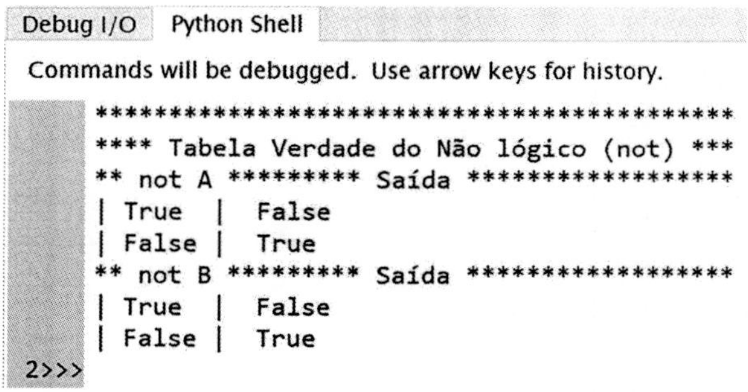

Figura 96

Precedência de Operadores

Veja abaixo a tabela de precedência de operadores no **VisuAlg**:

Operadores Aritméticos	Português Estruturado	Prioridade
Unários	**+1, -1**	4(maior)
Decremento	**a-1**	4
Incremento	**a+1**	4
Potenciação/Exponenciação	**↑ ou ^**	3
Modulo (resto da divisão)	%	2
Divisão Inteira	\	2
Divisão	/	2
Multiplicação	*	2
Subtração	-	1
Adição	+	1(menor)

Operadores Lógicos	Português Estruturado	Prioridade
Multiplicação Lógica ou Conjunção	**e**	3(maior)
Adição Lógica ou Disjunção	**ou**	2
Não lógico	**nao**	1

Existe prioridade também entre as categorias de operadores, veja na tabela abaixo:

Operador	Prioridade
Operadores aritméticos	3(maior)
Operadores relacionais	2
Operadores lógicos	1(menor)

Veja abaixo a tabela de precedência de operadores na linguagem **Python**:

Operadores Aritméticos	Python
Binário	**
Unário	+, -
Binário	*, /, //, %
Binário	+, -
Binário	=

Operadores Lógicos	Python	Prioridade
Multiplicação Lógica ou Conjunção	**and**	3(maior)
Adição Lógica ou Disjunção	**or**	2
Não lógico	**not**	1

Existe prioridade também entre as categorias de operadores, veja na tabela abaixo:

Operador	Prioridade
Operadores aritméticos	3(maior)
Operadores relacionais	2
Operadores lógicos	1(menor)

Antes de irmos para o próximo capítulo, vamos falar sobre números complexos.

Números Complexos – Complex numbers

O **Python** oferece suporte a números complexos prontos para uso. Se você não sabe o que são números complexos, eles são números que podem ser expressos na forma **a + ib** onde **a** e **b** são números reais, e **i** (ou j, se você é engenheiro) é a unidade imaginária, isto é, a raiz quadrada de **-1**, **a** e **b** são chamados, respectivamente, a parte real e imaginária do número. É improvável que você os use, a menos que você esteja codificando algo científico, pois são usados em domínios como engenharia elétrica, estatística etc. Vejam como os **Números Complexos (Complex numbers)** são implementados no **Python**, vamos retornar para o nosso aplicativo **aplicativo_010.py** no **Wing 101**, se o mesmo estiver aberto, basta posicionar o botão do mouse sobre o ícone do **Wing 101** na barra de tarefas do **Windows 10**, vai aparecer uma miniatura do aplicativo, conforme vimos na **figura 65**, clique sobre esta miniatura e vamos retornar à tela principal do mesmo. Caso o **Wing 101** esteja fechado, para abrí-lo novamente, basta clicar sobre o ícone do **Wing 101** na barra de tarefas do **Windows 10**, conforme vimos na **figura 166** no **Anexo I**, vai abrir a tela principal do mesmo, antes de começarmos a digitar algo, vamos fechar o **aplicativo_010**, para isto clique no ícone do quadradinho vermelho com um **X**, conforme vimos na **figura 25**. Agora vamos criar um novo aplicativo em **Python**, para isto clique com o botão do mouse sobre o menu **File**, em seguida selecione o item **New**, ou pressione, ao mesmo tempo, as teclas de atalho **Ctrl+N**, conforme vimos na **figura 28**, vai abrir um script vazio com o seguinte nome: **untitled.py**, conforme vimos na **figura 29**, vamos salvá-lo, para isto vá até o menu **File** e selecione o item **Save As...**, ou pressione, ao mesmo tempo, as teclas de atalho **Ctrl+Shift+S**, conforme vimos na **figura 30**, vai abrir a janela **Save Document As**, no item **Salvar em:**, clique na setinha para baixo da caixa de seleção **combobox** e selecione **Disco local (C:)**, se você renomeou o seu **Disco local (C:)**, clique no nome do disco que você escolheu — no meu caso eu chamei de **Win10 (C:)** —, em seguida clique duas vezes com o botão do mouse sobre a pasta **projetos_livro**, em seguida clique duas vezes com o botão do mouse sobre a pasta **scripts**, no item **Nome:**, digite **aplicativo_011**, no item **Tipo:**, deixe selecionado **Python**, conforme vimos na **figura 31**, clique no botão **Salvar**. Para saber se o aplicativo foi salvo no caminho que especificamos, basta verificar no topo da janela do **Wing 101**, que mostra o caminho onde salvamos nosso aplicativo, conforme vimos na **figura 32**. Vejam que o cursor do mouse está posicionado na **linha 1**, neste local digite o código abaixo:

```
# Função : Uso de números complexos - complex number
# Autor : Professor Msc Rafael Soares
# Data : 23/07/2019
# Seção de Declarações

c = 3.14 + 2.73j
# parte real
print(c.real)
# parte imaginária
print(c.imag)
```

```
# conjugado de A + Bj é A - Bj
print(c.conjugate())
# multiplicação é permitida
print(c * 2)
# operação de potenciação
print(c ** 2)
# adição e subtração
d = 1 + 1j
print(c - d)
```

Veja como ficou, conforme vimos na **figura 37**. Observe que tem um asterisco na frente do nome do arquivo e os dois ícones dos disquetes ficam habilitados nas cores azul claro e azul escuro acima do nome do arquivo, aparece um disquete na cor azul claro, isto significa que temos que salvar nossa aplicação, para isto, clique com o botão do mouse sobre o menu **File**, em seguida selecione o item **Save All**, conforme vimos na **figura 38**, ou clique no ícone dos disquetes duplos na barra de ferramentas, conforme vimos na **figura 39**. Vamos executar nosso aplicativo, para isto clique no ícone do triângulo verde na barra de ferramentas, ou pressione as teclas **Ctrl+Alt+V**, conforme vimos na **figura 40**, veja que o resultado vai ser mostrado na janela de visualização de resultados **Python Shell**, conforme **figura 97**:

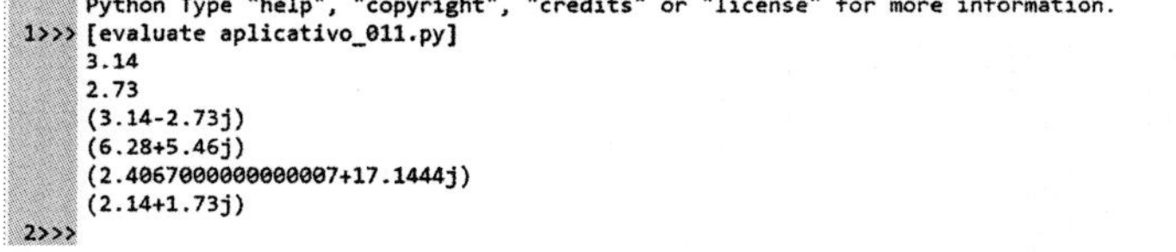

Figura 97

Capítulo 3

Estruturas Sequencial, Condicional e de Repetição

Estrutura Sequencial

Nesta estrutura os comandos de um algoritmo são executados numa sequência preestabelecida. Cada comando é executado somente após o término do comando anterior. Os comandos deverão ser executados numa sequência linear, seguindo-se o texto em que estão escritos, de cima para baixo, se não houver indicação em contrário. Veja abaixo a sua sintaxe:

Estrutura Sequencial	
Representação no VisuAlg	**Representação em Python**
inicio	**// Seção de Comandos**
// Seção de Comandos	**<Comando 1>**
<Comando 1>	**<Comando 2>**
<Comando 2>	**<Comando 3>**
<Comando 3>	
.	
.	
.	**<Comando n>**
<Comando n>	
fimalgoritmo	

Observe que na estrutura acima o **Comando 3** somente será executado após o **Comando 2** e este após o **Comando 1** e assim por diante. Veja que a estrutura sequencial é delimitada pelas palavras reservadas **inicio** e **fimalgoritmo**, no **Vi-**

suAlg e na linguagem **Python**, esta delimitação é feita, por convenção, após a última linha de comando e podemos observar que contém basicamente comandos de atribuição, de entrada e de saída de dados. Genericamente a construção de um algoritmo se resume às seguintes etapas:

1. Entendimento do problema;
2. Elaboração da solução algorítmica; e
3. Codificação da solução no Português Estruturado;

Em geral a 2ª etapa é a mais complexa, pois depende muito da experiência do construtor ou programador. Vamos analisar o enunciado do exemplo abaixo:

Enunciado: Elabore um aplicativo que leia dois valores numéricos do tipo real, calcule e mostre a média aritmética dos dois valores.

1ª Etapa: Lembrando das aulas de matemática, dos tempos de escola, veremos que a média aritmética de dois valores é calculada de acordo com a seguinte fórmula **(x+y)/2**, desta forma a primeira etapa está concluída.
2 ª Etapa: Os dados que vamos precisar serão dois valores do tipo real, que vamos colocar em duas variáveis que chamaremos de **valor1** e **valor2**, e uma terceira variável, que vamos chamar de **media**, também do tipo real, que vai armazenar a média aritmética calculada.
3 ª Etapa: Nesta etapa vamos obter os dados deste aplicativo de uma forma simples e direta, pedindo para que o usuário digite os valores.
4 ª Etapa: Nesta etapa vamos fazer o processamento, neste caso é o cálculo da média, usando o método citado na **Etapa 1**, sendo que o resultado do cálculo será armazenado na variável **media**.
5 ª Etapa: Vamos exibir o conteúdo da variável **media**.

Vejam como a **Estrutura Sequencial** é implementada no **VisuAlg**, vamos retornar para o nosso algoritmo **algoritmo_009** no **VisuAlg**, se o mesmo estiver aberto, basta posicionar o botão do mouse sobre o ícone do **VisuAlg** na barra de tarefas do **Windows 10**, vai aparecer uma miniatura do algoritmo, conforme vimos na **figura 60**. Clique sobre esta miniatura e vamos retornar à tela principal do mesmo. Caso o **VisuAlg** esteja fechado, para abrí-lo novamente, basta clicar sobre o ícone do **VisuAlg** na barra de tarefas do **Windows 10**, conforme vimos na **figura 145** no **Anexo I**, vai abrir a tela principal do mesmo, clique com o botão do mouse sobre o menu **Arquivo**, em seguida selecione o item **Novo**, ou pressione, ao mesmo tempo, as teclas de atalho **Ctrl+N**, conforme vimos na **figura 61**. Antes de começarmos a digitar algo, vamos salvar nosso algoritmo, para isto, clique com o botão do mouse sobre o menu **Arquivo**, em seguida selecione o item **Salvar**, ou pressione, ao mesmo tempo, as teclas de atalho **Ctrl+S**, conforme vimos na **figura 4**. Ou clique no ícone do disquete no menu de ferramentas, conforme vimos na **figura 5**. Independentemente da forma escolhida para salvar o algoritmo vai abrir a janela **Salvar como**, no item **Salvar em:**, selecione **Disco local (C:)**, se você renomeou o seu **Disco local (C:)**, clique no nome do disco que você escolheu — no meu caso eu chamei de **Win10 (C:)** —, em seguida selecione a pasta **projetos_livro**, e clique no botão **Abrir** ou clique duas vezes com o botão do mouse sobre a pasta, em seguida selecione a pasta **algoritmos**, e clique no botão **Abrir** ou clique duas vezes com o botão do mouse sobre a pasta. No item **Nome:**, digite **algoritmo_010**, conforme vimos na **figura 6**. Clique no botão **Salvar**. Para saber se o algoritmo foi salvo no caminho que especificamos, basta verificar no topo da janela do **VisuAlg**, que mostra o caminho onde salvamos nosso algoritmo, conforme vimos na **figura 7**. Não esqueçam de configurar a numeração de linhas, pois é muito importante, principalmente na indicação de erros. Para isto, clique no menu **Exibir**, e selecione o item **Número de linhas**, conforme vimos na **figura 8**. Ou clique no ícone **Numerar linhas** no menu de ferramentas, conforme vimos na **figura 9**. Agora posicione o cursor no início da **linha 1**, em seguida pressione, ao mesmo tempo, as teclas **Ctrl+T**, veja como ficou, conforme vimos na **figura 12**. Pressione a tecla **Delete** do teclado, e observe que o cursor do mouse vai ficar piscando na **linha 1**, neste local digite o código abaixo:

```
algoritmo "Calcula a Media Aritmética entre 2 Valores"
// Função : Calcular Média Aritmética entre 2 valores
// Autor : Professor Msc Rafael Soares
// Data : 23/07/2019
// Seção de Declarações
```

```
var
valor1, valor2, media : real

inicio
// Seção de Comandos
escreval("Digite o 1° Valor do tipo x.xx: ")
leia(valor1)
escreval("Digite o 2° Valor tipo x.xx: ")
leia(valor2)
media <- (valor1+valor2)/2
escreval("A Média é:", media)
fimalgoritmo
```

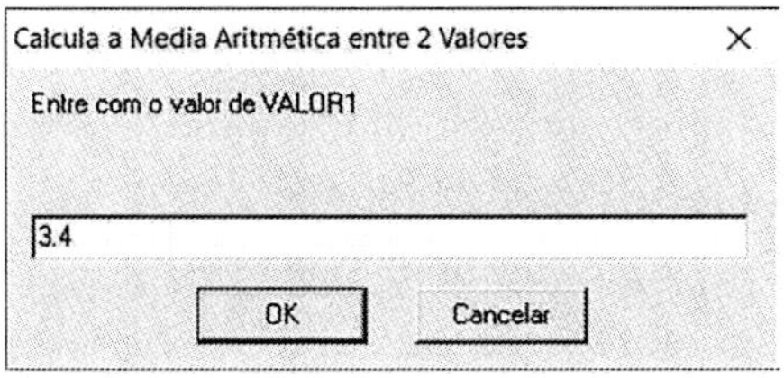

Figura 98

Salve o algoritmo, conforme vimos nas **figuras 4** e **5**. Não esqueça de fazer a indentação do código, conforme vimos nas **figuras 87** e **88**, ou pressione, ao mesmo tempo, as teclas **Ctrl+G**. É muito importante fazer a indentação do código, pois desta forma, deixaremos o nosso código mais legível. Vamos pedir para o usuário entrar com os dados, para isto, vamos alterar a exibição da janela de entrada e saída do **VisuAlg**, clique no ícone **Executar o algoritmo como DOS** no menu de ferramentas, conforme vimos na **figura 82**. Vamos executar o algoritmo, para isto vamos até o menu **Algoritmo**, e vamos selecionar o item **Executar**, ou pressionar a tecla **F9**, conforme vimos na **figura 14**. Ou clique no ícone **Executar** no menu de ferramentas, conforme vimos na **figura 15**. Vejam que vai aparecer uma janela com o cursor do mouse piscando dentro de uma caixa de texto, conforme **figura 98**:

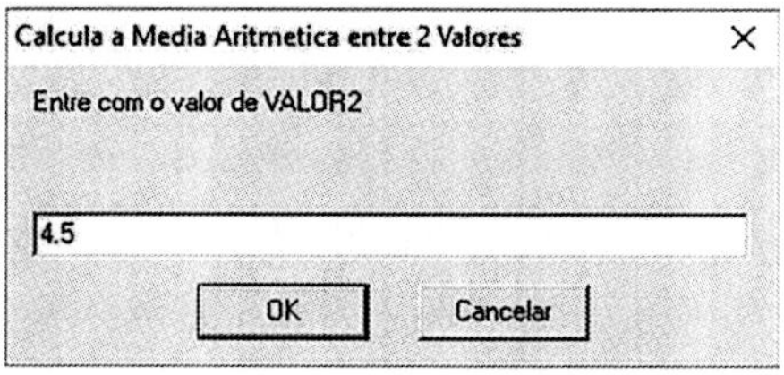

Figura 99

Digite um valor qualquer do tipo real, use ponto e não vírgula, para separar as casas decimais. Em seguida, clique no botão **OK**. Veja que vai aparecer uma janela com o cursor do mouse piscando dentro de uma caixa de texto, conforme **figura 99**:

Digite um valor qualquer do tipo real, use ponto e não vírgula, para separar as casas decimais. Em seguida, clique no botão **OK**. Veja que as informações vão aparecer na janela de visualização de resultados, conforme **figura 100**:

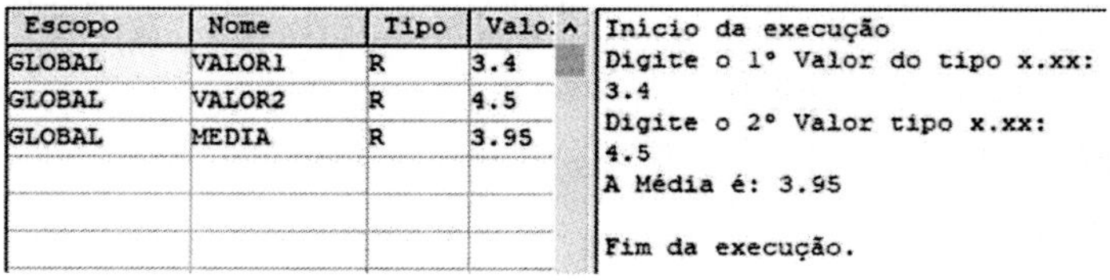

Figura 100

Veja como a **Estrutura Sequencial** é implementada no **Python**, vamos retornar para o nosso aplicativo **aplicativo_011.py** no **Wing 101**, se o mesmo estiver aberto, basta posicionar o botão do mouse sobre o ícone do **Wing 101** na barra de tarefas do **Windows 10**, vai aparecer uma miniatura do aplicativo, conforme vimos na **figura 65**, clique sobre esta miniatura e vamos retornar á tela principal do mesmo. Caso o **Wing 101** esteja fechado, para abrí-lo novamente, basta clicar sobre o ícone do **Wing 101** na barra de tarefas do **Windows 10**, conforme vimos na **figura 166** no **Anexo I**, vai abrir a tela principal do mesmo, antes de começarmos a digitar algo, vamos fechar o **aplicativo_011**, para isto clique no ícone do quadradinho vermelho com um **X**, conforme vimos na **figura 25**. Agora vamos criar um novo aplicativo em **Python**, para isto clique com o botão do mouse sobre o menu **File**, em seguida selecione o item **New**, ou pressione, ao mesmo tempo, as teclas de atalho **Ctrl+N**, conforme vimos na **figura 28**, vai abrir um script vazio com o seguinte nome: **untitled.py**, conforme vimos na **figura 29**, vamos salvá-lo, para isto vá até o menu **File** e selecione o item **Save As...**, ou pressione, ao mesmo tempo, as teclas de atalho **Ctrl+Shift+S**, conforme vimos na **figura 30**, vai abrir a janela **Save Document As**, no item **Salvar em:**, clique na setinha para baixo da caixa de seleção **combobox** e selecione **Disco local (C:)**, se você renomeou o seu **Disco local (C:)**, clique no nome do disco que você escolheu — no meu caso eu chamei de **Win10 (C:)** —, em seguida, clique duas vezes com o botão do mouse sobre a pasta **projetos_livro**, em seguida, clique duas vezes com o botão do mouse sobre a pasta **scripts**, no item **Nome:**, digite **aplicativo_012**, no item **Tipo:**, deixe selecionado **Python**, conforme vimos na **figura 31**, clique no botão **Salvar**. Para saber se o aplicativo foi salvo no caminho que especificamos, basta verificar no topo da janela do **Wing 101**, que mostra o caminho onde salvamos nosso aplicativo, conforme vimos na **figura 32**. Veja que o cursor do mouse está posicionado na **linha 1**, neste local digite o código abaixo:

```
# Função : Calcular Média Aritmética entre 2 valores
# Autor : Professor Msc Rafael Soares
# Data : 23/07/2019
# Seção de Comandos

valor1 = float(input("Digite o 1° Valor do tipo x.xx: "))
valor2 = float(input("Digite o 2° Valor do tipo x.xx: "))
media = (valor1 + valor2)/2
print("A Média é:", media)
```

Veja como ficou, conforme vimos na **figura 37**. Observe que tem um asterisco na frente do nome do arquivo e os dois ícones dos disquetes ficam habilitados nas cores azul claro e azul escuro acima do nome do arquivo, aparece um disquete na cor azul claro, isto significa que temos que salvar nossa aplicação, para isto, clique com o botão do mouse sobre o menu **File**, em seguida selecione o item **Save All**, conforme vimos na **figura 38**, ou clique no ícone dos disquetes duplos na barra de ferramentas, conforme vimos na **figura 39**. Vamos executar nosso aplicativo, para isto clique no ícone do triângulo verde, na barra de ferramentas, ou pressione as teclas **Ctrl+Alt+V**, conforme vimos na **figura 40**, veja que o cursor vai ficar parado em frente á frase **Digite o 1° Valor do tipo x.xx:**, na janela de visualização de resultados **Python Shell**, conforme vimos **figura 73**, digite um valor qualquer do tipo real, use ponto e não vírgula, para separar as casas decimais, em seguida pressione a tecla **Enter** do teclado e veja que o cursor vai ficar parado em frente à frase **Digite o 2º Valor do tipo x.xx:**, na janela de visualização de resultados **Python Shell**, conforme vimos na **figura** 74, digite um valor qualquer do tipo real, use ponto e não vírgula, para separar as casas decimais, em seguida pressione a tecla **Enter** e vejam que o resultado vai ser mostrado na janela de visualização de resultados **Python Shell**, conforme **figura 101**:

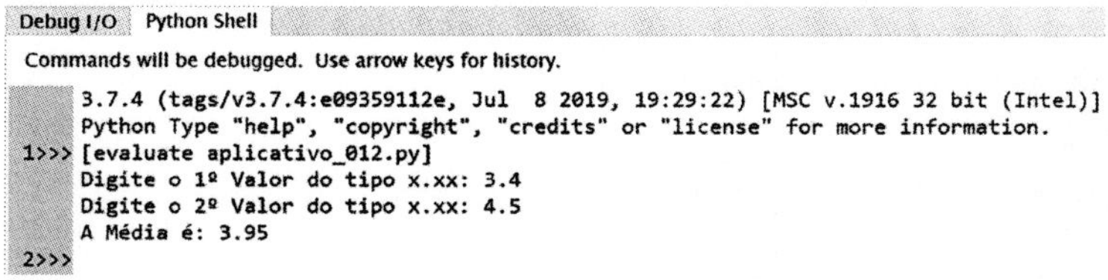

Figura 101

Verificando o exemplo acima, a primeira coisa que devemos verificar é se o algoritmo proposto respeita as regras de organização e sintaxe da linguagem algorítmica do **VisuAlg**, e da linguagem de programação **Python**. Desta forma devemos nos perguntar qual é a primeira instrução a ser executada? Lembrando que o algoritmo será executado de maneira sequencial, em que a partir da palavra reservada **var** as instruções vão sendo executadas de cima para baixo e a próxima instrução só é executada após a anterior ser encerrada. Uma observação importante é que sempre será executado primeiro o bloco de declarações para poder criar as variáveis na memória do computador, como visto no tópico sobre variáveis; depois, na sequência, o bloco de instruções.

Outra observação que deve ser feita é que colocamos na tela instruções para o usuário entrar com os dados usando os comandos **leia** e **escreva**, no **VisuAlg** e o comando **input**, na linguagem **Python**, pois é uma boa técnica de programação, mesmo hoje em dia, com o ambiente de janelas do **Windows**, e outros sistemas operacionais que usam ambientes visuais.

Estrutura Condicional, de Decisão ou Seleção

Toda e qualquer linguagem de programação oferece estas estruturas. Elas são utilizadas quando da existência da necessidade de se verificar opções de escolha, geralmente expressões lógicas que sempre vão retornar um valor booleano verdadeiro (**true**) ou falso (**false**), executando um ou vários comandos se a condição testada for verdadeira (**true**) e, em alguns casos, executando um ou vários comandos se a condição testada for falsa (**false**). Vamos analisar as afirmativas abaixo:

- Distribuição gratuita de ingressos para cinema;
- Distribuição gratuita de ingressos para cinema, sendo um ingresso para pessoas do sexo feminino e um ingresso para pessoas do sexo masculino.

Nas afirmativas acima, podemos concluir que:

- Na primeira, todas as pessoas vão receber ingressos para o cinema, o que equivale dizer que é um comando sequencial.
- Na segunda, só vai receber 1 ingresso a pessoa do sexo feminino e um ingresso a pessoa do sexo masculino, o que equivale a dizer que é um comando condicional.

Estas estruturas se dividem em Simples, Compostas e Múltiplas.

Estrutura Condicional, de Decisão ou Seleção Simples

Esta estrutura nos permite criar uma expressão lógica que tenha apenas um dado a ser verificado ou comparado, e vai determinar o que vai ser feito caso o resultado da expressão seja verdadeiro ou caso o resultado seja falso. Veja abaixo a sua sintaxe:

Estrutura Condicional, de Decisão ou Seleção Simples	
Representação no VisuAlg	**Representação em Python**

se (condição) entao
        Comando
        Comando
fimse
	if condição:
	        Comando
	        Comando

Analisando os comandos da sintaxe acima, temos:

1ª linha **se/if condição:** a condição é uma expressão lógica que vai ser testada pelo computador através da sua Unidade de Aritmética e Lógica, ALU, e vai nos retornar uma reposta verdadeira ou falsa. Aqui fica evidente que devemos nos lembrar dos operadores lógicos e relacionais e das suas precedências.
2ª linha **então/::** indica o início do bloco se a condição for verdadeira.
3ª e 4ª linhas **comando ou sequência de comandos**: somente serão executados se a condição for aceita, no caso se for verdadeira.
5ª linha **fimse/**: indica o fim do bloco de comandos.

Veja como a **Estrutura Condicional, de Decisão ou Seleção Simples** é implementada no **VisuAlg**, vamos criar um aplicativo que peça para um usuário entrar com dois números inteiros, em seguida, somar os dois números inteiros, se o resultado for **maior ou igual 10**, exibir a mensagem **"O Resultado encontrado foi: XX. Esta Condição é Verdadeira"**. Caso o número seja **menor que 10**, exibir a mensagem **"O Resultado encontrado foi: XX. Esta Condição é Falsa"**. Vamos retornar para o nosso algoritmo **algoritmo_010** no **VisuAlg**, se o mesmo estiver aberto, basta posicionar o botão do mouse sobre o ícone do **VisuAlg** na barra de tarefas do **Windows 10**, vai aparecer uma miniatura do algoritmo, conforme vimos na **figura 60**. Clique sobre esta miniatura e vamos retornar a tela principal do mesmo. Caso o **VisuAlg** esteja fechado, para abrí-lo novamente, basta clicar sobre o ícone do **VisuAlg** na barra de tarefas do **Windows 10**, conforme vimos na **figura 145** no **Anexo I**, vai abrir a tela principal do mesmo, clique com o botão do mouse sobre o menu **Arquivo**, em seguida selecione o item **Novo**, ou pressione, ao mesmo tempo, as teclas de atalho **Ctrl+N**, conforme vimos na **figura 61**.

Antes de começarmos a digitar algo, vamos salvar nosso algoritmo, para isto, clique com o botão do mouse sobre o menu **Arquivo**, em seguida selecione o item **Salvar**, ou pressione, ao mesmo tempo, as teclas de atalho **Ctrl+S**, conforme vimos na **figura 4**. Ou clique no ícone do disquete no menu de ferramentas, conforme vimos na **figura 5**. Independentemente da forma escolhida para salvar o algoritmo vai abrir a janela **Salvar como**, no item **Salvar em:**, selecione **Disco local (C:)**, se você renomeou o seu **Disco local (C:)**, clique no nome do disco que você escolheu — no meu caso eu chamei de **Win10 (C:)** —, em seguida selecione a pasta **projetos_livro**, e clique no botão **Abrir** ou clique duas vezes com o botão do mouse sobre a pasta, em seguida selecione a pasta **algoritmos**, e clique no botão **Abrir** ou clique duas vezes com o botão do mouse sobre a pasta. No item **Nome:**, digite **algoritmo_011**, conforme vimos na **figura 6**. Clique no botão **Salvar**. Para saber se o algoritmo foi salvo no caminho que especificamos, basta verificar no topo da janela do **VisuAlg**, que mostra o caminho onde salvamos nosso algoritmo, conforme vimos na **figura 7**. Não esqueçam de configurar a numeração de linhas, pois é muito importante, principalmente na indicação de erros. Para isto, clique no menu **Exibir**, e selecione o item **Número de linhas**, conforme vimos na **figura 8**. Ou clique no ícone **Numerar linhas** no menu de ferramentas, conforme vimos na **figura 9**. Agora posicione o cursor no início da **linha 1**, em seguida pressione, ao mesmo tempo, as teclas **Ctrl+T**, veja como ficou, conforme vimos na **figura 12**. Pressione a tecla **Delete** do teclado, e observe que o cursor do mouse vai ficar piscando na **linha 1**, neste local digite o código abaixo:

```
algoritmo "Verificar_se_resultado_maior_que_10"
// Função : verificar se o resultado da soma entre dois números
inteiros é maior ou igual a 10 e exibir a frase Verdadeiro ou
Falso
// Autor : Professor Msc Rafael Soares
// Data : 23/07/2019
// Seção de Declarações
var
resultado, valor1, valor2: inteiro
```

```
inicio
// Seção de Comandos
escreva ("Digite o 1° Número do tipo Inteiro: ")
leia (valor1)
escreva ("Digite o 2° Número do tipo Inteiro: ")
leia (valor2)
resultado <- valor1 + valor2
se (resultado >= 10) entao
    escreva ("O Resultado encontrado foi:", resultado, " Esta
Condição é Verdadeira.")
fimse
se (resultado <= 10) entao
    escreva ("O Resultado encontrado foi:", resultado, " Esta
Condição é Falsa.")
fimse
fimalgoritmo
```

Salve o algoritmo, conforme vimos nas **figuras 4** e **5**. Não esqueça de fazer a indentação do código, conforme vimos nas **figuras 87** e **88**, ou pressione, ao mesmo tempo, as teclas **Ctrl+G**. É muito importante fazer a indentação do código, pois desta forma, deixaremos o nosso código mais legível. Vamos pedir para o usuário entrar com os dados, para isto, vamos alterar a exibição da janela de entrada e saída do **VisuAlg**, clique no ícone **Executar o algoritmo como DOS** no menu de ferramentas, conforme vimos na **figura 82**. Vamos executar o algoritmo, para isto vamos até o menu **Algoritmo**, e vamos selecionar o item **Executar**, ou pressionar a tecla **F9**, conforme vimos na **figura 14**. Ou clique no ícone **Executar** no menu de ferramentas, conforme vimos na **figura 15**. Vejam que vai aparecer uma janela com o cursor do mouse piscando dentro de uma caixa de texto, conforme vimos na **figura 98**. Digite um valor qualquer do tipo inteiro, em seguida clique no botão **OK**. Veja que vai aparecer uma janela com o cursor do mouse piscando dentro de uma caixa de texto, conforme vimos na **figura 99**. Digite um valor qualquer do tipo inteiro, em seguida clique no botão **OK**. Veja que as informações vão aparecer na janela de visualização de resultados, conforme **figura 102**:

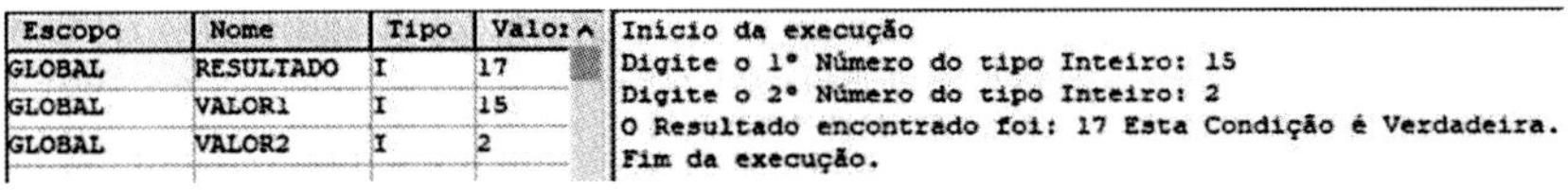

Figura 102

Veja como a **Estrutura Condicional, de Decisão ou Seleção Simples**, é implementada no **Python**, usando o exemplo anterior, vamos retornar para o nosso aplicativo **aplicativo_012.py** no **Wing 101**, se o mesmo estiver aberto, basta posicionar o botão do mouse sobre o ícone do **Wing 101** na barra de tarefas do **Windows 10**, vai aparecer uma miniatura do aplicativo, conforme vimos na **figura 65**, clique sobre esta miniatura e vamos retornar à tela principal do mesmo. Caso o **Wing 101** esteja fechado, para abrí-lo novamente, basta clicar sobre o ícone do **Wing 101** na barra de tarefas do **Windows 10**, conforme vimos na **figura 166** no **Anexo I**, vai abrir a tela principal do mesmo, antes de começarmos a digitar algo, vamos fechar o **aplicativo_012**, para isto clique no ícone do quadradinho vermelho com um **X**, conforme vimos na **figura 25**. Agora vamos criar um novo aplicativo em **Python**, para isto clique com o botão do mouse sobre o menu **File**, em seguida selecione o item **New**, ou pressione, ao mesmo tempo, as teclas de atalho **Ctrl+N**, conforme vimos na **figura 28**, vai abrir um script vazio com o seguinte nome: **untitled.py**, conforme vimos na **figura 29**, vamos salvá-lo, para isto vá até o menu **File** e selecione o item **Save As...**, ou pressione, ao mesmo tempo, as teclas de atalho **Ctrl+Shift+S**, conforme vimos na **figura 30**, vai abrir a janela **Save Document As**, no item **Salvar em:**, clique na setinha para baixo da caixa de seleção **combobox** e selecione **Disco local (C:)**, se você renomeou o seu **Disco local (C:)**, clique no nome do disco que você escolheu ⊠ no meu caso eu chamei de **Win10 (C:)** ⊠, em seguida clique duas vezes com o botão do mouse sobre a pasta **projetos_livro**, em seguida clique duas vezes com o botão do mouse sobre a pasta **scripts**, no item **Nome:**, digite **aplicativo_013**, no item **Tipo:**, deixe selecionado **Python**, conforme vimos na **figura 31**, clique no botão **Salvar**. Para saber se o aplicativo foi salvo no caminho que especificamos, basta verificar no topo da janela do **Wing 101**, que mostra o caminho onde salvamos nosso aplicativo, conforme vimos na **figura 32**. Veja que o cursor do mouse está posicionado na **linha 1**, neste local digite o código abaixo:

```
# Função : verificar se o resultado da soma entre dois números in-
teiros é maior ou igual a 10 e exibir a frase Verdadeiro ou Falso
# Autor : Professor Msc Rafael Soares
# Data : 23/07/2019
# Seção de Comandos
valor1 = int(input("Digite o 1° Número do tipo Inteiro: "))
valor2 = int(input("Digite o 2° Número do tipo Inteiro: "))
resultado = valor1 + valor2
if resultado >= 10:
    print("O Resultado encontrado foi:", resultado, " Esta Con-
dição é Verdadeira.")
if resultado <= 10:
    print("O Resultado encontrado foi:", resultado, " Esta Con-
dição é Falsa.")
```

Veja como ficou, conforme vimos na **figura 37**. Observe que tem um asterisco na frente do nome do arquivo e os dois ícones dos disquetes ficam habilitados nas cores azul claro e azul escuro acima do nome do arquivo, aparece um disquete na cor azul claro, isto significa que temos que salvar nossa aplicação, para isto, clique com o botão do mouse sobre o menu **File**, em seguida selecione o item **Save All**, conforme vimos na **figura 38**, ou clique no ícone dos disquetes duplos na barra de ferramentas, conforme vimos na **figura 39**. Vamos executar nosso aplicativo, para isto clique no ícone do triângulo verde na barra de ferramentas, ou pressione as teclas **Ctrl+Alt+V**, conforme vimos na **figura 40**, veja que o cursor vai ficar parado em frente a frase **Digite o 1º Número do tipo Inteiro:**, na janela de visualização de resultados **Python Shell**, conforme vimos **figura 73**, digite um valor qualquer do tipo inteiro, em seguida pressione a tecla **Enter** do teclado e veja que o cursor vai ficar parado em frente a frase **Digite o 1º Número do tipo Inteiro:**, na janela de visualização de resultados **Python Shell**, conforme vimos na **figura 74**, digite um valor qualquer do tipo inteiro, em seguida pressione a tecla **Enter** e veja que o resultado vai ser mostrado na janela de visualização de resultados **Python Shell**, conforme **figura 103**:

```
Debug I/O   Python Shell
Commands will be debugged. Use arrow keys for history.
     3.7.4 (tags/v3.7.4:e09359112e, Jul  8 2019, 19:29:22) [MSC v.1916 32 bit (Intel)]
     Python Type "help", "copyright", "credits" or "license" for more information.
1>>> [evaluate aplicativo_013.py]
     Digite o 1º Número do tipo Inteiro: 15
     Digite o 2º Número do tipo Inteiro: 2
     O Resultado encontrado foi: 17  Esta Condição é Verdadeira.
2>>>
```

Figura 103

Uma observação importante que deve ser feita é que colocamos na tela instruções para o usuário entrar com os dados usando os comandos **leia** e **escreva**, no **VisuAlg** e o comando **input**, na linguagem **Python**, pois é uma boa técnica de programação, mesmo hoje em dia, com o ambiente de janelas do **Windows**, e outros sistemas operacionais que usam ambientes visuais.

Estrutura Condicional, de Decisão ou Seleção Composta

Esta estrutura nos permite criar uma expressão lógica que tenha dois ou mais dados a serem verificados ou comparados, e vai determinar o que vai ser feito caso o resultado da expressão seja verdadeiro ou caso o resultado seja falso. Veja a sua sintaxe a seguir:

Estrutura Condicional, de Decisão ou Seleção Composta	
Representação no VisuAlg	**Representação no Python**

se (condição) entao
        Comando
        Comando
senao
        Comando
        Comando
fimse
	if (condição):
	        Comando
	        Comando
	else:
	        Comando
	        Comando

Analisando os comandos da sintaxe acima, temos:

1ª linha **se/if (condição):** a condição é uma expressão lógica que vai ser testada pelo computador através da sua Unidade de Aritmética e Lógica, ALU, e vai nos retornar uma reposta verdadeira ou falsa. Aqui fica evidente que devemos nos lembrar dos operadores lógicos e relacionais e das suas precedências.
2ª linha **entao/::** indica o início do bloco se a condição for verdadeira.
3ª e 4ª linhas **comando ou sequência de comandos**: somente serão executados se a condição for aceita, no caso se for verdadeira.
5ª linha **fimse/**: indica o fim do bloco de comandos se a condição for verdadeira.
6ª linha **senão/else:**: observe que este comando faz parte da estrutura do **se/if** e só vamos utilizá-lo quando, pelo menos, uma ação for executada se a condição retornar um valor falso.
7ª linha**:** indica o início do bloco se a condição for falsa.
8ª e 9ª linhas **comando ou sequencia de comandos**: somente serão executados se a condição for aceita, no caso se for falsa.
10ª linha **fimse**: indica o fim do bloco de comandos se a condição for falsa.

Veja como a **Estrutura Condicional, de Decisão ou Seleção Composta** é implementada no **VisuAlg**, vamos criar um aplicativo para a empresa fictícia Imaginária Produtos de Informática LTDA – IPIL, que pretende conceder um bônus de 20 por cento no valor dos salários de seus funcionários que estejam trabalhando na empresa há mais de 5 anos e dez por cento para os demais funcionários. Vamos retornar para o nosso algoritmo **algoritmo_011** no **VisuAlg**, se o mesmo estiver aberto, basta posicionar o botão do mouse sobre o ícone do **VisuAlg** na barra de tarefas do **Windows 10**, vai aparecer uma miniatura do algoritmo, conforme vimos na **figura 60**. Clique sobre esta miniatura e vamos retornar à tela principal do mesmo. Caso o **VisuAlg** esteja fechado, para abrí-lo novamente, basta clicar sobre o ícone do **VisuAlg** na barra de tarefas do **Windows 10**, conforme vimos na **figura 145** no **Anexo I**, vai abrir a tela principal do mesmo, clique com o botão do mouse sobre o menu **Arquivo**, em seguida selecione o item **Novo**, ou pressione, ao mesmo tempo, as teclas de atalho **Ctrl+N**, conforme vimos na **figura 61**.

Antes de começarmos a digitar algo, vamos salvar nosso algoritmo, para isto, clique com o botão do mouse sobre o menu **Arquivo**, em seguida selecione o item **Salvar**, ou pressione, ao mesmo tempo, as teclas de atalho **Ctrl+S**, conforme vimos na **figura 4**. Ou clique no ícone do disquete no menu de ferramentas, conforme vimos na **figura 5**. Independentemente da forma escolhida para salvar o algoritmo vai abrir a janela **Salvar como**, no item **Salvar em:**, selecione **Disco local (C:)**, se você renomeou o seu **Disco local (C:)**, clique no nome do disco que você escolheu — no meu caso eu chamei de **Win10 (C:)** —, em seguida selecione a pasta **projetos_livro**, e clique no botão **Abrir** ou clique duas vezes com o botão do mouse sobre a pasta, em seguida selecione a pasta **algoritmos**, e clique no botão **Abrir** ou clique duas vezes com o botão do mouse sobre a pasta. No item **Nome:**, digite **algoritmo_012**, conforme vimos na **figura 6**. Clique no botão **Salvar**. Para saber se o algoritmo foi salvo no caminho que especificamos, basta verificar no topo da janela do **VisuAlg**, que mostra o caminho onde salvamos nosso algoritmo, conforme vimos na **figura 7**. Não esqueça de configurar a numeração de linhas, pois é muito importante, principalmente na indicação de erros. Para isto, clique no menu **Exibir**, e selecione o item **Número de linhas**, conforme vimos na **figura 8**. Ou clique no ícone **Numerar linhas** no menu de ferramentas, conforme vimos na **figura 9**. Agora posicione o cursor no início da **linha 1**, em seguida pressione, ao mesmo tempo as teclas **Ctrl+T**, veja como ficou, conforme vimos na **figura 12**. Pressione a tecla **Delete** do teclado, e observe que o cursor do mouse vai ficar piscando na **linha 1**, neste local digite o código abaixo:

```
algoritmo "conceder_bonus_salarios"
// Função : Concede um bônus de 20% para os funcionários com 5
anos ou mais e 10% para o restante dos funcionário
// Autor : Professor Msc Rafael Soares
// Data : 24/07/2019
// Seção de Declarações
var
salario, bonus: real
tempo_casa: inteiro

inicio
// Seção de Comandos
escreval("Digite o valor do Salário em Reais(R$)")
```

```
leia (salario)
escreval("Digite o Tempo de Casa do Funcionário:")
leia (tempo_casa)
se (tempo_casa >= 5) entao
   bonus <- salario * 0.20
senao
   bonus <- salario * 0.10
fimse
escreval("O valor do Bônus Concedido é: R$", bonus)
salario <- salario + bonus
escreval("O valor do Salário + Bônus é: R$", salario)
fimalgoritmo
```

Salve o algoritmo, conforme vimos nas **figuras 4** e **5**. Não esqueça de fazer a indentação do código, conforme vimos nas **figuras 87** e **88**, ou pressione, ao mesmo tempo, as teclas **Ctrl+G**. É muito importante fazer a indentação do código, pois desta forma, deixaremos o nosso código mais legível. Vamos pedir para o usuário entrar com os dados, para isto, vamos alterar a exibição da janela de entrada e saída do **VisuAlg**, clique no ícone **Executar o algoritmo como DOS** no menu de ferramentas, conforme vimos na **figura 82**. Vamos executar o algoritmo, para isto vamos até o menu **Algoritmo**, e vamos selecionar o item **Executar**, ou pressionar a tecla **F9**, conforme vimos na **figura 14**. Ou clique no ícone **Executar** no menu de ferramentas, conforme vimos na **figura 15**. Veja que vai aparecer uma janela com o cursor do mouse piscando dentro de uma caixa de texto, conforme vimos na **figura 98**. Digite um valor qualquer do tipo real, use ponto e não vírgula, para separar as casas decimais, em seguida, clique no botão **OK**. Veja que vai aparecer uma janela com o cursor do mouse piscando dentro de uma caixa de texto, conforme vimos na **figura 99**. Digite um valor qualquer do tipo real, use ponto e não vírgula, para separar as casas decimais, em seguida, clique no botão **OK**. Veja que as informações vão aparecer na janela de visualização de resultados, conforme **figura 104**:

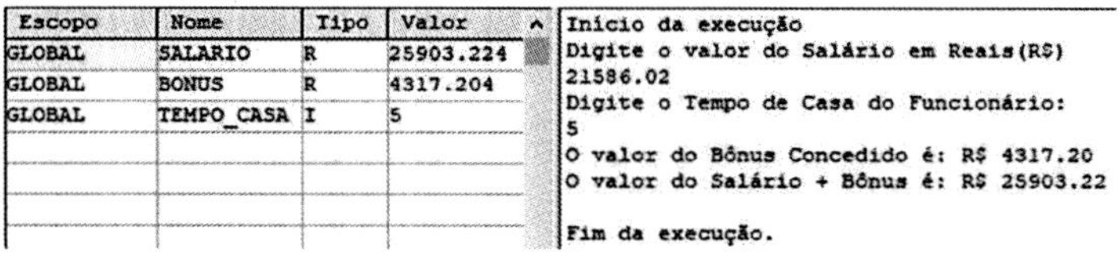

Figura 104

Neste algoritmo, se a expressão lógica da **linha 16** for verdadeira, então será executado o comando para calcular 20% de bônus no salário, **bonus <- salario * 0.20**, se for falso automaticamente será executado o comando na **linha 19** para calcular 10% de bônus no salário, **bonus <- salario * 0.10**, e o comando da **linha 21**, para mostrar o valor do bônus calculado. Na **linha 22**, vai ser feito a soma do salário mais o bônus concedido, e na **linha 23**, será mostrado o valor do salário com o bônus. Os comandos das **linhas 21** a **23** vão ser executados, independentemente, se a condição for falsa ou verdadeira, pois os mesmos estão fora do bloco da condição **se...entao...senao**. Observe que nas **linhas 21** e **23**, no final das variáveis tem o seguinte comando **bonus:2:2** e **salario:2:2**, que vai limitar o número de casas decimais em duas casas. Veja como a **Estrutura Condicional, de Decisão ou Seleção Composta** é implementada no **Python**, usando o exemplo anterior, vamos retornar para o nosso aplicativo **aplicativo_013.py** no **Wing 101**, se o mesmo estiver aberto, basta posicionar o botão do mouse sobre o ícone do **Wing 101** na barra de tarefas do **Windows 10**, vai aparecer uma miniatura do aplicativo, conforme vimos na **figura 65**, clique sobre esta miniatura e vamos retornar à tela principal do mesmo. Caso o **Wing 101** esteja fechado, para abrí-lo novamente, basta clicar sobre o ícone do **Wing 101** na barra de tarefas do **Windows 10**, conforme vimos na **figura 166** no **Anexo I**, vai abrir a tela principal do mesmo, antes de começarmos a digitar algo, vamos fechar o **aplicativo_013**, para isto clique no ícone do quadradinho vermelho com um **X**, conforme vimos na **figura 25**. Agora vamos criar um novo aplicativo em **Python**, para isto clique com o botão do mouse sobre o menu **File**, em seguida selecione o item **New**, ou pressione, ao mesmo tempo, as teclas de atalho **Ctrl+N**, conforme vimos na **figura 28**, vai abrir um script vazio com o seguinte nome: **untitled.py**, conforme vimos na **figura 29**, vamos salvá-lo, para isto vá até o menu **File** e selecione o item **Save As...**, ou pressione, ao mesmo tempo, as teclas de atalho **Ctrl+Shift+S**, conforme vimos na **figura 30**, vai abrir a janela **Save Document**

As, no item **Salvar em:**, clique na setinha para baixo da caixa de seleção **combobox** e selecione **Disco local (C:)**, se você renomeou o seu **Disco local (C:)**, clique no nome do disco que você escolheu — no meu caso eu chamei de **Win10 (C:)** —, em seguida clique duas vezes com o botão do mouse sobre a pasta **projetos_livro**, em seguida clique duas vezes com o botão do mouse sobre a pasta **scripts**, no item **Nome:**, digite **aplicativo_014**, no item **Tipo:**, deixe selecionado **Python**, conforme vimos na **figura 31**, clique no botão **Salvar**. Para saber se o aplicativo foi salvo no caminho que especificamos, basta verificar no topo da janela do **Wing 101**, que mostra o caminho onde salvamos nosso aplicativo, conforme vimos na **figura 32**. Veja que o cursor do mouse está posicionado na **linha 1**, neste local digite o código abaixo:

```
# Função : Concede um bônus de 20% para os funcionários com 5
anos ou mais e 10% para o restante dos funcionário
# Autor : Professor Msc Rafael Soares
# Data : 24/07/2019
# Seção de Comandos

salario = float(input("Digite o valor do Salário em Reais (R$)
"))
tempoCasa = int(input("Digite o Tempo de Casa do Funcionário:
"))

if (tempoCasa >= 5):
   bonus = salario * 0.20
else:
   bonus = salario * 0.10

print(f"O valor do Bônus Concedido é: R$ {bonus:.2f}")
salario = salario + bonus
print(f'O valor do Salário + Bônus é: R$ {salario:.2f}')
```

Veja como ficou, conforme vimos na **figura 37**. Observe que tem um asterisco na frente do nome do arquivo e os dois ícones dos disquetes ficam habilitados nas cores azul claro e azul escuro acima do nome do arquivo, aparece um disquete na cor azul claro, isto significa que temos que salvar nossa aplicação, para isto, clique com o botão do mouse sobre o menu **File**, em seguida selecione o item **Save All**, conforme vimos na **figura 38**, ou clique no ícone dos disquetes duplos na barra de ferramentas, conforme vimos na **figura 39**. Vamos executar nosso aplicativo, para isto clique no ícone do triângulo verde na barra de ferramentas, ou pressione as teclas **Ctrl+Alt+V**, conforme vimos na **figura 40**, veja que o cursor vai ficar parado em frente á frase **Digite o valor do Salário em Reais (R$)**, na janela de visualização de resultados **Python Shell**, conforme vimos **figura 73**, digite um valor qualquer do tipo real, use ponto e não vírgula, para separar as casas decimais, em seguida pressione a tecla **Enter** do teclado e veja que o cursor vai ficar parado em frente á frase **Digite o Tempo de Casa do Funcionário:**, na janela de visualização de resultados **Python Shell**, conforme vimos na **figura 74**, digite um valor qualquer do tipo inteiro, em seguida pressione a tecla **Enter** e veja que o resultado vai ser mostrado na janela de visualização de resultados **Python Shell**, conforme **figura 105**:

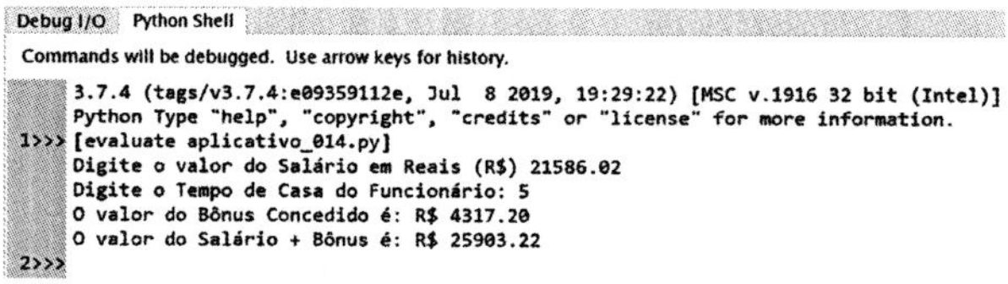

Figura 105

Neste aplicativo, se a expressão lógica da **linha 9** for verdadeira, então será executado o comando da **linha 10** para calcular 20% de bônus no salário, **bonus = salario * 0.20**, se for falso automaticamente será executado o comando na **linha 12** para calcular 10% de bônus no salário, **bonus = salario * 0.10**, no comando da **linha 14**, vai ser mostrado o valor do bônus calculado. No comando da **linha 16** vai ser feito a soma do salário mais o bônus concedido, estes comandos vão ser executados, independentemente, se a condição for falsa ou verdadeira, pois os mesmos estão fora do bloco da condição **if...else**. Observe que nas **linhas 14** e **16**, temos o seguinte comando **print(f"O valor do Bônus Concedido é: R$ {bonus:.2f}")** e **print(f'O valor do Salário + Bônus é: R$ {salario:.2f}')**, que vai limitar o número de casas decimais em duas casas.

Estrutura Condicional, de Decisão ou Seleção Encadeadas ou Aninhada

Esta estrutura nos permite criar uma expressão lógica que tenha uma sequência de testes de seleção, que serão executados ou não de acordo com o resultado das condições e de acordo com o encadeamento dos testes, ou seja, chamaremos de **ses** encadeados ou aninhados. Veja abaixo a sua sintaxe:

Estrutura Condicional, de Decisão ou Seleção Encadeada ou Aninhada	
Representação no VisuAlg	**Representação no Python**

se (condição) entao
 	
    se (condição) entao
 	
    Comando
    Comando
 	
    senao
 	
    Comando
    Comando
 	
    fimse
senao
 	
    Comando
    Comando
 	
fimse
	if (condição):
	
	    Comando
	    Comando
	
	elif (condição):
	
	    Comando
	    Comando
	
	else
	
	    Comando
	    Comando

Veja como a **Estrutura Condicional, de Decisão ou Seleção Encadeada ou Aninhada** é implementada no **VisuAlg**, vamos criar um aplicativo para que o usuário entre com um número do tipo real, em seguida ler este número do tipo real, verificar se o número é positivo, negativo ou nulo, em seguida imprimir a mensagem **"Este é um Número Positivo"**, se esta condição for aceita. **"Este é um Número Negativo"**, se esta condição for aceita e **"Este é um Número Nulo"**, se esta condição for aceita. Vamos retornar para o nosso algoritmo **algoritmo_012** no **VisuAlg**, se o mesmo estiver aberto, basta posicionar o botão do mouse sobre o ícone do **VisuAlg** na barra de tarefas do **Windows 10**, vai aparecer uma miniatura do algoritmo, conforme vimos na **figura 60**. Clique sobre esta miniatura e vamos retornar à tela principal do mesmo. Caso o **VisuAlg** esteja fechado, para abrí-lo novamente, basta clicar sobre o ícone do **VisuAlg** na barra de tarefas do **Windows 10**, conforme vimos na **figura 145** no **Anexo I**, vai abrir a tela principal do mesmo, clique com o botão do mouse sobre o menu **Arquivo**, em seguida selecione o item **Novo**, ou pressione, ao mesmo tempo, as teclas de atalho **Ctrl+N**, conforme vimos na **figura 61**.

Antes de começarmos a digitar algo, vamos salvar nosso algoritmo, para isto, clique com o botão do mouse sobre o menu **Arquivo**, em seguida selecione o item **Salvar**, ou pressione, ao mesmo tempo, as teclas de atalho **Ctrl+S**, conforme vimos na **figura 4**. Ou clique no ícone do disquete no menu de ferramentas, conforme vimos na **figura 5**. Independentemente da forma escolhida para salvar o algoritmo vai abrir a janela **Salvar como**, no item **Salvar em:**, selecione **Disco local (C:)**, se você renomeou o seu **Disco local (C:)**, clique no nome do disco que você escolheu — no meu caso eu chamei de **Win10 (C:)** —, em seguida selecione a pasta **projetos_livro**, e clique no botão **Abrir** ou clique duas vezes com o botão do mouse sobre a pasta, em seguida selecione a pasta **algoritmos**, e clique no botão **Abrir** ou clique duas vezes com o botão do mouse sobre a pasta. No item **Nome:**, digite **algoritmo_013**, conforme vimos na **figura 6**. Clique no botão **Salvar**. Para saber se o algoritmo foi salvo no caminho que especificamos, basta verificar no topo da janela do **VisuAlg**, que mostra o caminho onde salvamos nosso algoritmo, conforme vimos na **figura 7**. Não esqueça de configurar a numeração de linhas, pois é muito importante, principalmente na indicação de erros. Para isto, clique no menu **Exibir**, e selecione o item **Número de linhas**, conforme vimos na **figura 8**. Ou clique no ícone **Numerar linhas** no menu de ferramentas, conforme vimos na **figura 9**. Agora posicione o cursor no início da **linha 1**, em seguida pressione, ao mesmo tempo, as teclas **Ctrl+T**, veja como ficou, conforme vimos na **figura 12**. Pressione a tecla **Delete** do teclado, e observe que o cursor do mouse vai ficar piscando na **linha 1**, neste local digite o código abaixo:

```
algoritmo "verificar_numero_positivo_negativo_nulo"
// Função : Verificar se um determinado número é positivo, nega-
tivo ou nulo
// Autor : Professor Msc Rafael Soares
// Data : 24/07/2019
// Seção de Declarações
var
numero: real

inicio
// Seção de Comandos
Escreva ("Digite um Número: ")
leia (numero)
se (numero > 0) entao
   escreva ("Este Número é Positivo: ", numero)
senao
   se (numero < 0) entao
      escreva ("Este Número é Negativo: ", numero)
   senao
      escreva ("Este Número é Nulo: ", numero)
   fimse
fimse
fimalgoritmo
```

Salve o algoritmo, conforme vimos nas **figuras** 4 e 5. Não esqueça de fazer a indentação do código, conforme vimos nas **figuras** 87 e **88**, ou pressione, ao mesmo tempo, as teclas **Ctrl+G**. É muito importante fazer a indentação do código, pois desta forma, deixaremos o nosso código mais legível. Vamos pedir para o usuário entrar com os dados, para isto, vamos alterar a exibição da janela de entrada e saída do **VisuAlg**, clique no ícone **Executar o algoritmo como DOS** no menu de ferramentas, conforme vimos na **figura 82**. Vamos executar o algoritmo, para isto vamos até o menu **Algoritmo**, e vamos selecionar o item **Executar**, ou pressionar a tecla **F9**, conforme vimos na **figura 14**. Ou clique no ícone **Executar** no menu de ferramentas, conforme vimos na **figura 15**. Veja que vai aparecer uma janela com o cursor do mouse piscando dentro de uma caixa de texto, conforme vimos na **figura 98**. Digite um valor qualquer do tipo real, use ponto e não vírgula, para separar as casas decimais, em seguida clique no botão **OK**. Veja que as informações vão aparecer na janela de visualização de resultados, conforme **figura 106**:

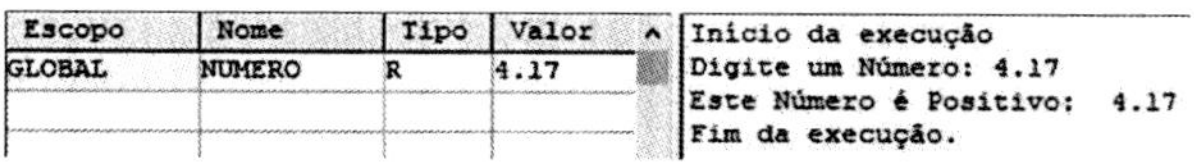

Figura 106

Observe que neste caso, apenas uma das condições será executada. Isto acontece porque as opções de **se**, quando encadeadas ou aninhadas, são mutuamente exclusivas. Veja como a **Estrutura Condicional, de Decisão ou Seleção Encadeada ou Aninhada** é implementada no **Python**, usando o exemplo anterior, vamos retornar para o nosso aplicativo **aplicativo_014.py** no **Wing 101**, se o mesmo estiver aberto, basta posicionar o botão do mouse sobre o ícone do **Wing 101** na barra de tarefas do **Windows 10**, vai aparecer uma miniatura do aplicativo, conforme vimos na **figura 65**, clique sobre esta miniatura e vamos retornar à tela principal do mesmo. Caso o **Wing 101** esteja fechado, para abrí-lo novamente, basta clicar sobre o ícone do **Wing 101** na barra de tarefas do **Windows 10**, conforme vimos na **figura 166** no **Anexo I**, vai abrir a tela principal do mesmo, antes de começarmos a digitar algo, vamos fechar o **aplicativo_014**, para isto clique no ícone do quadradinho vermelho com um **X**, conforme vimos na **figura 25**. Agora vamos criar um novo aplicativo em **Python**, para isto clique com o botão do mouse sobre o menu **File**, em seguida selecione o item **New**, ou pressione, ao mesmo tempo, as teclas de atalho **Ctrl+N**, conforme vimos na **figura 28**, vai abrir um script vazio com o seguinte nome: **untitled.py**, conforme vimos na **figura 29**, vamos salvá-lo, para isto vá até o menu **File** e selecione o item **Save As...**, ou pressione, ao mesmo tempo, as teclas de atalho **Ctrl+Shift+S**, conforme vimos na **figura 30**, vai abrir a janela **Save Document As**, no item **Salvar em:**, clique na setinha para baixo da caixa de seleção **combobox** e selecione **Disco local (C:)**, se você renomeou o seu **Disco local (C:)**, clique no nome do disco que você escolheu — no meu caso eu chamei de **Win10 (C:)** —, em seguida clique duas vezes com o botão do mouse sobre a pasta **projetos_livro**, em seguida clique duas vezes com o botão do mouse sobre a pasta **scripts**, no item **Nome:**, digite **aplicativo_015**, no item **Tipo:**, deixe selecionado **Python**, conforme vimos na **figura 31**, clique no botão **Salvar**. Para saber se o aplicativo foi salvo no caminho que especificamos, basta verificar no topo da janela do **Wing 101**, que mostra o caminho onde salvamos nosso aplicativo, conforme vimos na **figura 32**. Veja que o cursor do mouse está posicionado na **linha 1**, neste local digite o código abaixo:

```
# Função : Verificar se um determinado número é positivo, nega-
tivo ou nulo
# Autor : Professor Msc Rafael Soares
# Data : 24/07/2019
# Seção de Comandos

numero = float(input("Digite um Número: "))

if (numero > 0):
      print("Este Número é Positivo: ", numero)
elif (numero < 0):
      print ("Este Número é Negativo: ", numero)
else:
      print ("Este Número é Nulo: ", numero)
```

Veja como ficou, conforme vimos na **figura 37**. Observe que tem um asterisco na frente do nome do arquivo e os dois ícones dos disquetes ficam habilitados nas cores azul claro e azul escuro acima do nome do arquivo, aparece um disquete na cor azul claro, isto significa que temos que salvar nossa aplicação, para isto, clique com o botão do mouse sobre o menu **File**, em seguida selecione o item **Save All**, conforme vimos na **figura 38**, ou clique no ícone dos disquetes duplos na barra de ferramentas, conforme vimos na **figura 39**. Vamos executar nosso aplicativo, para isto clique no ícone do triângulo verde na barra de ferramentas, ou pressione as teclas **Ctrl+Alt+V**, conforme vimos na **figura 40**, veja que o cursor vai ficar parado em frente à frase **Digite um Número:**, na janela de visualização de resultados **Python Shell**, conforme vimos na **figura 73**, digite um valor qualquer do tipo real, use ponto e não vírgula, para separar as casas decimais, em seguida pressione a tecla **Enter** do teclado e veja que o resultado vai ser mostrado na janela de visualização de resultados **Python Shell**, conforme **figura 107**:

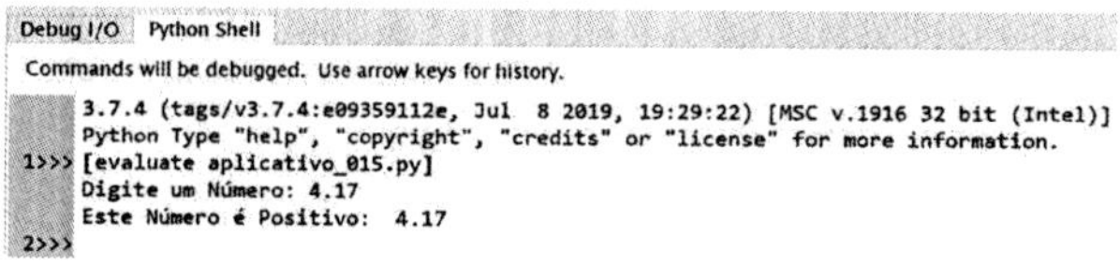

Figura 107

Estrutura Condicional, de Decisão ou Seleção Múltiplas Escolhas

Esta estrutura nos permite criar uma estrutura de seleção que vai funcionar como um conjunto de opções. Também conhecida como estrutura de seleção homogênea, sendo uma alternativa mais rápida em relação ao **ses** aninhados, ou seja, a estrutura condicional, **escolha...caso...outrocaso** é uma especialização da **Estrutura Condicional Composta Encadeada ou Aninhada**, desta forma permite a execução de opções mutuamente exclusivas. Esse tipo de instrução verifica a igualdade do valor avaliado com algumas opções e executa a instrução ou bloco de instrução correspondente ao valor selecionado. Veja abaixo a sua sintaxe:

Estrutura Condicional, de Decisão ou Seleção Múltiplas Escolhas	
Representação no VisuAlg	**Representação no Python**
escolha (variável) caso variável = 1 comandos interrompa caso variável = 2 comandos interrompa	**No Python, não existe a estrutura CASE como em outras linguagens, porém, pode-se obter o mesmo efeito de duas formas.**

outrocaso comandos interrompa fimescolha	**A primeira seria a utilização da Estrutura Condicional, de Decisão ou Seleção Encadeadas ou Aninhada, como visto anteriormente, ou utilizando um dicionário.**

Veja como a **Estrutura Condicional, de Decisão ou Seleção Múltiplas Escolhas** é implementada no **VisuAlg**, vamos criar um aplicativo para que o usuário digite um nome de um planeta, escolhendo através de um menu de opções, em seguida digite o seu peso. Após a escolha do nome do planeta, vai ser calculado o seu peso no planeta **Terra**. A relação de planetas é dada na tabela abaixo, juntamente com o valor das gravidades relativas dos planetas em relação à **Terra**:

Planeta	Gravidade Relativa
Mercúrio	**0,37**
Vênus	**0,88**
Marte	**0,38**
Júpiter	**2,64**
Saturno	**1,15**
Urano	**1,17**

Para calcular o peso no planeta terra usaremos a fórmula abaixo:

Após o calculado, mostrar qual o planeta, seu peso e qual o peso do mesmo na Terra. Vamos retornar para o nosso algoritmo **algoritmo_013** no **VisuAlg**, se o mesmo estiver aberto, basta posicionar o botão do mouse sobre o ícone do **VisuAlg** na barra de tarefas do **Windows 10**, vai aparecer uma miniatura do algoritmo, conforme vimos na **figura 60**. Clique sobre esta miniatura e vamos retornar à tela principal do mesmo. Caso o **VisuAlg** esteja fechado, para abrí-lo novamente, basta clicar sobre o ícone do **VisuAlg** na barra de tarefas do **Windows 10**, conforme vimos na **figura 145** no **Anexo I**, vai abrir a tela principal do mesmo, clique com o botão do mouse sobre o menu **Arquivo**, em seguida selecione o item **Novo**, ou pressione, ao mesmo tempo, as teclas de atalho **Ctrl+N**, conforme vimos na **figura 61**.

Antes de começarmos a digitar algo, vamos salvar nosso algoritmo, para isto, clique com o botão do mouse sobre o menu **Arquivo**, em seguida selecione o item **Salvar**, ou pressione, ao mesmo tempo, as teclas de atalho **Ctrl+S**, conforme vimos na **figura 4**. Ou clique no ícone do disquete no menu de ferramentas, conforme vimos na **figura 5**. Independentemente da forma escolhida para salvar o algoritmo vai abrir a janela **Salvar como**, no item **Salvar em:**, selecione **Disco local (C:)**, se você renomeou o seu **Disco local (C:)**, clique no nome do disco que você escolheu — no meu caso eu chamei de **Win10 (C:)** —, em seguida selecione a pasta **projetos_livro**, e clique no botão **Abrir** ou clique duas vezes com o botão do mouse sobre a pasta, em seguida selecione a pasta **algoritmos**, e clique no botão **Abrir** ou clique duas vezes com o botão do mouse sobre a pasta. No item **Nome:**, digite **algoritmo_014**, conforme vimos na **figura 6**. Clique no botão **Salvar**. Para saber se o algoritmo foi salvo no caminho que especificamos, basta verificar no topo da janela do **VisuAlg**, que mostra o caminho onde salvamos nosso algoritmo, conforme vimos na **figura 7**. Não esqueçam de configurar a numeração de linhas, pois é muito importante, principalmente na indicação de erros. Para isto, clique no menu **Exibir**, e selecione o item **Número de linhas**, conforme vimos na **figura 8**. Ou clique no ícone **Numerar linhas** no menu de ferramentas, conforme vimos na **figura 9**. Agora posicione o cursor no início da **linha 1**, em seguida pressione, ao mesmo tempo, as teclas **Ctrl+T**, veja como ficou, conforme vimos na **figura 12**. Pressione a tecla **Delete** do teclado, e observe que o cursor do mouse vai ficar piscando na **linha 1**, neste local digite o código abaixo:

```
algoritmo "peso_planetas"
// Função : Calcular o peso de um determinado planeta, qual seu
peso equivalente na Terra
// Autor : Professor Msc Rafael Soares
// Data : 24/07/2019
// Seção de Declarações
var
opcao: inteiro
peso_na_terra: real
```

```
inicio
// Seção de Comandos
escreval ("Lista de Planetas")
escreval ("1 - Mercúrio")
escreval ("2 - Vênus")
escreval ("3 - Marte")
escreval ("4 - Júpiter")
escreval ("5 - Saturno")
escreval ("6 - Urano")
escreval ("Digite o número do Planeta Conforme o Menu acima: ")
leia (opcao)
escreval ("Digite o Peso do Planeta Escolhido")
leia (peso_na_terra)
escolha (opcao)
caso 1
   escreval("O Planeta Mercúrio, com o peso de", peso_na_terra,"
Kg ","Tem o Seu Peso no Planeta Terra de:", ((peso_na_terra/10)
* 0.37)," Kg")
   interrompa
caso 2
   escreva("O Planeta Vênus, com o peso de", peso_na_terra, " Kg,
", "Tem o Seu Peso no Planeta Terra de: ", ((peso_na_terra/10)
* 0.88), " Kg")
   interrompa
caso 3
   escreva("O Planeta Marte, com o peso de", peso_na_terra, " Kg,
", "Tem o Seu Peso no Planeta Terra de: ",((peso_na_terra/10) *
0.38), " Kg")
   interrompa
caso 4
    escreva("O Planeta Júpiter, com o peso de", peso_na_terra,
" Kg, ", "Tem o Seu Peso no Planeta Terra de: ",((peso_na_ter-
ra/10) * 2.64), " Kg")
```

```
        interrompa
    caso 5
        escreva("O Planeta Saturno, com o peso de", peso_na_terra,
" Kg, ", "Tem o Seu Peso no Planeta Terra de: ",((peso_na_ter-
ra/10) * 1.15), " Kg")
        interrompa
    caso 6
        escreva("O Planeta Urano, com o peso de", peso_na_terra, " Kg,
", "Tem o Seu Peso no Planeta Terra de: ",((peso_na_terra/10) *
1.17), " Kg")
        interrompa
    outrocaso
        escreva("O Planeta ",opcao," não Faz Parte do Menu de Opções")
        interrompa
    fimescolha
fimalgoritmo
```

Salve o algoritmo, conforme vimos nas **figuras 4** e **5**. Não esqueça de fazer a indentação do código, conforme vimos nas **figuras 87** e **88**, ou pressione, ao mesmo tempo, as teclas **Ctrl+G**. É muito importante fazer a indentação do código, pois desta forma, deixaremos o nosso código mais legível. Vamos pedir para o usuário entrar com os dados, para isto, vamos alterar a exibição da janela de entrada e saída do **VisuAlg**, clique no ícone **Executar o algoritmo como DOS** no menu de ferramentas, conforme vimos na **figura 82**. Vamos executar o algoritmo, para isto vamos até o menu **Algoritmo**, e vamos selecionar o item **Executar**, ou pressionar a tecla **F9**, conforme vimos na **figura 14**. Ou clique no ícone **Executar** no menu de ferramentas, conforme vimos na **figura 15**. Veja que vai aparecer uma janela com o cursor do mouse piscando dentro de uma caixa de texto, conforme vimos na **figura 98**. Digite um número do tipo inteiro para o planeta desejado que conste do Menu, em seguida clique no botão **OK**. Veja que vai aparecer uma janela com o cursor do mouse piscando dentro de uma caixa de texto, conforme vimos na **figura 99**. Digite um valor qualquer do tipo real, use ponto e não vírgula, para separar as casas decimais, em seguida clique no botão **OK**, veja que as informações vão aparecer na janela de visualização de resultados, conforme **figura 108**:

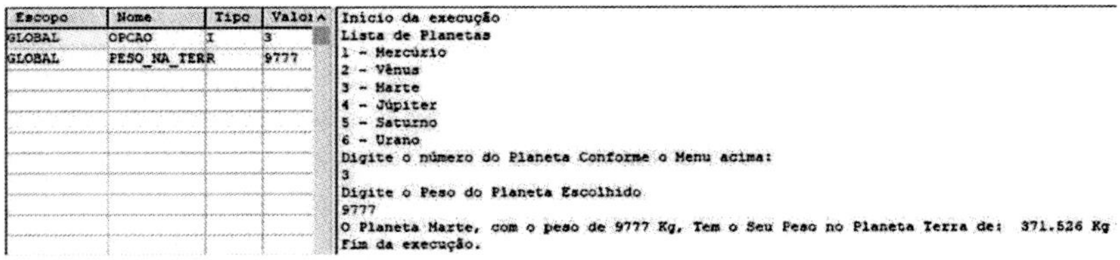

Figura 108

Observe o exemplo acima, neste algoritmo quando o usuário digitar o número do planeta, o comando **escolha** vai capturar o conteúdo da variável **opcao**, em seguida o comando **caso** vai fazer a comparação de igualdade; se a resposta for verdadeira ele vai fazer os cálculos usando a fórmula que especificamos e vai mostrar a mensagem como nome do planeta e seu peso na Terra, e novamente vamos cair em outro comando **caso** que vai fazer a comparação de igualdade, e dependendo da resposta vai exibir a mensagem adequada. Se nenhuma das condições for satisfeita ele entra no comando **outrocaso,** lembrando que este comando é opcional, imprime a mensagem e encerra a execução do algoritmo. O comando **interrompa** é utilizado para que a comparação não entre em todos os comandos **caso**, isto é, se não for utilizado, mesmo se a comparação de igualdade for verdadeira, ele vai continuar fazendo as comparações nos comandos **caso** seguintes. Veja como a **Estrutura Condicional, de Decisão ou Seleção Múltiplas Escolhas** é implementada no **Python**, usando o exemplo anterior, com a **Estrutura Condicional, de Decisão ou Seleção Encadeadas ou Aninhada**, vamos retornar para o nosso aplicativo **aplicativo_015.py** no **Wing 101**, se o mesmo estiver aberto, basta posicionar o botão do mouse sobre o ícone do **Wing 101** na barra de tarefas do **Windows 10**, vai aparecer uma miniatura do aplicativo, conforme vimos na **figura 65**, clique sobre esta miniatura e vamos retornar à tela principal do mesmo. Caso o **Wing 101** esteja fechado, para abrí-lo novamente, basta clicar sobre o ícone do **Wing 101** na barra de tarefas do **Windows 10**, conforme vimos na **figura 166** no **Anexo I**, vai abrir a tela principal do mesmo, antes de começarmos a digitar algo, vamos fechar o **aplicativo_015**, para isto clique no ícone do quadradinho vermelho com um **X**, conforme vimos na **figura 25**. Agora vamos criar um novo aplicativo em **Python**, para isto clique com o botão do mouse sobre o menu **File**, em seguida selecione o item **New**, ou pressione, ao mesmo tempo, as teclas de atalho **Ctrl+N**, conforme vimos na **figura 28**, vai abrir um script vazio com o seguinte nome: **untitled.py**, conforme vimos na **figura 29**, vamos salvá-lo, para isto vá até o menu **File** e selecione o item **Save As...**, ou pressione, ao mesmo tempo, as teclas de atalho **Ctrl+Shift+S**, conforme vimos na **figura 30**, vai abrir a janela **Save Document As**, no item **Salvar em:**, clique na setinha para baixo da caixa de seleção **combobox** e selecione **Disco local (C:)**, se você renomeou o seu **Disco local (C:)**, clique no nome do disco que você escolheu — no meu caso eu chamei de **Win10 (C:)** —, em seguida clique duas vezes com o botão do mouse sobre a pasta **projetos_livro**, em seguida clique duas vezes com o botão do mouse sobre a pasta **scripts**, no item **Nome:**, digite **aplicativo_016**, no item **Tipo:**, deixe selecionado **Python**, conforme vimos na **figura 31**, clique no botão **Salvar**. Para saber se o aplicativo foi salvo no caminho que especificamos, basta verificar no topo da janela do **Wing 101**, que mostra o caminho onde salvamos nosso aplicativo, conforme vimos na **figura 32**. Vejam que o cursor do mouse está posicionado na **linha 1**, neste local digite o código abaixo:

```
# Função : Calcular o peso de um determinado planeta, qual seu
peso equivalente na Terra
# Autor : Professor Msc Rafael Soares
# Data : 24/07/2019
# Seção de Comandos

print("Lista de Planetas")
print("1 - Mercúrio")
print("2 - Vênus")
print("3 - Marte")
print("4 - Júpiter")
print("5 - Saturno")
print("6 - Urano")
opcao = int(input("Digite o número do Planeta Conforme o Menu
acima: "))
pesoNaTerra = float(input("Digite o Peso do Planeta Escolhido "))

if opcao == 1:
```

```
    print("O Planeta Mercúrio, com o peso de", pesoNaTerra,"Kg,","Tem
o Seu Peso no Planeta Terra de:", ((pesoNaTerra/10) * 0.37),"Kg")
elif opcao == 2:
    print("O Planeta Vênus, com o peso de", pesoNaTerra, "Kg,",
"Tem o Seu Peso no Planeta Terra de:", ((pesoNaTerra/10) *
0.88), "Kg")
elif opcao == 3:
    print("O Planeta Marte, com o peso de", pesoNaTerra, "Kg,",
"Tem o Seu Peso no Planeta Terra de:",((pesoNaTerra/10) * 0.38),
"Kg")
elif opcao == 4:
    print("O Planeta Júpiter, com o peso de", pesoNaTerra, "Kg,",
"Tem o Seu Peso no Planeta Terra de:",((pesoNaTerra/10) * 2.64),
" Kg")
elif opcao == 5:
    print("O Planeta Saturno, com o peso de", pesoNaTerra, "Kg,",
"Tem o Seu Peso no Planeta Terra de:",((pesoNaTerra/10) * 1.15),
"Kg")
elif opcao == 6:
    print("O Planeta Urano, com o peso de", pesoNaTerra, "Kg,",
"Tem o Seu Peso no Planeta Terra de:",((pesoNaTerra/10) * 1.17),
"Kg")
else:
    nome = None
    print("O Planeta",opcao,"não Faz Parte do Menu de Opções")
```

Veja como ficou, conforme vimos na **figura 37**. Observe que tem um asterisco na frente do nome do arquivo e os dois ícones dos disquetes ficam habilitados nas cores azul claro e azul escuro acima do nome do arquivo, aparece um disquete na cor azul claro, isto significa que temos que salvar nossa aplicação, para isto, clique com o botão do mouse sobre o menu **File**, em seguida selecione o item **Save All**, conforme vimos na **figura 38**, ou clique no ícone dos disquetes duplos na barra de ferramentas, conforme vimos na **figura 39**. Vamos executar nosso aplicativo, para isto clique no ícone do triângulo verde na barra de ferramentas, ou pressione as teclas **Ctrl+Alt+V**, conforme vimos na **figura 40**, veja que o cursor vai ficar parado em frente à frase **Digite o número do Planeta Conforme o Menu acima:**, na janela de visualização de resultados **Python Shell**, conforme vimos **figura 73**, digite um valor qualquer do tipo inteiro, em seguida pressione a tecla **Enter** do teclado, veja que o cursor vai ficar parado em frente à frase **Digite o Peso do Planeta Escolhido**, na janela de visualização de resultados **Python Shell**, conforme vimos na **figura 74**, digite um valor qualquer do tipo real, use ponto e não vírgula, para separar as casas decimais, em seguida pressione a tecla **Enter** do teclado e veja que o resultado vai ser mostrado na janela de visualização de resultados **Python Shell**, conforme **figura 109**:

```
Debug I/O   Python Shell
Commands will be debugged.  Use arrow keys for history.
     3.7.4 (tags/v3.7.4:e09359112e, Jul  8 2019, 19:29:22) [MSC v.1916 32 bit (Intel)]
     Python Type "help", "copyright", "credits" or "license" for more information.
1>>> [evaluate aplicativo_016.py]
     Lista de Planetas
     1 - Mercúrio
     2 - Vênus
     3 - Marte
     4 - Júpiter
     5 - Saturno
     6 - Urano
     Digite o número do Planeta Conforme o Menu acima: 3
     Digite o Peso do Planeta Escolhido 9777
     O Planeta Marte, com o peso de 9777.0 Kg, Tem o Seu Peso no Planeta Terra de: 371.526 Kg
2>>>
```

Figura 109

Observe o exemplo acima, neste aplicativo quando o usuário digitar o número do planeta, o comando **input** vai capturar o conteúdo da variável **opcao**, em seguida o comando **if** vai fazer a comparação de igualdade; se a resposta for verdadeira ele vai fazer os cálculos usando a fórmula que especificamos e vai mostrar a mensagem como nome do planeta e seu peso na Terra. Se nenhuma das condições for satisfeita ele entra no comando **else**, imprime a mensagem e encerra a execução do aplicativo. Veja como a **Estrutura Condicional, de Decisão ou Seleção Múltiplas Escolhas**, é implementada no **Python**, usando o exemplo anterior, com dicionário, vamos retornar para o nosso aplicativo **aplicativo_016.py** no **Wing 101**, se o mesmo estiver aberto, basta posicionar o botão do mouse sobre o ícone do **Wing 101** na barra de tarefas do **Windows 10**, vai aparecer uma miniatura do aplicativo, conforme vimos na **figura 65**, clique sobre esta miniatura e vamos retornar à tela principal do mesmo. Caso o **Wing 101** esteja fechado, para abrí-lo novamente, basta clicar sobre o ícone do **Wing 101** na barra de tarefas do **Windows 10**, conforme vimos na **figura 166** no **Anexo I**, vai abrir a tela principal do mesmo, antes de começarmos a digitar algo, vamos fechar o **aplicativo_016**, para isto clique no ícone do quadradinho vermelho com um **X**, conforme vimos na **figura 25**. Agora vamos criar um novo aplicativo em **Python**, para isto clique com o botão do mouse sobre o menu **File**, em seguida selecione o item **New**, ou pressione, ao mesmo tempo, as teclas de atalho **Ctrl+N**, conforme vimos na **figura 28**, vai abrir um script vazio com o seguinte nome: **untitled.py**, conforme vimos na **figura 29**, vamos salvá-lo, para isto vá até o menu **File** e selecione o item **Save As...**, ou pressione, ao mesmo tempo, as teclas de atalho **Ctrl+Shift+S**, conforme vimos na **figura 30**, vai abrir a janela **Save Document As**, no item **Salvar em:**, clique na setinha para baixo da caixa de seleção **combobox** e selecione **Disco local (C:)**, se você renomeou o seu **Disco local (C:)**, clique no nome do disco que você escolheu — no meu caso eu chamei de **Win10 (C:)** —, em seguida clique duas vezes com o botão do mouse sobre a pasta **projetos_livro**, em seguida clique duas vezes com o botão do mouse sobre a pasta **scripts**, no item **Nome:**, digite **aplicativo_017**, no item **Tipo:**, deixe selecionado **Python**, conforme vimos na **figura 31**, clique no botão **Salvar**. Para saber se o aplicativo foi salvo no caminho que especificamos, basta verificar no topo da janela do **Wing 101**, que mostra o caminho onde salvamos nosso aplicativo, conforme vimos na **figura 32**. Veja que o cursor do mouse está posicionado na **linha 1**, neste local digite o código abaixo:

```
# Função : Calcular o peso de um determinado planeta, qual seu
peso equivalente na Terra
# Autor : Professor Msc Rafael Soares
# Data : 24/07/2019
# Seção de Comandos

# definindo os blocos de função
def Mercúrio():
  print("O Planeta Mercúrio, com o peso de", pesoNaTerra,"Kg,","Tem
o Seu Peso no Planeta Terra de:", ((pesoNaTerra/10) * 0.37),"Kg")
```

```
def Vênus():
    print("O Planeta Vênus, com o peso de", pesoNaTerra, "Kg,",
"Tem o Seu Peso no Planeta Terra de:", ((pesoNaTerra/10) *
0.88), "Kg")

def Marte():
    print("O Planeta Marte, com o peso de", pesoNaTerra, "Kg,",
"Tem o Seu Peso no Planeta Terra de:",((pesoNaTerra/10) * 0.38),
"Kg")

def Júpiter():
   print("O Planeta Júpiter, com o peso de", pesoNaTerra, "Kg,",
"Tem o Seu Peso no Planeta Terra de:",((pesoNaTerra/10) * 2.64),
" Kg")
def Saturno():
   print("O Planeta Saturno, com o peso de", pesoNaTerra, "Kg,",
"Tem o Seu Peso no Planeta Terra de:",((pesoNaTerra/10) * 1.15),
"Kg")
def Urano():
    print("O Planeta Urano, com o peso de", pesoNaTerra, "Kg,",
"Tem o Seu Peso no Planeta Terra de:",((pesoNaTerra/10) * 1.17),
"Kg")

# mapear as entradas para os blocos de função
options = {1 : Mercúrio,
           2 : Vênus,
           3 : Marte,
           4 : Júpiter,
           5 : Saturno,
           6 : Urano,
}
print("Lista de Planetas")
print("1 - Mercúrio")
print("2 - Vênus")
```

```
print("3 - Marte")
print("4 - Júpiter")
print("5 - Saturno")
print("6 - Urano")

opcao = int(input("Digite o número do Planeta Conforme o Menu
acima: "))
pesoNaTerra = float(input("Digite o Peso do Planeta Escolhido "))
if (opcao > 6):
    print("O Planeta não Faz Parte do Menu de Opções")
else:
    options[opcao]()
```

Veja como ficou, conforme vimos na **figura 37**. Observe que tem um asterisco na frente do nome do arquivo e os dois ícones dos disquetes ficam habilitados nas cores azul claro e azul escuro acima do nome do arquivo, aparece um disquete na cor azul claro, isto significa que temos que salvar nossa aplicação, para isto, clique com o botão do mouse sobre o menu **File**, em seguida selecione o item **Save All**, conforme vimos na **figura 38**, ou clique no ícone dos disquetes duplos na barra de ferramentas, conforme vimos na **figura 39**. Vamos executar nosso aplicativo, para isto clique no ícone do triângulo verde na barra de ferramentas, ou pressione as teclas **Ctrl+Alt+V**, conforme vimos na **figura 40**, veja que o cursor vai ficar parado em frente à frase **Digite o número do Planeta Conforme o Menu acima:**, na janela de visualização de resultados **Python Shell**, conforme vimos **figura 73**, digite um valor qualquer do tipo inteiro, em seguida pressione a tecla **Enter** do teclado, veja que o cursor vai ficar parado em frente à frase **Digite o Peso do Planeta Escolhido**, na janela de visualização de resultados **Python Shell**, conforme vimos na **figura 74**, digite um valor qualquer do tipo real, use ponto e não vírgula, para separar as casas decimais, em seguida pressione a tecla **Enter** do teclado e veja que o resultado vai ser mostrado na janela de visualização de resultados **Python Shell**, conforme vimos na **figura 109**. Observe o exemplo acima, neste aplicativo quando o usuário digitar o número do planeta, o comando **option** vai capturar o conteúdo da variável **opcao**, em seguida o comando

def vai fazer a comparação de igualdade; se a resposta for verdadeira ele vai fazer os cálculos usando a fórmula que especificamos e vai mostrar a mensagem como nome do planeta e seu peso na Terra, Se nenhuma das condições for satisfeita ele entra no comando **if-else**, faz a comparação e imprime a mensagem e encerra a execução do aplicativo.

Estruturas de Repetição, Laço de Repetição ou Loops

A característica que consolidou o grande sucesso na utilização das linguagens de programação para resolver problemas cotidianos foi a sua capacidade de repetir o processamento de um conjunto de operações para grandes quantidades de dados. Estas tarefas repetitivas acontecem diversas vezes dentro de uma situação específica no nosso dia a dia, assim sendo, as estruturas de repetição buscam uma maneira de repetir um conjunto de procedimentos até que determinado objetivo seja atingido, quando a repetição se encerra.

Conhecido como **looping**, nos permite criar, em determinadas situações, uma estrutura em que temos que repetir o programa ou parte dele algumas vezes. Isto quer dizer que vai nos permitir realizar uma sequência repetitiva de passos, para que possamos executar uma ou mais ações correspondentes em um determinado laço.

O que há em comum nas estruturas de repetição é a **condição de controle**, que vai ser determinada por uma expressão lógica ou booleana, que é testada em cada ciclo para determinar se a repetição vai prosseguir ou não. As estruturas de repetição são classificadas em dois tipos:

- **Condicional**: Os comandos são repetidos até que satisfaça a condição de repetição. Utilizadas quando não sabemos previamente quantas vezes devemos executar as instruções do bloco de repetição. As estruturas de repetição condicional podem executar o teste da condição no início, usando a estrutura **enquanto...faca/while**.
- **Contada**: Os comandos são repetidos através de um número predefinido de

vezes. Vamos utilizar quando soubermos previamente quantas vezes devemos executar as instruções do bloco de repetição. Neste caso, para sabermos quando parar, esse tipo de estrutura de repetição vai utilizar uma variável chamada contadora para controlar a quantidade de repetições, assim vamos usar a estrutura **para...faca/for**. Veremos cada uma delas separadamente.

Estrutura de Repetição enquanto...faca/while

Esta estrutura verifica antes de cada execução se é **permitido** executar o trecho do algoritmo. Neste caso, antes de entrar na estrutura de repetição, uma expressão lógica vai ser avaliada e, se o resultado da mesma for **verdadeiro**, os comandos que estão dentro da estrutura serão executados. Depois da execução dos comandos, a expressão lógica vai ser avaliada novamente. Se o resultado da expressão lógica for **falso**, o algoritmo sai da estrutura de repetição e segue para a próxima linha. Geralmente, o mecanismo que altera o valor da expressão lógica que controla o laço está embutido dentro do bloco de comandos ou depende de alguma variável externa que será fornecida em tempo de execução. Esta estrutura é utilizada principalmente quando não sabemos com antecedência a quantidade de repetições que precisam ser realizadas. Nesta estrutura todas as variáveis devem ser inicializadas. Veja abaixo a sua sintaxe:

Estrutura de Repetição enquanto...faca/while	
Representação no VisuAlg	**Representação no Python**
enquanto <condição> faca <sequência-de-comandos> fimenquanto	**while (condição):** **<sequência-de-comandos>**

Onde:

<condição>: Esta expressão vai ser avaliada antes de cada repetição do laço. Quando seu resultado for **Verdadeiro**, vão ser executadas as **<sequência-de-comandos>**.

Fimenquanto: Indica o fim da **<sequência-de-comandos>** que será repetida.

Cada vez que a execução atinge este ponto, volta-se ao início do laço para que a **<condição>** seja avaliada novamente. Se o resultado desta avaliação for **Verdadeiro**, a **<sequência-de-Comandos>** será executada mais uma vez; caso contrário, a execução prosseguirá a partir do primeiro comando após **fimenquanto**. Vejam como a **Estrutura de Repetição enquanto...faca/while**, é implementada no **VisuAlg**, vamos criar um aplicativo para o Departamento de Letras da Universidade Saber é Bom – USB, que escreva no monitor a seguinte frase **"Curso de Letras da Universidade Saber é Bom – USB"**, um determinado número de vezes, enquanto não for digitado zero o aplicativo não será encerrado. Vamos retornar para o nosso algoritmo **algoritmo_014** no **VisuAlg**, se o mesmo estiver aberto, basta posicionar o botão do mouse sobre o ícone do **VisuAlg** na barra de tarefas do **Windows 10**, vai aparecer uma miniatura do algoritmo, conforme vimos na **figura 60**. Clique sobre esta miniatura e vamos retornar à tela principal do mesmo. Caso o **VisuAlg** esteja fechado, para abrí-lo novamente, basta clicar sobre o ícone do **VisuAlg** na barra de tarefas do **Windows 10**, conforme vimos na **figura 145** no **Anexo I**, vai abrir a tela principal do mesmo, clique com o botão do mouse sobre o menu **Arquivo**, em seguida selecione o item **Novo**, ou pressione, ao mesmo tempo, as teclas de atalho **Ctrl+N**, conforme vimos na **figura 61**.

Antes de começarmos a digitar algo, vamos salvar nosso algoritmo, para isto, clique com o botão do mouse sobre o menu **Arquivo**, em seguida selecione o item **Salvar**, ou pressione, ao mesmo tempo, as teclas de atalho **Ctrl+S**, conforme vimos na **figura 4**. Ou clique no ícone do disquete no menu de ferramentas, conforme vimos na **figura 5**. Independentemente da forma escolhida para salvar o algoritmo vai abrir a janela **Salvar como**, no item **Salvar em:**, selecione **Disco local (C:)**, se você renomeou o seu **Disco local (C:)**, clique no nome do disco que você escolheu — no meu caso eu chamei de **Win10 (C:)** —, em seguida selecione a pasta **projetos_livro**, e clique no botão **Abrir** ou clique duas vezes com o botão do mouse sobre a pasta, em seguida selecione a pasta **algoritmos**, e clique no botão **Abrir** ou clique duas vezes com o botão do mouse sobre a pasta. No item **Nome:**, digite **algoritmo_015**, conforme vimos na **figura 6**. Clique no botão **Salvar**. Para saber se o algoritmo foi salvo no caminho que especificamos, basta verificar no topo da janela do **VisuAlg**, que mostra o caminho onde salvamos nosso algoritmo, conforme vimos na **figura 7**. Não esqueça de configurar a numeração de linhas, pois é muito importante, principalmente na indicação de erros. Para isto, clique no menu **Exibir**, e selecione o item **Número de linhas**, conforme vimos na **figura 8**. Ou clique no ícone **Numerar linhas** no menu de ferramentas, conforme vimos na **figura 9**. Agora posicione o cursor no início da **linha 1**, em seguida pressione, ao mesmo tempo, as teclas **Ctrl+T**, veja como ficou, conforme vimos na **figura 12**. Pressione a tecla **Delete** do teclado, e observe que o cursor do mouse vai ficar piscando na **linha 1**, neste local digite o código abaixo:

```
algoritmo "Estrutura Repetição enquanto...faca"
// Função : Usar a Estrutura de Repetição enquanto...faca/while
// Autor : Prof. Msc Rafael Soares
// Data : 24/07/2019
// Seção de Declarações
var
contador, qtd_vezes: inteiro

inicio
// Seção de Comandos
escreval("Digite a Quantidade de Vezes Que A Frase Deve Aparecer
no Monitor ou Digite Zero Para Sair: ")
leia(qtd_vezes)
enquanto qtd_vezes <> 0 faca
   contador <- 1
   enquanto contador <= qtd_vezes faca
      escreval ("Curso de Letras da Universidade Saber é Bom -
USB ", contador, "ª Vez")
      contador <- contador+1
   fimenquanto
   escreval("Digite a Quantidade de Vezes Que A Frase Deve Apa-
recer no Monitor ou Digite Zero Para Sair: ")
   leia(qtd_vezes)
```

```
fimenquanto
escreval("Fim da execução do algoritmo !!!!")
fimalgoritmo
```

Salve o algoritmo, conforme vimos nas **figuras 4** e **5**. Não esqueça de fazer a indentação do código, conforme vimos nas **figuras 87** e **88**, ou pressione, ao mesmo tempo, as teclas **Ctrl+G**. É muito importante fazer a indentação do código, pois desta forma, deixaremos o nosso código mais legível. Vamos pedir para o usuário entrar com os dados, para isto, vamos alterar a exibição da janela de entrada e saída do **VisuAlg**, clique no ícone **Executar o algoritmo como DOS** no menu de ferramentas, conforme vimos na **figura 82**. Vamos executar o algoritmo, para isto vamos até o menu **Algoritmo**, e vamos selecionar o item **Executar**, ou pressionar a tecla **F9**, conforme vimos na **figura 14**. Ou clique no ícone **Executar** no menu de ferramentas, conforme vimos na **figura 15**. Veja que vai aparecer uma janela com o cursor do mouse piscando dentro de uma caixa de texto, conforme vimos na **figura 98**. Digite um número do tipo inteiro, em seguida clique no botão **OK**. Veja que vamos retornar para a mesma janela, digite outro valor do tipo inteiro, em seguida clique no botão **OK**. Vamos retornar para a mesma janela, lembre-se que o programa só vai ser encerrado depois que digitar o zero, digite 0, em seguida clique no botão **OK**, veja que as informações vão aparecer na janela de visualização de resultados, conforme **figura 110**:

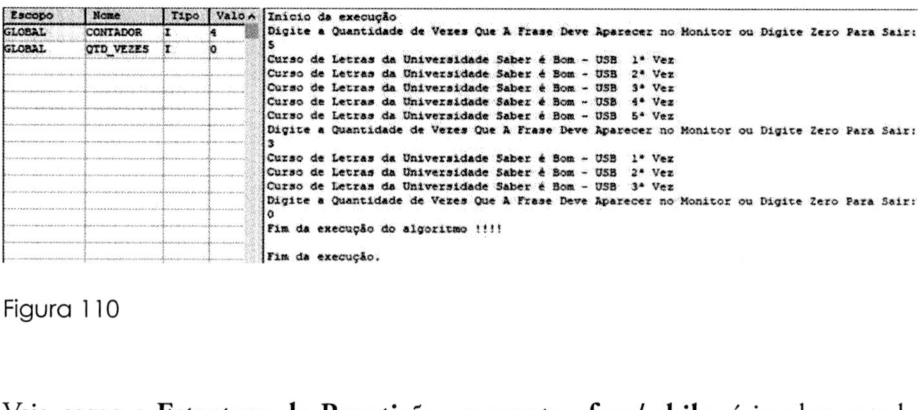

Figura 110

Veja como a **Estrutura de Repetição enquanto...faca/while**, é implementada no **Python**, usando o exemplo anterior, vamos retornar para o nosso aplicativo **aplicativo_017.py** no **Wing 101**, se o mesmo estiver aberto, basta posicionar o botão do mouse sobre o ícone do **Wing 101** na barra de tarefas do **Windows 10**, vai aparecer uma miniatura do aplicativo, conforme vimos na **figura 65**, clique sobre esta miniatura e vamos retornar à tela principal do mesmo. Caso o **Wing 101** esteja fechado, para abrí-lo novamente, basta clicar sobre o ícone do **Wing 101** na barra de tarefas do **Windows 10**, conforme vimos na **figura 166** no **Anexo I**, vai abrir a tela principal do mesmo, antes de começarmos a digitar algo, vamos fechar o **aplicativo_017**, para isto clique no ícone do quadradinho vermelho com um **X**, conforme vimos na **figura 25**. Agora vamos criar um novo aplicativo em **Python**, para isto clique com o botão do mouse sobre o menu **File**, em seguida selecione o item **New**, ou pressione, ao mesmo tempo, as teclas de atalho **Ctrl+N**, conforme vimos na **figura 28**, vai abrir um script vazio com o seguinte nome: **untitled.py**, conforme vimos na **figura 29**, vamos salvá-lo, para isto vá até o menu **File** e selecione o item **Save As...**, ou pressione, ao mesmo tempo, as teclas de atalho **Ctrl+Shift+S**, conforme vimos na **figura 30**, vai abrir a janela **Save Document As**, no item **Salvar em:**, clique na setinha para baixo da caixa de seleção **combobox** e selecione **Disco local (C:)**, se você renomeou o seu **Disco local (C:)**, clique no nome do disco que você escolheu — no meu caso eu chamei de **Win10 (C:)** —, em seguida clique duas vezes com o botão do mouse sobre a pasta **projetos_livro**, em seguida clique duas vezes com o botão do mouse sobre a pasta **scripts**, no item **Nome:**, digite **aplicativo_018**, no item **Tipo:**, deixe selecionado **Python**, conforme vimos na **figura 31**, clique no botão **Salvar**. Para saber se o aplicativo foi salvo no caminho que especificamos, basta verificar no topo da janela do **Wing 101**, que mostra o caminho onde salvamos nosso aplicativo, conforme vimos na **figura 32**. Vejam que o cursor do mouse está posicionado na **linha 1**, neste local digite o código abaixo:

```
# Função : Usar a Estrutura de Repetição enquanto...faca/while
# Autor : Prof. Msc Rafael Soares
# Data : 24/07/2019
# Seção de Comandos

qtd_vezes = -1
```

```
while (qtdVezes != 0):
    contador = 1
   qtdVezes = int(input("Digite a Quantidade de Vezes Que A Frase
Deve Aparecer no Monitor ou Digite Zero Para Sair: "))
    while (contador <= qtdVezes):
       print ("Curso de Letras da Universidade Saber é Bom - USB
", contador, "ª Vez")
       contador += 1
    else:
       print("Fim da execução do Aplicativo !!!!")
```

Veja como ficou, conforme vimos na **figura 37**. Observe que tem um asterisco na frente do nome do arquivo e os dois ícones dos disquetes ficam habilitados nas cores azul claro e azul escuro acima do nome do arquivo, aparece um disquete na cor azul claro, isto significa que temos que salvar nossa aplicação, para isto, clique com o botão do mouse sobre o menu **File**, em seguida selecione o item **Save All**, conforme vimos na **figura 38**, ou clique no ícone dos disquetes duplos na barra de ferramentas, conforme vimos na **figura 39**. Vamos executar nosso aplicativo, para isto clique no ícone do triângulo verde na barra de ferramentas, ou pressione as teclas **Ctrl+Alt+V**, conforme vimos na **figura 40**, veja que o cursor vai ficar parado em frente à frase **Digite a Quantidade de Vezes Que A Frase Deve Aparecer no Monitor ou Digite Zero Para Sair:**, na janela de visualização de resultados **Python Shell**, conforme vimos na **figura 73**, digite um valor qualquer do tipo inteiro, em seguida pressione a tecla **Enter** do teclado, veja que o cursor vai ficar parado novamente em frente à frase **Digite a Quantidade de Vezes Que A Frase Deve Aparecer no Monitor ou Digite Zero Para Sair:**, na janela de visualização de resultados **Python Shell**, conforme vimos na **figura 73**, digite um valor qualquer do tipo inteiro, em seguida pressione a tecla **Enter** do teclado, veja que o cursor vai ficar parado novamente em frente à frase **Digite a Quantidade de Vezes Que A Frase Deve Aparecer no Monitor ou Digite Zero Para Sair:**, na janela de visualização de resultados **Python Shell**, conforme vimos na **figura 73**, lembre-se que o aplicativo só vai ser encerrado depois que digitar o zero, digite 0, em seguida pressione a tecla **Enter** do teclado e veja que o resultado vai ser mostrado na janela de visualização de resultados **Python Shell**, conforme **figura 110:**

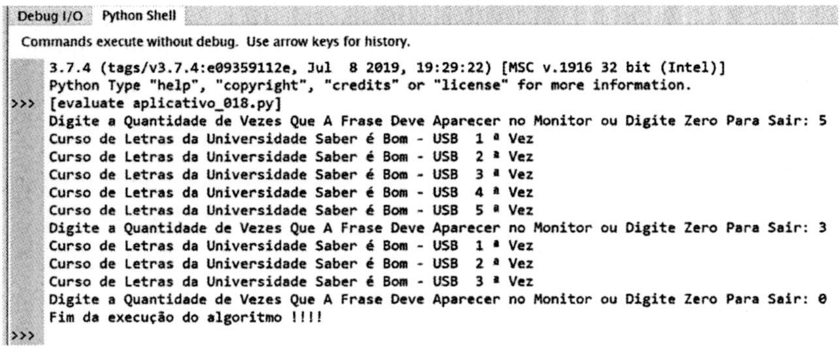

Figura 111

A linguagem **Python** não implementa a estrutura **do..while (repita..ate)**. Podemos utilizar as instruções **while..break** e **while..continue**, onde a instrução **break** tem como objetivo finalizar a iteração e o aplicativo continua a execução normalmente. O objetivo dessa instrução é fornecer a capacidade de forçar a interrupção da iteração. Já a instrução **continue** vai interromper a execução do ciclo sem interromper a execução do laço de repetição. Veja como a instrução **break** é implementada no **Python**, usando o exemplo anterior, vamos retornar para o nosso aplicativo **aplicativo_018.py** no **Wing 101**, se o mesmo estiver aberto, basta posicionar o botão do mouse sobre o ícone do **Wing 101** na barra de tarefas do **Windows 10**, vai aparecer uma miniatura do aplicativo, conforme vimos na **figura 65**, clique sobre esta miniatura e vamos retornar a tela principal do mesmo. Caso o **Wing 101** esteja fechado, para abri-lo novamente, basta clicar sobre o ícone do **Wing 101** na barra de tarefas do **Windows 10**, conforme vimos na **figura 166** no **Anexo I**, vai abrir a tela principal do mesmo, antes de começarmos a digitar algo, vamos fechar o **aplicativo_018**, para isto clique no ícone do quadradinho vermelho com um **X**, conforme vimos na **figura 25**. Agora vamos criar um novo aplicativo em **Python**, para isto clique com o botão do mouse sobre o menu **File**, em seguida selecione o item **New**, ou pressione, ao mesmo tempo, as teclas de atalho **Ctrl+N**, conforme vimos na **figura 28**, vai abrir um script vazio com o seguinte nome: **untitled.py**, conforme vimos na **figura 29**, vamos salvá-lo, para isto vá até o menu **File** e selecione o item **Save As...**, ou pressione, ao mesmo tempo, as teclas de atalho **Ctrl+Shift+S**, conforme vimos na **figura 30**, vai abrir a janela **Save Document As**, no item **Salvar em:**, clique na setinha para baixo da caixa de seleção **combobox** e selecione **Disco local (C:)**, se você renomeou o seu **Disco local (C:)**, clique no nome do disco que você escolheu — no meu caso eu chamei de **Win10 (C:)** —, em seguida clique duas vezes com o botão do mouse sobre a pasta **projetos_livro**, em seguida clique duas vezes com o botão do mouse sobre a pasta **scripts**, no item **Nome:**, digite **aplicativo_019**, no item **Tipo:**, deixe selecionado **Python**, conforme vimos na **figura 31**, clique no botão **Salvar**. Para saber se o aplicativo foi salvo no caminho que especificamos, basta verificar no topo da janela do **Wing 101**, que mostra o caminho onde salvamos nosso aplicativo, conforme vimos na **figura 32**. Veja que o cursor do mouse está posicionado na **linha 1**, neste local digite o código abaixo:

```
# Função : Usar a Estrutura de Repetição enquanto...faca/while
com break
# Autor : Prof. Msc Rafael Soares
# Data : 24/07/2019
# Seção de Comandos

qtdVezes = -1
while (qtdVezes != 0):
    contador = 1
    qtdVezes = int(input("Digite a Quantidade de Vezes Que A Fra-
se Deve Aparecer no Monitor ou Digite Zero Para Sair: "))
    while (contador <= qtdVezes):
        print ("Curso de Letras da Universidade Saber é Bom - USB
", contador, "ª Vez")
        contador += 1
        if (contador > 3):
            break
else:
    print("Fim da execução do Aplicativo  !!!!")
```

Veja como ficou, conforme vimos na **figura 37**. Observe que tem um asterisco na frente do nome do arquivo e os dois ícones dos disquetes ficam habilitados nas cores azul claro e azul escuro acima do nome do arquivo, aparece um disquete na cor azul claro, isto significa que temos que salvar nossa aplicação, para isto, clique com o botão do mouse sobre o menu **File**, em seguida selecione o item **Save All**, conforme vimos na **figura 38**, ou clique no ícone dos disquetes duplos na barra de ferramentas, conforme vimos na **figura 39**. Vamos executar nosso aplicativo, para isto clique no ícone do triângulo verde na barra de ferramentas, ou pressione as teclas **Ctrl+Alt+V**, conforme vimos na **figura 40**, veja que o cursor vai ficar parado em frente à frase **Digite a Quantidade de Vezes Que A Frase Deve Aparecer no Monitor ou Digite Zero Para Sair:**, na janela de visualização de resultados **Python Shell**, conforme vimos **figura 73**, digite um valor qualquer do tipo inteiro, em seguida pressione a tecla **Enter** do teclado, observe que o contador, ao chegar no nº 4, vai interromper a execução do laço e veja que o cursor vai ficar parado novamente em frente à frase **Digite a Quantidade de Vezes Que A Frase Deve Aparecer no Monitor ou Digite Zero Para Sair:**, na janela de visualização de resultados **Python Shell**, conforme vimos **figura 73**, lembre-se que o aplicativo só será encerrado depois que digitar o zero, digite 0, em seguida pressione a tecla **Enter** do teclado e veja que o resultado vai ser mostrado na janela de visualização de resultados **Python Shell**, conforme **figura 112:**

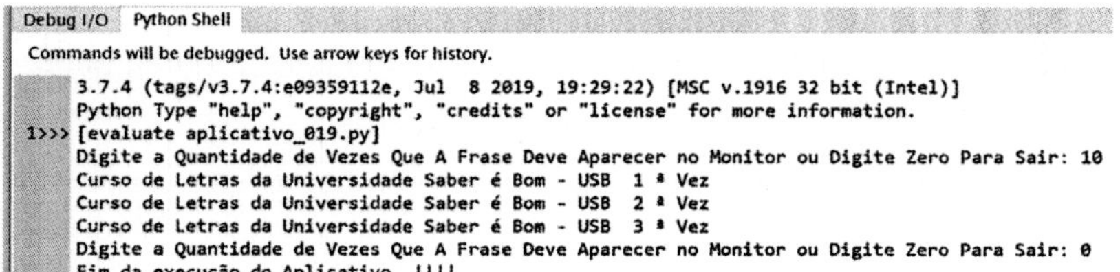
Debug I/O Python Shell
Commands will be debugged. Use arrow keys for history.

```
     3.7.4 (tags/v3.7.4:e09359112e, Jul  8 2019, 19:29:22) [MSC v.1916 32 bit (Intel)]
     Python Type "help", "copyright", "credits" or "license" for more information.
1>>> [evaluate aplicativo_019.py]
     Digite a Quantidade de Vezes Que A Frase Deve Aparecer no Monitor ou Digite Zero Para Sair: 10
     Curso de Letras da Universidade Saber é Bom - USB  1 ª Vez
     Curso de Letras da Universidade Saber é Bom - USB  2 ª Vez
     Curso de Letras da Universidade Saber é Bom - USB  3 ª Vez
     Digite a Quantidade de Vezes Que A Frase Deve Aparecer no Monitor ou Digite Zero Para Sair: 0
     Fim da execução do Aplicativo  !!!!
2>>>
```

Figura 112

Veja como a instrução **continue** é implementada no **Python**, usando o exemplo anterior, vamos retornar para o nosso aplicativo **aplicativo_019.py** no **Wing 101**, se o mesmo estiver aberto, basta posicionar o botão do mouse sobre o ícone do **Wing 101** na barra de tarefas do **Windows 10**, vai aparecer uma miniatura do aplicativo, conforme vimos na **figura 65**, clique sobre esta miniatura e vamos retornar à tela principal do mesmo. Caso o **Wing 101** esteja fechado, para abrí-lo novamente, basta clicar sobre o ícone do **Wing 101** na barra de tarefas do **Windows 10**, conforme vimos na **figura 166** no **Anexo I**, vai abrir a tela principal do mesmo, antes de começarmos a digitar algo, vamos fechar o **aplicativo_019**, para isto clique no ícone do quadradinho vermelho com um **X**, conforme vimos na **figura 25**. Agora vamos criar um novo aplicativo em **Python**, para isto clique com o botão do mouse sobre o menu **File**, em seguida selecione o item **New**, ou pressione, ao mesmo tempo, as teclas de atalho **Ctrl+N**, conforme vimos na **figura 28**, vai abrir um script vazio com o seguinte nome: **untitled.py**, conforme vimos na **figura 29**, vamos salvá-lo, para isto vá até o menu **File** e selecione o item **Save As...**, ou pressione, ao mesmo tempo, as teclas de atalho **Ctrl+Shift+S**, conforme vimos na **figura 30**, vai abrir a janela **Save Document As**, no item **Salvar em:**, clique na setinha para baixo da caixa de seleção **combobox** e selecione **Disco local (C:)**, se você renomeou o seu **Disco local (C:)**, clique no nome do disco que você escolheu — no meu caso eu chamei de **Win10 (C:)** —, em seguida clique duas vezes com o botão do mouse sobre a pasta **projetos_livro**, em seguida clique duas vezes com o botão do mouse sobre a pasta **scripts**, no item **Nome:**, digite **aplicativo_020**, no item **Tipo:**, deixe selecionado **Python**, conforme vimos na **figura 31**, clique no botão **Salvar**. Para saber se o aplicativo foi salvo no caminho que especificamos, basta verificar no topo da janela do **Wing 101**, que mostra o caminho onde salvamos nosso aplicativo, conforme vimos na **figura 32**. Veja que o cursor do mouse está posicionado na **linha 1**, neste local digite o código abaixo:

```
# Função : Usar a Estrutura de Repetição enquanto...faca/while
com continue
# Autor : Prof. Msc Rafael Soares
# Data : 24/07/2019
# Seção de Comandos

qtdVezes = -1
while (qtdVezes != 0):
    contador = 0
    while (contador <= qtdVezes):
        contador = (contador + 1)
```

```
        if (contador == 3):
            #("Não vai ser impresso o n° 3")
            continue
        print ("Curso de Letras da Universidade Saber é Bom - USB
", contador, "ª Vez")
    qtdVezes = int(input("Digite a Quantidade de Vezes Que A Fra-
se Deve Aparecer no Monitor ou Digite Zero Para Sair: "))
else:
    print("Fim da execução do Aplicativo  !!!!")
```

Veja como ficou, conforme vimos na **figura 37**. Observe que tem um asterisco na frente do nome do arquivo e os dois ícones dos disquetes ficam habilitados nas cores azul claro e azul escuro acima do nome do arquivo, aparece um disquete na cor azul claro, isto significa que temos que salvar nossa aplicação, para isto, clique com o botão do mouse sobre o menu **File**, em seguida selecione o item **Save All**, conforme vimos na **figura 38**, ou clique no ícone dos disquetes duplos na barra de ferramentas, conforme vimos na **figura 39**. Vamos executar nosso aplicativo, para isto clique no ícone do triângulo verde na barra de ferramentas, ou pressione as teclas **Ctrl+Alt+V**, conforme vimos na **figura 40**, vejam que o cursor vai ficar parado em frente à frase **Digite a Quantidade de Vezes Que A Frase Deve Aparecer no Monitor ou Digite Zero Para Sair:**, na janela de visualização de resultados **Python Shell**, conforme vimos **figura** 73, digite um valor qualquer do tipo inteiro, em seguida pressione a tecla **Enter** do teclado, observe que o contador, ao chegar no nº 4, vai interromper a execução do laço e veja que o cursor vai ficar parado novamente em frente à frase **Digite a Quantidade de Vezes Que A Frase Deve Aparecer no Monitor ou Digite Zero Para Sair:**, na janela de visualização de resultados **Python Shell**, conforme vimos **figura** 73, lembre-se que o aplicativo só vai ser encerrado depois que digitar o zero, digite 0, em seguida pressione a tecla **Enter** do teclado e veja que o resultado vai ser mostrado na janela de visualização de resultados **Python Shell**, conforme **figura 113:**

```
Debug I/O   Python Shell
Commands will be debugged. Use arrow keys for history.
     3.7.4 (tags/v3.7.4:e09359112e, Jul  8 2019, 19:29:22) [MSC v.1916 32 bit (Intel)]
     Python Type "help", "copyright", "credits" or "license" for more information.
1>>> [evaluate aplicativo_020.py]
     Digite a Quantidade de Vezes Que A Frase Deve Aparecer no Monitor ou Digite Zero Para Sair: 10
     Curso de Letras da Universidade Saber é Bom - USB  1 ª Vez
     Curso de Letras da Universidade Saber é Bom - USB  2 ª Vez
     Curso de Letras da Universidade Saber é Bom - USB  4 ª Vez
     Curso de Letras da Universidade Saber é Bom - USB  5 ª Vez
     Curso de Letras da Universidade Saber é Bom - USB  6 ª Vez
     Curso de Letras da Universidade Saber é Bom - USB  7 ª Vez
     Curso de Letras da Universidade Saber é Bom - USB  8 ª Vez
     Curso de Letras da Universidade Saber é Bom - USB  9 ª Vez
     Curso de Letras da Universidade Saber é Bom - USB  10 ª Vez
     Curso de Letras da Universidade Saber é Bom - USB  11 ª Vez
     Digite a Quantidade de Vezes Que A Frase Deve Aparecer no Monitor ou Digite Zero Para Sair: 0
     Fim da execução do Aplicativo  !!!!
2>>>
```

Figura 113

Observe que a 3ª posição será ignorada e a sequência vai continuar até o seu final.

Estrutura de Repetição para...faca/for

Esta estrutura é útil quando conhecemos antecipadamente o número de vezes que se deseja executar um determinado conjunto de comandos, e para ser utilizada precisa das informações referentes aos valores de contador, final e incremento, repetindo a execução dos comandos enquanto a variável contadora não atingir o valor final. Vale lembrar que a variável contadora deve receber um valor inicial que é incrementado em uma unidade, automaticamente, a cada final de execução do bloco de comandos dentro do laço. Lembre-se de que a variável contadora deverá ser sempre um número do tipo inteiro e ela não pode ser modificada dentro do bloco de comandos. Esta é a estrutura mais utilizada por programadores talvez por sua popularidade e flexibilidade. Veja abaixo a sua sintaxe:

Estrutura de Repetição para...faca/for	
Representação no VisuAlg	**Representação no Python**
para <variável> de <valor_inicial> ate <valor-limite> [passo <incremento>] faca comandos fimpara	**for <variável> in range(condição, incremento, passo):** **Comandos** **else:** **Comandos**

Onde:

<variável>: É uma variável numérica que controla o número de repetições do laço.
<valor_inicial>: - É uma expressão numérica que fornece o valor com o qual **<variável>** é inicializada antes da primeira repetição.

<valor_limite>/condição: É uma expressão numérica com o valor máximo que **<variável>** pode assumir.

<incremento>: É opcional, mas estando presente acompanhada pela palavra **passo**, dá o valor com que a variável de controle será incrementada (ou decrementada caso sua avaliação resulte em número negativo) a cada repetição do loop. O valor padrão de incremento é 1. Se a avaliação da expressão resultar em zero, o programa será interrompido com uma mensagem de erro.

fimpara: Determina o fim da sequência de comandos a serem repetidos. Cada vez que o programa chega neste ponto, o valor da variável de controle é incrementado ou decrementado e comparado ao valor limite. Se for menor ou igual a ele (ou maior ou igual, se o incremento for negativo), a lista de comandos será executada mais uma vez; senão, o programa prosseguirá no primeiro comando após o **fimpara**. Veja como a **Estrutura de Repetição para..faca/for**, é implementada no **VisuAlg**, vamos criar um aplicativo para uma universidade fictícia **Universidade Saber é Bom – USB**, onde o usuário entre com cinco números do tipo real e imprima o quadrado de cada um deles. Vamos retornar para o nosso algoritmo **algoritmo_015** no **VisuAlg**, se o mesmo estiver aberto, basta posicionar o botão do mouse sobre o ícone do **VisuAlg** na barra de tarefas do **Windows 10**, vai aparecer uma miniatura do algoritmo, conforme vimos na **figura 60**. Clique sobre esta miniatura e vamos retornar à tela principal do mesmo. Caso o **VisuAlg** esteja fechado, para abrí-lo novamente, basta clicar sobre o ícone do **VisuAlg** na barra de tarefas do **Windows 10**, conforme vimos na **figura 145** no **Anexo I**, vai abrir a tela principal do mesmo, clique com o botão do mouse sobre o menu **Arquivo**, em seguida selecione o item **Novo**, ou pressione, ao mesmo tempo, as teclas de atalho **Ctrl+N**, conforme vimos na **figura 61**.

Antes de começarmos a digitar algo, vamos salvar nosso algoritmo, para isto, clique com o botão do mouse sobre o menu **Arquivo**, em seguida selecione o item **Salvar**, ou pressione, ao mesmo tempo, as teclas de atalho **Ctrl+S**, conforme vimos na **figura 4**. Ou clique no ícone do disquete no menu de ferramentas, conforme vimos na **figura 5**. Independentemente da forma escolhida para salvar o algoritmo vai abrir a janela **Salvar como**, no item **Salvar em:**, selecione **Disco local (C:)**, se você renomeou o seu **Disco local (C:)**, clique no nome do disco que você escolheu — no meu caso eu chamei de **Win10 (C:)** —, em seguida selecione a pasta **projetos_livro**, e clique no botão **Abrir** ou clique duas vezes com o botão do mouse sobre a pasta, em seguida selecione a pasta **algoritmos**, e clique no botão **Abrir** ou clique duas vezes com o botão do mouse sobre a pasta. No item **Nome:**, digite **algoritmo_016**, conforme vimos na **figura 6**. Clique no botão **Salvar**. Para saber se o algoritmo foi salvo no caminho que especificamos, basta verificar no topo da janela do **VisuAlg**, que mostra o caminho onde salvamos nosso algoritmo, conforme vimos na **figura 7**. Não esqueçam de configurar a numeração de linhas, pois é muito importante, principalmente na indicação de erros. Para isto, clique no menu **Exibir**, e selecione o item **Número de linhas**, conforme vimos na **figura 8**. Ou clique no ícone **Numerar linhas** no menu de ferramentas, conforme vimos na **figura 9**. Agora posicione o cursor no início da **linha 1**, em seguida pressione, ao mesmo tempo, as teclas **Ctrl+T**, veja como ficou, conforme vimos na **figura 12**. Pressione a tecla **Delete** do teclado, e observe que o cursor do mouse vai ficar piscando na **linha 1**, neste local digite o código abaixo:

```
algoritmo "QuadradosDosNumeros"
// Função : Usar a Estrutura de Repetição para..faca/for
// Autor : Professor Msc Rafael Soares
// Data : 25/07/2019
// Seção de Declarações
var
indice: inteiro
numero: real
```

```
inicio
// Seção de Comandos
para indice de 1 ate 5 faca
   escreva ("Digite um Número do tipo Real: ")
   leia (numero)
   escreval ("O Quadrado de ", numero, " é ", numero ^ 2)
fimpara
fimalgoritmo
```

Salve o algoritmo, conforme vimos nas **figuras 4** e **5**. Não esqueça de fazer a indentação do código, conforme vimos nas **figuras 87** e **88**, ou pressione, ao mesmo tempo, as teclas **Ctrl+G**. É muito importante fazer a indentação do código, pois desta forma, deixaremos o nosso código mais legível. Vamos pedir para o usuário entrar com os dados, para isto, vamos alterar a exibição da janela de entrada e saída do **VisuAlg**, clique no ícone **Executar o algoritmo como DOS** no menu de ferramentas, conforme vimos na **figura 82**. Vamos executar o algoritmo, para isto vamos até o menu **Algoritmo**, e vamos selecionar o item **Executar**, ou pressionar a tecla **F9**, conforme vimos na **figura 14**. Ou clique no ícone **Executar** no menu de ferramentas, conforme vimos na **figura 15**. Veja que vai aparecer uma janela com o cursor do mouse piscando dentro de uma caixa de texto, conforme vimos na **figura 98**. Digite um valor qualquer do tipo real, use ponto e não vírgula, para separar as casas decimais, em seguida clique no botão **OK**, vai ser repetida esta caixa de texto mais 4 vezes, repita o procedimento anterior e vá clicando no botão **OK** até finalizar o **loop**. Veja que ao finalizar o **loop**, as informações vão aparecer na janela de visualização de resultados, conforme **figura 114**:

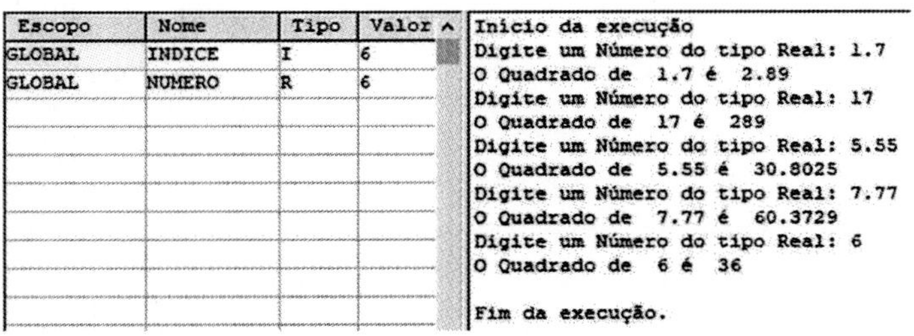

Figura 114

Veja como a **Estrutura de Repetição para..faca/for**, é implementada no **Python**, usando o exemplo anterior, vamos retornar para o nosso aplicativo **aplicativo_020.py** no **Wing 101**, se o mesmo estiver aberto, basta posicionar o botão do mouse sobre o ícone do **Wing 101** na barra de tarefas do **Windows 10**, vai aparecer uma miniatura do aplicativo, conforme vimos na **figura 65**, clique sobre esta miniatura e vamos retornar à tela principal do mesmo. Caso o **Wing 101** esteja fechado, para abrí-lo novamente, basta clicar sobre o ícone do **Wing 101** na barra de tarefas do **Windows 10**, conforme vimos na **figura 166** no **Anexo I**, vai abrir a tela principal do mesmo, antes de começarmos a digitar algo, vamos fechar o **aplicativo_020**, para isto clique no ícone do quadradinho vermelho com um **X**, conforme vimos na **figura 25**. Agora vamos criar um novo aplicativo em **Python**, para isto clique com o botão do mouse sobre o menu **File**, em seguida selecione o item **New**, ou pressione, ao mesmo tempo, as teclas de atalho **Ctrl+N**, conforme vimos na **figura 28**, vai abrir um script vazio com o seguinte nome: **untitled.py**, conforme vimos na **figura 29**, vamos salvá-lo, para isto vá até o menu **File** e selecione o item **Save As...**, ou pressione, ao mesmo tempo, as teclas de atalho **Ctrl+Shift+S**, conforme vimos na **figura 30**, vai abrir a janela **Save Document As**, no item **Salvar em:**, clique na setinha para baixo da caixa de seleção **combobox** e selecione **Disco local (C:)**, se você renomeou o seu **Disco local (C:)**, clique no nome do disco que você escolheu — no meu caso eu chamei de **Win10 (C:)** —, em seguida clique duas vezes com o botão do mouse sobre a pasta **projetos_livro**, em seguida clique duas vezes com o botão do mouse sobre a pasta **scripts**, no item **Nome:**, digite **aplicativo_021**, no item **Tipo:**, deixe selecionado **Python**, conforme vimos na **figura 31**, clique no botão **Salvar**. Para saber se o aplicativo foi salvo no caminho que especificamos, basta verificar no topo da janela do **Wing 101**, que mostra o caminho onde salvamos nosso aplicativo, conforme vimos na **figura 32**. Veja que o cursor do mouse está posicionado na **linha 1**, neste local digite o código abaixo:

```
# Função : Usar a Estrutura de Repetição para..faca/for
# Autor : Professor Msc Rafael Soares
# Data : 25/07/2019
# Seção de Comandos
```

```
for numero in range(5):
    numero = float(input("Digite um Número do tipo Real: "))
    print ("O Quadrado de ", numero, f" é {(numero**2):.2f}")
else:
    print("Aplicativo Encerrado !!!!")
```

Veja como ficou, conforme vimos na **figura 37**. Observe que tem um asterisco na frente do nome do arquivo e os dois ícones dos disquetes ficam habilitados nas cores azul claro e azul escuro acima do nome do arquivo, aparece um disquete na cor azul claro, isto significa que temos que salvar nossa aplicação, para isto, clique com o botão do mouse sobre o menu **File**, em seguida selecione o item **Save All**, conforme vimos na **figura 38**, ou clique no ícone dos disquetes duplos na barra de ferramentas, conforme vimos na **figura 39**. Vamos executar nosso aplicativo, para isto clique no ícone do triângulo verde na barra de ferramentas, ou pressione as teclas **Ctrl+Alt+V**, conforme vimos na **figura 40**, veja que o cursor vai ficar parado em frente à frase **Digite um Número do tipo Real:**, na janela de visualização de resultados **Python Shell**, conforme vimos **figura 98**, digite um valor qualquer do tipo real, use ponto e não vírgula, para separar as casas decimais, em seguida pressione a tecla **Enter** do teclado, observe que vai ser repetida esta caixa de texto mais 4 vezes, repita o procedimento anterior, em seguida pressione a tecla **Enter** do teclado até finalizar o **loop** e veja que o resultado vai ser mostrado na janela de visualização de resultados **Python Shell**, conforme **figura 115:**

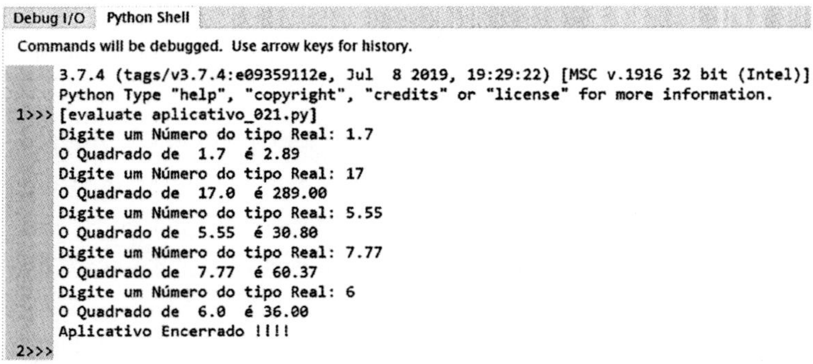

Figura 115

Estruturas de Repetição Encadeadas ou Aninhadas

Estrutura de Repetição para...faca/for dentro de para... faca/for

Nesta estrutura a instrução de repetição **para...faca/for** pode ser encadeada ou aninhada uma dentro da outra. Observe que não existe um limite de quantos testes condicionais podem estar dentro um do outro, esta condição depende do problema a ser resolvido, mas quanto maior o número de aninhamentos, mais tempo demora a execução do algoritmo. Chamamos este fenômeno de recursão. Veja abaixo a sua sintaxe:

Estrutura de Repetição para...faca/for dentro de para...faca/for	
Representação no VisuAlg	**Representação no Python**
para <variável> de <valor_inicial> ate <valor-limite> [passo <incremento>] faca para <variável> de <valor_inicial> ate <valor-limite> [passo <incremento>] faca comandos fimpara fimpara	**for <variável> in range(condição, incremento, passo):** **for <variável> in range(condição, incremento, passo):** **Comandos** **else:** **Comandos** **else:** **Comandos**

Veja como a **Estrutura de Repetição para...faca/for dentro de para...faca/for** é implementada no **VisuAlg**, vamos criar um aplicativo para o Departamento de Educação Física da universidade fictícia **Universidade Saber é Bom – USB**, onde o preparador físico vai definir a quantidade de voltas e de abdominais que o atleta deve realizar na pista de atletismo, e caso ele não queira continuar, digitar 0 para encerrar o aplicativo. No final, exibir o total de abdominais deste atleta ao final da corrida. Vamos retornar para o nosso algoritmo **algoritmo_016** no **VisuAlg**, se o mesmo estiver aberto, basta posicionar o botão do mouse sobre o ícone do **VisuAlg** na barra de tarefas do **Windows 10**, vai aparecer uma miniatura do algoritmo, conforme vimos na **figura 60**. Clique sobre esta miniatura e vamos retornar à tela principal do mesmo. Caso o **VisuAlg** esteja fechado, para abrí-lo novamente, basta clicar sobre o ícone do **VisuAlg** na barra de tarefas do **Windows 10**, conforme vimos na **figura 145** no **Anexo I**, vai abrir a tela principal do mesmo, clique com o botão do mouse sobre o menu **Arquivo**, em seguida selecione o item **Novo**, ou pressione, ao mesmo tempo, as teclas de atalho **Ctrl+N**, conforme vimos na **figura 61**.

Antes de começarmos a digitar algo, vamos salvar nosso algoritmo, para isto, clique com o botão do mouse sobre o menu **Arquivo**, em seguida selecione o item **Salvar**, ou pressione, ao mesmo tempo, as teclas de atalho **Ctrl+S**, conforme vimos na **figura 4**. Ou clique no ícone do disquete no menu de ferramentas, conforme vimos na **figura 5**. Independentemente da forma escolhida para salvar o algoritmo vai abrir a janela **Salvar como**, no item **Salvar em:**, selecione **Disco local (C:)**, se você renomeou o seu **Disco local (C:)**, clique no nome do disco que você escolheu — no meu caso eu chamei de **Win10 (C:)** —, em seguida selecione a pasta **projetos_livro**, e clique no botão **Abrir** ou clique duas vezes com o botão do mouse sobre a pasta, em seguida selecione a pasta **algoritmos**, e clique no botão **Abrir** ou clique duas vezes com o botão do mouse sobre a pasta. No item **Nome:**, digite **algoritmo_017**, conforme vimos na **figura 6**. Clique no botão **Salvar**. Para saber se o algoritmo foi salvo no caminho que especificamos, basta verificar no topo da janela do **VisuAlg**, que mostra o caminho onde salvamos nosso algoritmo, conforme vimos na **figura 7**. Não esqueça de configurar a numeração de linhas, pois é muito importante, principalmente na indicação de erros. Para isto, clique no menu **Exibir**, e selecione o item **Número de linhas**, conforme vimos na **figura 8**. Ou clique no ícone **Numerar linhas** no menu de ferramentas, conforme vimos na **figura 9**. Agora posicione o cursor no início da **linha 1**, em seguida pressione, ao mesmo tempo, as teclas **Ctrl+T**, veja como ficou, conforme vimos na **figura 12**. Pressione a tecla **Delete** do teclado, e observe que o cursor do mouse vai ficar piscando na **linha 1**, neste local digite o código abaixo:

```
algoritmo "Estrutura Repetição para...faca"
// Função : Usar a Estrutura de Repetição para..faca/for dentro
de para..faca/for
// Autor : Prof. Msc Rafael Soares
// Data : 25/07/2019
// Seção de Declarações
var
voltas_na_pista, qtd_abdominais, tot_abdominais, tot_voltas_na_
pista : inteiro

inicio
// Seção de Comandos
escreval("Digite a Quantidade de Voltas na Pista de Atletismo ou
zero Para Sair: ")
leia(voltas_na_pista)
enquanto voltas_na_pista <> 0 faca
   tot_voltas_na_pista <- tot_voltas_na_pista+voltas_na_pista
   para voltas_na_pista de 1 ate voltas_na_pista faca
     escreval (voltas_na_pista, "ª Volta na Pista de Atletismo")
      escreval("Digite a Quantidade de Abdominais ou zero Para
Sair: ")
      leia(qtd_abdominais)
      enquanto qtd_abdominais <> 0 faca
         tot_abdominais <- tot_abdominais+qtd_abdominais
         para qtd_abdominais de 1 ate qtd_abdominais faca
            escreval (qtd_abdominais, "º Abdominal")
         fimpara
        escreval("Digite a Quantidade de Abdominais ou zero Para
Sair: ")
         leia(qtd_abdominais)
      fimenquanto
   fimpara
   escreval("Digite a Quantidade de Voltas na Pista de Atletis-
mo:")
```

```
   leia(voltas_na_pista)
fimenquanto
se voltas_na_pista = 0 entao
   escreval("O Total de Voltas na Pista foi de", tot_voltas_na_
pista)
   escreval("O Total de Abdominais foi de", tot_abdominais)
senao
   escreval("O Total de Voltas na Pista foi de", voltas_na_pista)
   escreval("O Total de Abdominais foi de", tot_abdominais)
fimse
fimalgoritmo
```

Salve o algoritmo, conforme vimos nas **figuras 4** e **5**. Não esqueça de fazer a indentação do código, conforme vimos nas **figuras 87** e **88**, ou pressione ao mesmo tempo as teclas **Ctrl+G**. É muito importante fazer a indentação do código, pois desta forma, deixaremos o nosso código mais legível. Vamos pedir para o usuário entrar com os dados, para isto, vamos alterar a exibição da janela de entrada e saída do **VisuAlg**, clique no ícone **Executar o algoritmo como DOS** no menu de ferramentas, conforme vimos na **figura 82**. Vamos executar o algoritmo, para isto vamos até o menu **Algoritmo**, e vamos selecionar o item **Executar**, ou pressionar a tecla **F9**, conforme vimos na **figura 14**. Ou clique no ícone **Executar** no menu de ferramentas, conforme vimos na **figura 15**. Veja que vai aparecer uma janela com o cursor do mouse piscando dentro de uma caixa de texto, para digitar a quantidade de voltas na pista, conforme vimos na **figura 109**. Digite um valor qualquer do tipo **inteiro**, em seguida clique no botão **OK**, veja que vai aparecer uma janela com o cursor do mouse piscando dentro de uma caixa de texto, para digitar a quantidade de abdominais, digite um valor qualquer do tipo **inteiro**, em seguida clique no botão **OK**. Veja que ao finalizar o **loop**, a janela para digitar a quantidade de abdominais vai aparecer novamente, se o preparador físico não quiser que o atleta faça mais abdominais, ele terá que digitar **0 (zero)** para sair do **loop**, em seguida clique no botão **OK**, veja que vai retornar para a janela de quantidade de abdominais, este processo se repete de acordo com a quantidade de voltas digitadas, após a última volta, o preparador físico deve digitar a nova quantidade de voltas ou zero para sair. Vá clicando no botão **OK** até finalizar o **loop**.

Veja que ao finalizar o **loop**, as informações vão aparecer na janela de visualização de resultados, conforme **figura 116**:

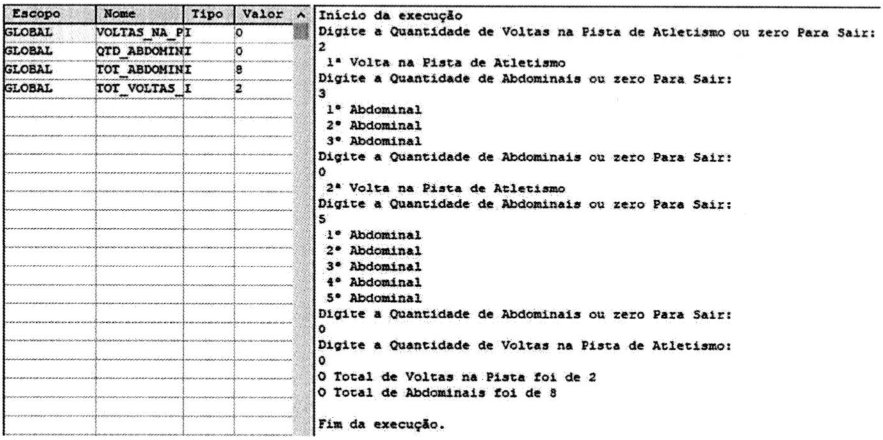

Figura 116

Veja como a **Estrutura de Repetição para...faca/for dentro de para...faca/for**, é implementada no **Python**, usando o exemplo anterior, vamos retornar para o nosso aplicativo **aplicativo_021.py** no **Wing 101**, se o mesmo estiver aberto, basta posicionar o botão do mouse sobre o ícone do **Wing 101** na barra de tarefas do **Windows 10**, vai aparecer uma miniatura do aplicativo, conforme vimos na **figura 65**, clique sobre esta miniatura e vamos retornar à tela principal do mesmo. Caso o **Wing 101** esteja fechado, para abrí-lo novamente, basta clicar sobre o ícone do **Wing 101** na barra de tarefas do **Windows 10**, conforme vimos na **figura 166** no **Anexo I**, vai abrir a tela principal do mesmo, antes de começarmos a digitar algo, vamos fechar o **aplicativo_021**, para isto clique no ícone do quadradinho vermelho com um **X**, conforme vimos na **figura 25**. Agora vamos criar um novo aplicativo em **Python**, para isto clique com o botão do mouse sobre o menu **File**, em seguida selecione o item **New**, ou pressione, ao mesmo tempo, as teclas de atalho **Ctrl+N**, conforme vimos na **figura 28**, vai abrir um script vazio com o seguinte nome: **untitled.py**, conforme vimos na **figura 29**, vamos salvá-lo, para isto vá até o menu **File** e selecione o item **Save As...**, ou pressione, ao mesmo tempo, as teclas de atalho **Ctrl+Shift+S**, conforme vimos na **figura 30**, vai abrir a janela **Save Document As**, no item **Salvar em:**, clique na setinha para baixo da caixa de seleção **combobox** e selecione **Disco local (C:)**, se você renomeou o seu **Disco local (C:)**, clique no nome do disco que você escolheu — no meu caso eu chamei de **Win10 (C:)** —, em seguida clique duas vezes com o botão do mouse sobre a pasta **projetos_livro**, em seguida clique duas vezes com o botão do mouse sobre a pasta **scripts**, no item **Nome:**, digite **aplicativo_022**, no item **Tipo:**, deixe selecionado **Python**, conforme vimos na **figura 31**, clique no botão **Salvar**. Para saber se o aplicativo foi salvo no caminho que especificamos, basta verificar no topo da janela do **Wing 101**, que mostra o caminho onde salvamos nosso aplicativo, conforme vimos na **figura 32**. Veja que o cursor do mouse está posicionado na **linha 1**, neste local digite o código abaixo:

```
Substituir este código, por este:
# Função : Usar a Estrutura de Repetição para..faca/for dentro
de para..faca/for
# Autor : Prof. Msc Rafael Soares
# Data : 25/07/2019
# Seção de Comandos

totalAbdominais = 0
totalVoltasNaPista = 0
qtdAbdominais = -1
voltasNaPista = -1
while (voltasNaPista != 0):
    voltasNaPista = int(input("Digite a Quantidade de Voltas na
Pista de Atletismo ou zero Para Sair: " ))
    totalVoltasNaPista = (totalVoltasNaPista + voltasNaPista)
    for voltasNaPista in range (voltasNaPista):
        print (voltasNaPista+1, "ª Volta na Pista de Atletismo")
        qtdAbdominais = int(input("Digite a Quantidade de Abdo-
minais ou zero Para Sair: "))
        while (qtdAbdominais != 0):
            totalAbdominais = (totalAbdominais + qtdAbdominais)
```

```
            for qtdAbdominais in range (qtdAbdominais):
                print (qtdAbdominais+1, "° Abdominal")
                 qtdAbdominais = int(input("Digite a Quantidade 
de Abdominais ou zero Para Sair: "))
if (voltasNaPista == 0):
     print("O Total de Voltas na Pista foi de", totalVoltasNa-
Pista)
    print("O Total de Abdominais foi de", totalAbdominais)
else:
    print("O Total de Voltas na Pista foi de", voltasNaPista)
    print("O Total de Abdominais foi de", totalAbdominais)
```

Veja como ficou, conforme vimos na **figura 37**. Observe que tem um asterisco na frente do nome do arquivo e os dois ícones dos disquetes ficam habilitados nas cores azul claro e azul escuro acima do nome do arquivo, aparece um disquete na cor azul claro, isto significa que temos que salvar nossa aplicação, para isto, clique com o botão do mouse sobre o menu **File**, em seguida selecione o item **Save All**, conforme vimos na **figura 38**, ou clique no ícone dos disquetes duplos na barra de ferramentas, conforme vimos na **figura 39**. Vamos executar nosso aplicativo, para isto clique no ícone do triângulo verde na barra de ferramentas, ou pressione as teclas **Ctrl+Alt+V**, conforme vimos na **figura 40**, veja que o cursor vai ficar parado em frente à frase **Digite a Quantidade de Voltas na Pista de Atletismo ou zero Para Sair:**, na janela de visualização de resultados **Python Shell**, conforme vimos na **figura 98**, digite um valor qualquer do tipo inteiro ou zero para sair, em seguida pressione a tecla **Enter** do teclado, veja que o cursor vai ficar parado em frente à frase **Digite a Quantidade de Abdominais ou zero Para Sair:**, na janela de visualização de resultados **Python Shell**, conforme vimos na **figura 99**, digite um valor qualquer do tipo inteiro ou zero para sair, em seguida pressione a tecla **Enter** do teclado, veja que ao finalizar o **loop**, a janela para digitar a quantidade de abdominais vai aparecer novamente, se o preparador físico não quiser que o atleta faça mais abdominais, ele terá que digitar **0 (zero)** para sair do **loop,** em seguida pressione a tecla **Enter** do teclado, veja que vai retornar para a janela de quantidade de abdominais, este processo se repete de acordo com a quantidade de voltas digitadas, após a última volta, o preparador físico deve digitar a nova quantidade de voltas ou zero para sair, pressione a tecla **Enter** do teclado até finalizar o **loop** e veja que o resultado vai ser mostrado na janela de visualização de resultados **Python Shell**, conforme **figura 117:**

```
Debug I/O   Python Shell
Commands will be debugged.  Use arrow keys for history.
     3.7.4 (tags/v3.7.4:e09359112e, Jul  8 2019, 19:29:22) [MSC v.1916 32 bit (Intel)]
     Python Type "help", "copyright", "credits" or "license" for more information.
1>>> [evaluate aplicativo_022.py]
     Digite a Quantidade de Voltas na Pista de Atletismo ou zero Para Sair: 2
     1 ª Volta na Pista de Atletismo
     Digite a Quantidade de Abdominais ou zero Para Sair: 3
     1 º Abdominal
     2 º Abdominal
     3 º Abdominal
     Digite a Quantidade de Abdominais ou zero Para Sair: 0
     2 ª Volta na Pista de Atletismo
     Digite a Quantidade de Abdominais ou zero Para Sair: 5
     1 º Abdominal
     2 º Abdominal
     3 º Abdominal
     4 º Abdominal
     5 º Abdominal
     Digite a Quantidade de Abdominais ou zero Para Sair: 0
     Digite a Quantidade de Voltas na Pista de Atletismo ou zero Para Sair: 0
     O Total de Voltas na Pista foi de 2
     O Total de Abdominais foi de 8
2>>>
```

Figura 117

Capítulo 4

Estruturas de Dados Homogêneas

Até o momento utilizamos estruturas simples para armazenar informações na memória do computador, o que era útil para as implementações que estávamos realizando. Mas vai chegar um momento em que precisaremos armazenar, não um único valor, mas um conjunto de valores, deste modo devemos utilizar as estruturas indexadas ou homogêneas, que são as seguintes:

- Vetores;
- Matrizes.

Estas estruturas correspondem a conjuntos de elementos de um mesmo tipo, representados por um único nome. Vamos imaginar a seguinte situação: Construir um aplicativo para ler os nomes de 700 funcionários de uma empresa e imprimi-los. Bem, podemos construir um aplicativo para ler estes nomes e ordená-los em ordem alfabética, o que seria uma tarefa muito difícil, pois teríamos que definir 700 variáveis do tipo caractere ou literal e fazer a leitura destas variáveis. Veremos cada uma delas separadamente.

Variáveis Indexadas Unidimensionais Vetores(Array)

Um vetor é um conjunto de arranjos de elementos armazenados na **Memória Principal** do computador, um após o outro, todos com o mesmo nome. Esta estrutura é utilizada quando necessitamos representar os dados em termos de conjuntos de valores ao invés de utilizarmos variáveis. Geralmente, um vetor é representado como uma matriz linha da matemática, cujos valores são identificados por índice, veja abaixo:

Índice:	0	1	2	3	4	5	6	7	8	9
Nome:	2	4	7	8	12	3	56	78	33	19

São referenciadas por um único índice assumindo que a primeira posição do vetor é 0(zero) ou 1(um), temos aí um vetor de 10 elementos, ou podemos dizer que temos 10 variáveis que ocupam posições consecutivas de memória, sendo de um mesmo tipo e compartilhando o mesmo nome. Desta forma cada variável da coleção chamamos de **elemento** que é identificada por um índice. Veja abaixo a sua sintaxe:

Estrutura Indexadas Unidimensional – Vetor(Array)	
Representação no VisuAlg	**Representação no Python**
nome : vetor [0..N] de inteiros	**nome = [ ]**

Veja como a **Variável Indexada Unidimensional Vetor(Array)**, é implementada no **VisuAlg**, vamos criar um aplicativo para a concessionária de veículos Carro dos Seus Sonhos, que entre com o nome de vários veículos, caso ele não queria continuar, digitar -1 para encerrar o aplicativo. No final exibir os nomes dos veículos digitados. Vamos retornar para o nosso algoritmo **algoritmo_017** no **VisuAlg**, se o mesmo estiver aberto, basta posicionar o botão do mouse sobre o ícone do **VisuAlg** na barra de tarefas do **Windows 10**, vai aparecer uma miniatura do algoritmo, conforme vimos na **figura 60**. Clique sobre esta miniatura e vamos retornar à tela principal do mesmo. Caso o **VisuAlg** esteja fechado, para abrí-lo novamente, basta clicar sobre o ícone do **VisuAlg** na barra de tarefas do **Windows 10**, conforme vimos na **figura 145** no **Anexo I**, vai abrir a tela principal do mesmo, clique com o botão do mouse sobre o menu **Arquivo**, em seguida selecione o item **Novo**, ou pressione, ao mesmo tempo, as teclas de atalho **Ctrl+N**, conforme vimos na **figura 61**. Antes de começarmos a digitar algo, vamos salvar nosso algoritmo, para isto, clique com o botão do mouse sobre o menu **Arquivo**, em seguida selecione o item **Salvar**, ou pressione, ao mesmo tempo, as teclas de atalho **Ctrl+S**, conforme vimos na **figura 4**. Ou clique no ícone do disquete no menu de ferramentas, conforme vimos na **figura 5**. Independentemente da forma escolhida para salvar o algoritmo vai abrir a janela **Salvar como**, no item **Salvar em:**, selecione **Disco local (C:)**, se você renomeou o seu **Disco local (C:)**, clique no nome do disco que você escolheu — no meu caso eu chamei de **Win10 (C:)** —, em seguida selecione a pasta **projetos_livro**, e clique no botão **Abrir** ou clique duas vezes com o botão do mouse sobre a pasta, em seguida selecione a pasta **algoritmos**, e clique no botão **Abrir** ou clique duas vezes com o botão do mouse sobre a pasta. No item **Nome:**, digite **algoritmo_018**, conforme vimos na **figura 6**. Clique no botão **Salvar**. Para saber se o algoritmo foi salvo no caminho que especificamos, basta verificar no topo da janela do **VisuAlg**, que mostra o caminho onde salvamos nosso algoritmo, conforme vimos na **figura 7**. Não esqueçam de configurar a numeração de linhas, pois é muito importante, principalmente na indicação de erros. Para isto, clique no menu **Exibir**, e selecione o item **Número de linhas**, conforme vimos na **figura 8**. Ou clique no ícone **Numerar linhas** no menu de ferramentas, conforme vimos na **figura 9**. Agora posicione o cursor no início da **linha 1**, em seguida pressione, ao mesmo tempo, as teclas **Ctrl+T**, veja como ficou, conforme vimos na **figura 12**. Pressione a tecla **Delete** do teclado, e observe que o cursor do mouse vai ficar piscando na **linha 1**, neste local digite o código abaixo:

```
algoritmo "Estrutura Indexadas - Vetor(Array)"
// Função : Usar a Estrutura Indexadas - Vetor(Array)
// Autor : Prof. Msc Rafael Soares
// Data : 25/07/2019
// Seção de Declarações
var
indice, qtdVeiculos, totVeiculos :inteiro
nomeVeiculo :vetor [0..40] de caractere

inicio
// Seção de Comandos
enquanto qtdVeiculos <> -1 faca
   escreval("Digite a Quantidade de Veículos para Cadastrar ou
-1 Para Sair: ")
   leia(qtdVeiculos)
```

```
    para indice de 1 ate qtdVeiculos faca
        totVeiculos <- totVeiculos + 1
        escreva ("Digite o Nome do Veículo: ")
        leia(nomeVeiculo[totVeiculos])
    fimpara
fimenquanto
para indice de 1 ate totVeiculos faca
    escreval("O Veículo ", nomeVeiculo[indice], " tem o índice
", indice-1)
fimPara
fimAlgoritmo
```

Salve o algoritmo, conforme vimos nas **figuras** 4 e 5. Não esqueça de fazer a indentação do código, conforme vimos nas **figuras** 87 e **88**, ou pressione, ao mesmo tempo, as teclas **Ctrl+G**. É muito importante fazer a indentação do código, pois desta forma, deixaremos o nosso código mais legível. Vamos pedir para o usuário entrar com os dados, para isto, vamos alterar a exibição da janela de entrada e saída do **VisuAlg**, clique no ícone **Executar o algoritmo como DOS** no menu de ferramentas, conforme vimos na **figura 82**. Vamos executar o algoritmo, para isto vamos até o menu **Algoritmo**, e vamos selecionar o item **Executar**, ou pressionar a tecla **F9**, conforme vimos na **figura 14**. Ou clique no ícone **Executar** no menu de ferramentas, conforme vimos na **figura 15**. Veja que vai aparecer uma janela com o cursor do mouse piscando dentro de uma caixa de texto, para digitar a quantidade de veículos, conforme vimos na **figura 109**. Digite um valor qualquer do tipo **inteiro**, em seguida clique no botão **OK**, veja que vai aparecer uma janela com o cursor do mouse piscando dentro de uma caixa de texto, para digitar o nome do veículo, digite um nome do tipo **caractere**, em seguida clique no botão **OK**, Veja que ao finalizar o **loop**, a janela para digitar a quantidade de veículos vai aparecer novamente, se o funcionário não quiser digitar mais veículos, ele terá que digitar **-1 (menos um)** para sair do **loop**, em seguida clique no botão **OK**, veja que vai retornar para a janela de quantidade de abdominais, este processo se repete de acordo com a quantidade de veículos digitados. Vá clicando no botão **OK** até finalizar o **loop**. Veja que ao finalizar o **loop**, as informações vão aparecer na janela de visualização de resultados, conforme **figura 131**:

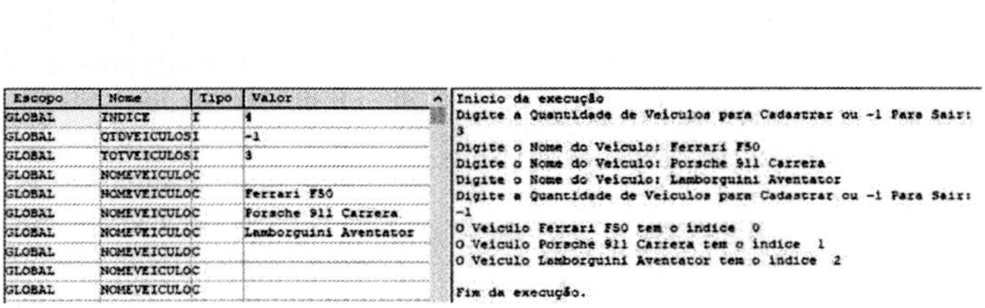

Figura 118

Veja como a **Variável Indexada Unidimensional Vetor(Array)** é implementada no **Python**, usando o exemplo anterior, vamos retornar para o nosso aplicativo **aplicativo_022.py** no **Wing 101**, se o mesmo estiver aberto, basta posicionar o botão do mouse sobre o ícone do **Wing 101** na barra de tarefas do **Windows 10**, vai aparecer uma miniatura do aplicativo, conforme vimos na **figura 65**, clique sobre esta miniatura e vamos retornar à tela principal do mesmo. Caso o **Wing 101** esteja fechado, para abrí-lo novamente, basta clicar sobre o ícone do **Wing 101** na barra de tarefas do **Windows 10**, conforme vimos na **figura 166** no **Anexo I**, vai abrir a tela principal do mesmo, antes de começarmos a digitar algo, vamos fechar o **aplicativo_022**, para isto clique no ícone do quadradinho vermelho com um **X**, conforme vimos na **figura 25**. Agora vamos criar um novo aplicativo em **Python**, para isto clique com o botão do mouse sobre o menu **File**, em seguida selecione o item **New**, ou pressione, ao mesmo tempo, as teclas de atalho **Ctrl+N**, conforme vimos na **figura 28**, vai abrir um script vazio com o seguinte nome: **untitled.py**, conforme vimos na **figura 29**, vamos salvá-lo, para isto vá até o menu **File** e selecione o item **Save As...**, ou pressione, ao mesmo tempo, as teclas de atalho **Ctrl+Shift+S**, conforme vimos na **figura 30**, vai abrir a janela **Save Document As**, no item **Salvar em:**, clique na setinha para baixo da caixa de seleção **combobox** e selecione **Disco local (C:)**, se você renomeou o seu **Disco local (C:)**, clique no nome do disco que você escolheu — no meu caso eu chamei de **Win10 (C:)** —, em seguida clique duas vezes com o botão do mouse sobre a pasta **projetos_livro**, em seguida clique duas vezes com o botão do mouse sobre a pasta **scripts**, no item **Nome:**, digite **aplicativo_023**, no item **Tipo:**, deixe selecionado **Python**, conforme vimos na **figura 31**, clique no botão **Salvar**. Para saber se o aplicativo foi salvo no caminho que especificamos, basta verificar no topo da janela do **Wing 101**, que mostra o caminho onde salvamos nosso aplicativo, conforme vimos na **figura 32**. Veja que o cursor do mouse está posicionado na **linha 1**, neste local digite o código abaixo:

```
# Função : Usar a Estrutura Indexadas - Vetor(Array)
# Autor : Prof. Msc Rafael Soares
# Data : 31/07/2019
# Seção de Comandos

nomeVeiculo = []
contador = 0
qtdVeiculos = int(input("Digite a Quantidade de Veículos para
Cadastrar ou -1 para Sair: "))
while (qtdVeiculos != -1):
    #preenche o vetor
    for indice in range(qtdVeiculos):
        linha = []
         linha.append(input('Digite o Nome do ' + str(indice+1)
+ '° Veículo: '))
        nomeVeiculo.append(linha)
        contador = contador + 1
        totVeiculo = contador
   qtdVeiculos = int(input("Digite a Quantidade de Veículos para
Cadastrar ou -1 para Sair: "))
#imprime o vetor
for indice in range(totVeiculo):
    print("O Veículo ", nomeVeiculo[indice], " tem o índice ",
indice)
```

Veja como ficou, conforme vimos na **figura 37**. Observe que tem um asterisco na frente do nome do arquivo e os dois ícones dos disquetes ficam habilitados nas cores azul claro e azul escuro acima do nome do arquivo, aparece um disquete na cor azul claro, isto significa que temos que salvar nossa aplicação, para isto, clique com o botão do mouse sobre o menu **File**, em seguida selecione o item **Save All**, conforme vimos na **figura 38**, ou clique no ícone dos disquetes duplos na barra de ferramentas, conforme vimos na **figura 39**. Vamos executar nosso aplicativo, para isto clique no ícone do triângulo verde na barra de ferramentas, ou pressione as teclas **Ctrl+Alt+V**, conforme vimos na **figura 40**, veja que o cursor vai ficar parado em frente à frase **Digite a Quantidade de Veículos para Cadastrar ou -1 para Sair:**, na janela de visualização de resultados **Python Shell**, conforme vimos **figura 98**, digite um valor qualquer do tipo inteiro ou -1 para sair, em seguida pressione a tecla **Enter** do teclado, veja que o cursor vai ficar parado em frente à frase **Digite o Nome do 1º Veículo:**, na janela de visualização de resultados **Python Shell**, conforme vimos na **figura 99**, digite um nome qualquer, em seguida pressione a tecla **Enter** do teclado, veja que este processo se repete de acordo com a quantidade de veículos digitados, após o último nome, veja que o cursor vai ficar parado novamente em frente à frase **Digite a Quantidade de Veículos para Cadastrar ou -1 para Sair:**, se não quiser continuar, digite -1 e pressione a tecla **Enter** do teclado e veja que o resultado vai ser mostrado na janela de visualização de resultados **Python Shell**, conforme **figura 119:**

```
Debug I/O   Python Shell
Commands will be debugged. Use arrow keys for history.
     3.7.4 (tags/v3.7.4:e09359112e, Jul  8 2019, 19:29:22) [MSC v.1916 32 bit (Intel)]
     Python Type "help", "copyright", "credits" or "license" for more information.
1>>> [evaluate aplicativo_023.py]
     Digite a Quantidade de Veículos para Cadastrar ou -1 para Sair: 3
     Digite o Nome do 1º Veículo: Ferrari F50
     Digite o Nome do 2º Veículo: Porsche 911 Carrera
     Digite o Nome do 3º Veículo: Lamborguini Aventator
     Digite a Quantidade de Veículos para Cadastrar ou -1 para Sair: -1
     O Veículo  ['Ferrari F50']  tem o índice  0
     O Veículo  ['Porsche 911 Carrera']  tem o índice  1
     O Veículo  ['Lamborguini Aventator']  tem o índice  2
2>>>
```

Figura 119

Na programação, uma matriz é uma coleção de elementos do mesmo tipo. Os arrays são populares na maioria das linguagens de programação como **Java**, **C**, **C++**, **C# .Net**, **JavaScript** e assim por diante. No entanto, em **Python**, eles não são tão comuns. Quando falamos sobre arrays no **Python**, na verdade estamos falando sobre listas ou dicionários. Uma lista sempre é mais vantajosa que um dicionário se os elementos são usados em ordem com sequência completa de números. Eventualmente, até quando parece um dicionário pode ser mais vantajoso para performance e memória usar uma lista.

Usando Listas – Using Lists

As variáveis que usamos até este ponto podem se ligar a apenas um objeto de cada vez. Como vimos, podemos usar variáveis individuais para criar alguns programas interessantes e úteis; no entanto, variáveis que podem representar apenas um valor por vez têm suas limitações. Uma lista é um objeto que contém uma coleção de objetos; representa uma sequência de dados. Nesse sentido, uma lista é semelhante a uma string, exceto que uma string pode conter apenas caracteres. Uma lista pode conter qualquer objeto **Python**. Uma lista não precisa ser homogênea; ou seja, os elementos de uma lista não precisam ser todos do mesmo tipo. Como qualquer outra variável, uma variável de lista pode ser local ou global e deve ser definida (atribuída) antes de seu uso. O fragmento de código abaixo define uma lista chamada **linguagens** que contém os valores **Python**, **C# .Net**, **JavaScript**, **Kotlin**, **1965**:

```
linguagens = ["Python", "C# .Net", "JavaScript", "Kotlin", 1965]
```

O lado direito da declaração de atribuição é uma lista literal. Os elementos da lista aparecem dentro de colchetes [ ] e vírgulas separam os elementos. O fragmento de código abaixo atribui a lista vazia a uma variável chamada **linguagens**:

```
linguagens = [ ]
```

Devemos contar o índice da lista a partir do zero, conforme **figura 120**:

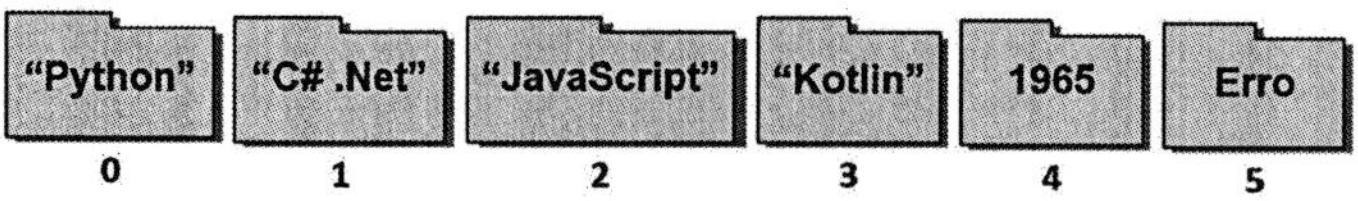

Figura 120

Ao tentar acessar o conteúdo de um índice inexistente, vamos receber uma mensagem de erro. Podemos imprimir listas literais e listas referenciadas através de variáveis. Podemos obter o comprimento de uma lista, ou o número de itens que a compõem, através da função **len(linguagens)**, veja como é implementada no **Python**, vamos retornar para o nosso aplicativo **aplicativo_023.py** no **Wing 101**, se o mesmo estiver aberto, basta posicionar o botão do mouse sobre o ícone do **Wing 101** na barra de tarefas do **Windows 10**, vai aparecer uma miniatura do aplicativo, conforme vimos na **figura 65**, clique sobre esta miniatura e vamos retornar à tela principal do mesmo. Caso o **Wing 101** esteja fechado, para abrí-lo novamente, basta clicar sobre o ícone do **Wing 101** na barra de tarefas do **Windows 10**, conforme vimos na **figura 166** no **Anexo I**, vai abrir a tela principal do mesmo, antes de começarmos a digitar algo, vamos fechar o **aplicativo_023**, para isto clique no ícone do quadradinho vermelho com um **X**, conforme vimos na **figura 25**. Agora vamos criar um novo aplicativo em **Python**, para isto clique com o botão do mouse sobre o menu **File**, em seguida selecione o item **New**, ou pressione, ao mesmo tempo, as teclas de atalho **Ctrl+N**, conforme vimos na **figura 28**, vai abrir um script vazio com o seguinte nome: **untitled.py**, conforme vimos na **figura 29**, vamos salvá-lo, para isto vá até o menu **File** e selecione o item **Save As...**, ou pressione, ao mesmo tempo, as teclas de atalho **Ctrl+Shift+S**, conforme vimos na **figura 30**, vai abrir a janela **Save Document As**, no item **Salvar em:**, clique na setinha para baixo da caixa de seleção **combobox** e selecione **Disco local (C:)**, se você renomeou o seu **Disco local (C:)**, clique no nome do disco que você escolheu — no meu caso eu chamei de **Win10 (C:)** —, em seguida clique duas vezes com o botão do mouse sobre a pasta **projetos_livro**, em seguida clique duas vezes com o botão do mouse sobre a pasta **scripts**, no item **Nome:**, digite **aplicativo_024**, no item **Tipo:**, deixe selecionado **Python**, conforme vimos na **figura 31**, clique no botão **Salvar**. Para saber se o aplicativo foi salvo no caminho que especificamos, basta verificar no topo da janela do **Wing 101**, que mostra o caminho onde salvamos nosso aplicativo, conforme vimos na **figura 32**. Veja que o cursor do mouse está posicionado na **linha 1**, neste local digite o código abaixo:

```
# Função : Usar listas literais e listas referenciadas
# Autor : Prof. Msc Rafael Soares
# Data : 31/07/2019
# Seção de Comandos

# Atribuir elementos a lista
linguagens = ["Python", "C# .Net", "JavaScript", "Kotlin", 1965]
```

```
# Imprimir uma lista literal
print(["Python", "C# .Net", "JavaScript", "Kotlin", 1965])
# Imprimir uma lista por meio de uma variável
print(linguagens)
# Imprimir elementos através de seu índice
print(linguagens[0])
print(linguagens[1])
print(linguagens[2])
print(linguagens[3])
print(linguagens[4])
#print(linguagens[5])
# Tamanho da lista
print("Quantidade de elementos da Lista linguagens é:",
len(linguagens))
```

Veja como ficou, conforme vimos na **figura 37**. Observe que tem um asterisco na frente do nome do arquivo e os dois ícones dos disquetes ficam habilitados nas cores azul claro e azul escuro acima do nome do arquivo, aparece um disquete na cor azul claro, isto significa que temos que salvar nossa aplicação, para isto, clique com o botão do mouse sobre o menu **File**, em seguida selecione o item **Save All**, conforme vimos na **figura 38**, ou clique no ícone dos disquetes duplos na barra de ferramentas, conforme vimos na **figura 39**. Vamos executar nosso aplicativo, para isto, clique no ícone do triângulo verde na barra de ferramentas, ou pressione as teclas **Ctrl+Alt+V**, conforme vimos na **figura 40**, e veja que o resultado vai ser mostrado na janela de visualização de resultados **Python Shell**, conforme **figura 121:**

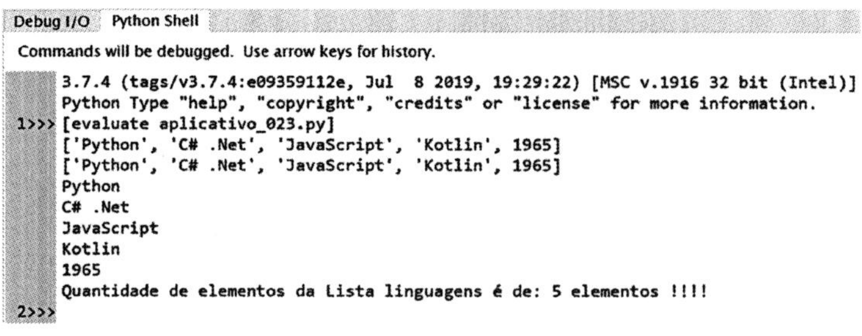

Figura 121

Observe que o print do exemplo anterior está desorganizado, entre colchetes, com aspas, vírgulas, etc. vamos melhorar este aplicativo, para que cada linha seja uma informação e qual é esta informação, vamos criar um aplicativo que peça seu nome, sua idade, escolha uma linguagem de programação de uma lista, e responda à pergunta se é desenvolvedor caso seja 1 é **True**, se for 2 é **False**, armazenar todas essas informações numa lista chamada **desenvolvedor**, e imprimir a mesma. Vamos retornar para o nosso aplicativo **aplicativo_024.py** no **Wing 101**, se o mesmo estiver aberto, basta posicionar o botão do mouse sobre o ícone do **Wing 101** na barra de tarefas do **Windows 10**, vai aparecer uma miniatura do aplicativo, conforme vimos na **figura 65**, clique sobre esta miniatura e vamos retornar à tela principal do mesmo. Caso o **Wing 101** esteja fechado, para abrí-lo novamente, basta clicar sobre o ícone do **Wing 101** na barra de tarefas do **Windows 10**, conforme vimos na **figura 166** no **Anexo I**, vai abrir a tela principal do mesmo, antes de começarmos a digitar algo, vamos fechar o **aplicativo_024**, para isto clique no ícone do quadradinho vermelho com um **X**, conforme vimos na **figura 25**. Agora vamos criar um novo aplicativo em **Python**, para isto clique com o botão do mouse sobre o menu **File**, em seguida selecione o item **New**, ou pressione, ao mesmo tempo, as teclas de atalho **Ctrl+N**, conforme vimos na **figura 28**, vai abrir um script vazio com o seguinte nome: **untitled.py**, conforme vimos na **figura 29**, vamos salvá-lo, para isto vá até o menu **File** e selecione o item **Save As...**, ou pressione, ao mesmo tempo, as teclas de atalho **Ctrl+Shift+S**, conforme vimos na **figura 30**, vai abrir a janela **Save Document As**, no item **Salvar em:**, clique na setinha para baixo da caixa de seleção **combobox** e selecione **Disco local (C:)**, se você renomeou o seu **Disco local (C:)**, clique no nome do disco que você escolheu — no meu caso eu chamei de **Win10 (C:)** —, em seguida clique duas vezes com o botão do mouse sobre a pasta **projetos_livro**, em seguida clique duas vezes com o botão do mouse sobre a pasta **scripts**, no item **Nome:**, digite **aplicativo_025**, no item **Tipo:**, deixe selecionado **Python**, conforme vimos na **figura 31**, clique no botão **Salvar**. Para saber se o aplicativo foi salvo no caminho que especificamos, basta verificar no topo da janela do **Wing 101**, que mostra o caminho onde salvamos nosso aplicativo, conforme vimos na **figura 32**. Veja que o cursor do mouse está posicionado na **linha 1**, neste local digite o código abaixo:

```
# Função : Usar listas literais e listas referenciadas
# Autor : Prof. Msc Rafael Soares
# Data : 31/07/2019
# Seção de Comandos

nome = input("Digite o seu nome: ")
idade = int(input("Digite a sua idade: "))
linguagen = input("Escolha uma das linguagens:\n1ª - Python\n2ª
- C# .Net\n3ª - JavaScript\n4ª - Kotlin\n")
opcao = int(input("Já é Desenvolvedor de aplicativos?\n1 - Sim\
n2 - Não\n"))

if opcao == 1:
    opcao = True
else:
    opcao = False

desenvolvedor = [nome, idade, linguagen, opcao]

print("Nome     : ", desenvolvedor[0])
print("Idade : ", desenvolvedor[1], " anos")
print("Linguagem: ", desenvolvedor[2])
print("Desenvolvedor?: ", desenvolvedor[3])
```

Veja como ficou, conforme vimos na **figura 37**. Observe que tem um asterisco na frente do nome do arquivo e os dois ícones dos disquetes ficam habilitados nas cores azul claro e azul escuro acima do nome do arquivo, aparece um disquete na cor azul claro, isto significa que temos que salvar nossa aplicação, para isto, clique com o botão do mouse sobre o menu **File**, em seguida selecione o item **Save All**, conforme vimos na **figura 38**, ou clique no ícone dos disquetes duplos na barra de ferramentas, conforme vimos na **figura 39**. Vamos executar nosso aplicativo, para isto, clique no ícone do triângulo verde na barra de ferramentas, ou pressione as teclas **Ctrl+Alt+V**, conforme vimos na **figura 40**, veja que o cursor vai ficar parado em frente à frase **Digite o seu nome:,** na janela de visualização de resultados **Python Shell**, conforme vimos na **figura 98**, digite o seu nome, em seguida pressione a tecla **Enter** do teclado, veja que o cursor vai ficar parado em frente à frase **Digite a sua idade:,** na janela de visualização de resultados **Python Shell**, conforme vimos na **figura 99**, digite a sua idade, que deve ser um valor do tipo inteiro, em seguida pressione a tecla **Enter** do teclado, vai aparecer um menu com o nome das linguagens, o cursor do mouse vai ficar piscando logo abaixo deste menu, digite um dos nomes deste menu, em seguida pressione a tecla **Enter** do teclado, vai aparecer um outro menu perguntando se você já é desenvolvedor, com o nome das linguagens, o cursor do mouse vai ficar piscando logo abaixo deste menu, digite 1 pra sim ou 2 para não, e veja que o resultado vai ser mostrado na janela de visualização de resultados **Python Shell**, conforme **figura 121:**

```
Debug I/O   Python Shell
Commands will be debugged. Use arrow keys for history.
     3.7.4 (tags/v3.7.4:e09359112e, Jul  8 2019, 19:29:22) [MSC v.1916 32 bit (Intel)]
     Python Type "help", "copyright", "credits" or "license" for more information.
1>>> [evaluate aplicativo_024.py]
     Digite o seu nome: Rafael Almeida
     Digite a sua idade: 54
     Escolha uma das linguagens:
     1ª - Python
     2ª - C# .Net
     3ª - JavaScript
     4ª - Kotlin
     Python
     Já é Desenvolvedor de aplicativos?
     1 - Sim
     2 - Não
     1
     Nome  :  Rafael Almeida
     Idade :  54  anos
     Linguagem:  Python
     Desenvolvedor?:  True
2>>>
```

Figura 122

Operações com Listas

Adicionando Itens com o método append() e insert()

Adiciona um item ao final da lista, sua sintaxe é a seguinte:

```
nomeLista.append(item)
```

Adiciona um item na posição que você determinar, sua sintaxe é a seguinte:

```
nomeLista.insert(0, 1)
```

Vai inserir na primeira posição da lista **nomeLista**, o valor 1.

Concatenação ou Join de Listas

Juntar uma ou mais listas usando o operador +, sua sintaxe é a seguinte:

```
nomeLista1 = [1, 2]
nomeLista2 = [3, 4]
nomeLista = nomeLista1 + nomeLista2
```

Acabamos de concatenar as duas listas.

Verificando o Tamanho de uma lista com o método len()

Obtém o tamanho de uma lista, ou o número de itens que a compõem, sua sintaxe é a seguinte:

```
print("Tamanho da lista: ", len(nomeLista))
```

Repetindo Listas

Para repetir uma lista, basta multiplicar usando o operador *, por algum valor, por exemplo, repetir a lista 3 vezes, sua sintaxe é a seguinte:

```
nomeLista = nomeLista * 3
```

Invertendo Listas usando o método reverse()

Inverte os elementos da lista, sua sintaxe é a seguinte:

```
nomeLista.reverse()
```

Ordenando Listas usando o método sort() ou sorted()

Classifica os itens da lista, sua sintaxe é a seguinte:

```
nomeLista.sort()
print(nomeLista)
```
ou
```
print(nomeLista.sort())
```

Com esta sintaxe, não vai retornar a lista, e sim **none**, para retornar a lista, devemos usar a seguinte sintaxe:

```
print(sorted(nomeLista))
```

Verificando os valores mínimos, máximos e soma de uma Lista com os métodos min(), max() e sum()

Podemos verificar no **Python**, quais são os valores mínimos, máximos e somar os itens de uma lista, sua sintaxe é a seguinte:

```
min(nomeLista), max(nomeLista) e sum(nomeLista)
```

Retornando Índices da Lista usando o método index()

Vai retornar o index de determinado elemento, gera um **NameError** se não houver tal item, sua sintaxe é a seguinte:

```
print(nomeLista.index("a"))
```

Copiando ou Clonando listas usando o método copy()

Devolve uma cópia da lista, apontando para endereços de memória diferentes, sua sintaxe é a seguinte:

```
nomeLista_copia1 = nomeLista_copia2.copy() ou nomeLista_copia1
= nomeLista_copia2[:]
```

Retornando Elementos repetidos em uma Lista usando o método count()

Retornar o número de vezes que um item repetido aparece na lista, sua sintaxe é a seguinte:

```
print(nomeLista.count('item'))
```

Verificando se um Determinado Item Existe ou não Existe na Lista usando o método in() e not in()

Podemos verificar se um determinado valor está contido em uma lista, sua sintaxe é a seguinte:

```
print('item' in nomeLista)
```

Se o item existir, vai retornar **True**, caso contrário, vai retornar **False**. Para verificar se o item não existe, sua sintaxe é a seguinte:

```
print('item' not in nomeLista)
```

Se o item não existir, vai retornar **True**, caso contrário vai retornar **False**.

Buscando Elementos e seus indices Dentro de uma Lista Usando for e o método list(enumerate())

Podemos percorrer uma lista, buscando os elementos e seus índices. Na sua forma mais simples, sua sintaxe é a seguinte:

```
print(list(enumerate(nomeLista)))
```

Caso queira iniciar o índice contando a partir de um determinado número, sua sintaxe é a seguinte:

```
print(list(enumerate(nomeLista, start=1)))
```

Vai listar os elementos, contando os índices a partir de 1, e não zero que é o padrão.
Na sua forma mais simples usando **for**, sua sintaxe é a seguinte:

```
for indice in nomeLista:
```

```
    print(indice)
```

Na sua forma mais complexa usando **for**, sua sintaxe é a seguinte:

```
for indice, item in enumerate(nomeLista):
    print(indice, item)
```

Alterando ou Mudando Itens em uma lista

Supondo que temos uma lista com 3 itens, e ao incluir um novo item, digitamos o valor errado, para mudar este valor, o primeiro passo é saber o índice do item 3, só lembrando que todas as contagens começam com índice 0, no nosso caso hipotético, teríamos que alterar o índice de valor 2, sua sintaxe é a seguinte:

```
nomeLista[2] = 'Novo Valor'
```

Deletando Itens de uma Lista com os métodos del(), pop() e remove()

É idêntica a alteração, o primeiro passo é saber o índice que queremos deletar, só lembrando que todas as contagens começam com índice 0, sua sintaxe é a seguinte:

```
del(nomeLista[0]) ou nomeLista.pop(0) ou nomeLista.remove(5)
```

Neste caso estamos deletando o primeiro item da nossa lista. E no **remove**(), será deletado pelo valor do item, ou seja, se o conteúdo do índice for igual a 5.

Apagando Toda a Lista usando o método clear() e o método del()

Remove todos os itens da lista, sua sintaxe é a seguinte:

```
nomeLista.clear() ou del(nomeLista [:])
```

Veja como as **Listas** são implementadas no **Python**, usando os exemplos anteriores, vamos retornar para o nosso aplicativo **aplicativo_025.py** no **Wing 101**, se o mesmo estiver aberto, basta posicionar o botão do mouse sobre o ícone do **Wing 101** na barra de tarefas do **Windows 10**, vai aparecer uma miniatura do aplicativo, conforme vimos na **figura 65**, clique sobre esta miniatura e vamos retornar à tela principal do mesmo. Caso o **Wing 101** esteja fechado, para abrí-lo novamente, basta clicar sobre o ícone do **Wing 101** na barra de tarefas do **Windows 10**, conforme vimos na **figura 166** no **Anexo I**, vai abrir a tela principal do mesmo, antes de começarmos a digitar algo, vamos fechar o **aplicativo_025**, para isto clique no ícone do quadradinho vermelho com um **X**, conforme vimos na **figura 25**. Agora vamos criar um novo aplicativo em **Python**, para isto clique com o botão do mouse sobre o menu **File**, em seguida selecione o item **New**, ou pressione, ao mesmo tempo, as teclas de atalho **Ctrl+N**, conforme vimos na **figura 28**, vai abrir um script vazio com o seguinte nome: **untitled.py**, conforme vimos na **figura 29**, vamos salvá-lo, para isto vá até o menu **File** e selecione o item **Save As...**, ou pressione, ao mesmo tempo, as teclas de atalho **Ctrl+Shift+S**, conforme vimos na **figura 30**, vai abrir a janela **Save Document As**, no item **Salvar em:**, clique na setinha para baixo da caixa de seleção **combobox** e selecione **Disco local (C:)**, se você renomeou o seu **Disco local (C:)**, clique no nome do disco que você escolheu — no meu caso eu chamei de **Win10 (C:)** —, em seguida clique duas vezes com o botão do mouse sobre a pasta **projetos_livro**, em seguida clique duas vezes com o botão do mouse sobre a pasta **scripts**, no item **Nome:**, digite **aplicativo_026**, no item **Tipo:**, deixe selecionado **Python**, conforme vimos na **figura 31**, clique no botão **Salvar**. Para saber se o aplicativo foi salvo no caminho que especificamos, basta verificar no topo da janela do **Wing 101**, que mostra o caminho onde salvamos nosso aplicativo, conforme vimos na **figura 32**. Veja que o cursor do mouse está posicionado na **linha 1**, neste local digite o código abaixo:

```
# Função : Usar as funções das listas
# Autor : Prof. Msc Rafael Soares
# Data : 31/07/2019
# Seção de Comandos

numeros = [77.7, 26, 51, 54]
print("Adicionando Itens com o método append()")
pizza1 = []
```

```
pizza1.append('Calabresa')
pizza1.append('Mussarela')
pizza1.append('Lombinho')
print(pizza1)
print("Adicionando Itens com o método insert()")
pizza2 = []
pizza2.insert(0, 'Marguerita')
pizza2.insert(1, 'Portuguesa')
pizza2.insert(2, 'Lombinho')
print(pizza2)
print("Concatenação ou Join de Listas")
pizza = pizza1 + pizza2
print(pizza)
#numeros = [1, 2, 3]
print("Verificando o Tamanho de uma lista com o método len()")
print("Tamanho da lista: ", len(pizza))
print("Repetindo Listas")
pizza3 = pizza1 * 3
print(pizza3)
print("Invertendo Listas usando o método reverse()")
pizza.reverse()
print(pizza)
print("Ordenando Listas usando o método sort()")
pizza.sort()
print(pizza)
print("Ordenando Listas usando o método sort() com print")
print(pizza.sort())
print("Ordenando Listas usando o método sorted()")
print(sorted(pizza))
print("Verificando os valores mínimos de uma Lista com o método
min()")
print(min(numeros))
print("Verificando os valores máximos de uma Lista com o método
max()")
```

```
print(max(numeros))
print("Somando os valores de uma Lista com o método sum()")
print(sum(numeros))
print("Retornando Índices da Lista usando o método index()")
print("O índice da pizza é", pizza.index('Marguerita'))
print("Copiando ou Clonando listas usando o método copy()")
copiaPizza1 = pizza1.copy()
print(copiaPizza1)
copiaPizza2 = pizza2[:]
print(copiaPizza2)
print("Retornando Elementos repetidos em uma Lista usando o mé-
todo count()")
print(pizza.count('Lombinho'))
print("Verificando se um Determinado Item Existe Lista usando o
método in()")
print('Lombinho' in pizza)
print("Verificando se um Determinado Item não Existe na Lista
usando o método not in()")
print('Lombinho' not in pizza)
print("Buscando Elementos e seus indices Dentro de uma Lista
Usando for e o método list(enumerate())")
print("1ª - Forma mais simples")
print(list(enumerate(pizza)))
print("2ª - Forma mais simples, iniciando o índice, neste caso
vai começar com 1")
print(list(enumerate(pizza, start=1)))
print("3ª - Forma mais simples, usando for")
for indice in pizza:
    print(indice * 2)
print("4ª - Forma mais complexa, usando for")
print('Suas escolhas são:')
for indice, item in enumerate(pizza):
    print(indice,"-", item)
print("Alterando ou Mudando Itens em uma lista")
```

```
pizza2[2] = 'Doce de leite'
print(pizza2)
print("Deletando Itens de uma Lista com o métodos del()")
del(pizza[0])
print(pizza)
print("Deletando Itens de uma Lista com o métodos pop()")
pizza.pop(0)
print(pizza)
print("Deletando Itens de uma Lista com o métodos remove()")
pizza.remove('Lombinho')
print(pizza)
print("Apagando Toda a Lista usando o método clear()")
pizza1.clear()
print(pizza1)
print("Apagando Toda a Lista usando o método del()")
del(pizza2[:])
print(pizza2)
```

Veja como ficou, conforme vimos na **figura 37**. Observe que tem um asterisco na frente do nome do arquivo e os dois ícones dos disquetes ficam habilitados nas cores azul claro e azul escuro acima do nome do arquivo, aparece um disquete na cor azul claro, isto significa que temos que salvar nossa aplicação, para isto, clique com o botão do mouse sobre o menu **File**, em seguida selecione o item **Save All**, conforme vimos na **figura 38**, ou clique no ícone dos disquetes duplos na barra de ferramentas, conforme vimos na **figura 39**. Vamos executar nosso aplicativo, para isto clique no ícone do triângulo verde na barra de ferramentas, ou pressione as teclas **Ctrl+Alt+V**, conforme vimos na **figura 40**, e veja que o resultado vai ser mostrado na janela de visualização de resultados **Python Shell**, conforme **figura 123:**

```
Python Shell   Debug I/O
Commands execute without debug. Use arrow keys for history.

    3.7.4 (tags/v3.7.4:e09359112e, Jul  8 2019, 19:29:22) [MSC v.1916 32 bit (Intel)]
    Python Type "help", "copyright", "credits" or "license" for more information.
>>> [evaluate aplicativo_026.py]
    Adicionando Itens com o método append()
    ['Calabresa', 'Mussarela', 'Lombinho']
    Adicionando Itens com o método insert()
    ['Marguerita', 'Portuguesa', 'Lombinho']
    Concatenação ou Join de Listas
    ['Calabresa', 'Mussarela', 'Lombinho', 'Marguerita', 'Portuguesa', 'Lombinho']
    Verificando o Tamanho de uma lista com o método len()
    Tamanho da lista:  6
    Repetindo Listas
    ['Calabresa', 'Mussarela', 'Lombinho', 'Calabresa', 'Mussarela', 'Lombinho', 'Calabresa', 'Mussarela', 'Lombinho']
    Invertendo Listas usando o método reverse()
    ['Lombinho', 'Portuguesa', 'Marguerita', 'Lombinho', 'Mussarela', 'Calabresa']
    Ordenando Listas usando o método sort()
    ['Calabresa', 'Lombinho', 'Lombinho', 'Marguerita', 'Mussarela', 'Portuguesa']
    Ordenando Listas usando o método sort() com print
    None
    Ordenando Listas usando o método sorted()
    ['Calabresa', 'Lombinho', 'Lombinho', 'Marguerita', 'Mussarela', 'Portuguesa']
    Verificando os valores mínimos de uma Lista com o método min()
    26
    Verificando os valores máximos de uma Lista com o método max()
    77.7
    Somando os valores de uma Lista com o método sum()
    208.7
    Retornando Índices da Lista usando o método index()
    O índice da pizza é 3
    Copiando ou Clonando listas usando o método copy()
    ['Calabresa', 'Mussarela', 'Lombinho']
    ['Marguerita', 'Portuguesa', 'Lombinho']
    Retornando Elementos repetidos em uma Lista usando o método count()
```

```
    2
    Verificando se um Determinado Item Existe Lista usando o método in()
    True
    Verificando se um Determinado Item não Existe na Lista usando o método not in()
    False
    Buscando Elementos e seus índices Dentro de uma Lista Usando for e o método list(enumerate())
    1ª - Forma mais simples
    [(0, 'Calabresa'), (1, 'Lombinho'), (2, 'Lombinho'), (3, 'Marguerita'), (4, 'Mussarela'), (5, 'Portuguesa')]
    2ª - Forma mais simples, iniciando o índice, neste caso vai começar com 1
    [(1, 'Calabresa'), (2, 'Lombinho'), (3, 'Lombinho'), (4, 'Marguerita'), (5, 'Mussarela'), (6, 'Portuguesa')]
    3ª - Forma mais simples, usando for
    CalabresaCalabresa
    LombinhoLombinho
    LombinhoLombinho
    MargueritaMarguerita
    MussarelaMussarela
    PortuguesaPortuguesa
    4ª - Forma mais complexa, usando for
    Suas escolhas são:
    0 - Calabresa
    1 - Lombinho
    2 - Lombinho
    3 - Marguerita
    4 - Mussarela
    5 - Portuguesa
    Alterando ou Mudando Itens em uma lista
    ['Marguerita', 'Portuguesa', 'Doce de leite']
    Deletando Itens de uma Lista com o métodos del()
    ['Lombinho', 'Lombinho', 'Marguerita', 'Mussarela', 'Portuguesa']
    Deletando Itens de uma Lista com o métodos pop()
    ['Lombinho', 'Marguerita', 'Mussarela', 'Portuguesa']
    Deletando Itens de uma Lista com o métodos remove()
    ['Marguerita', 'Mussarela', 'Portuguesa']
    Apagando Toda a Lista usando o método clear()
    []
    Apagando Toda a Lista usando o método del()
    []
>>>
```

Figura 123

Variáveis Compostas Homogêneas Multidimensionais Matriz(Array)

Variáveis indexadas com duas dimensões, também conhecidas como matrizes, são referenciadas por dois índices: um para indicar a **linha** da matriz e outro para indicar a **coluna** da matriz, cada qual começando por 0 ou 1. Nas estruturas de dados homogêneas toda posição deve ter o mesmo tipo de dados, como vimos nas variáveis. Veja abaixo a sua sintaxe:

Estrutura Indexadas Multidimensional – Matriz(Array)	
Representação no VisuAlg	**Representação no Python**
nomeMatriz : vetor [linhaI..linhaF, colunaI..colunaF] de Tipo	**var nome = [[ ]];**

Em **Python**, não existe matriz, o que fazemos é criar uma lista dentro de outra, ou seja, uma estrutura similar a uma matriz, ou seja, criamos um vetor de vetores. Onde:

- **nomeMatriz(var nome)**: qualquer nome válido, usamos as mesmas regras para criação de variáveis;
- **vetor**([[ ]]): é palavra reservada para indicar a criação da estrutura homogênea;
- **[linhaI..linhaF, colunaI..colunaF]**): **linhaI** é o valor inicial do índice de linhas; **linhaF** é o valor final do índice de linhas; **colunaI** é o valor inicial do índice de colunas; e **colunaF** o valor final do índice de colunas;
- **Tipo**: pode ser qualquer tipo que estudamos até aqui, inteiro, real, caracter ou lógico. Lembre-se de que todas as posições da matriz terão esse mesmo tipo inteiro, real, caracter ou lógico.

Observe que cada posição dentro da matriz vai ser identificada pelo valor do índice da linha e pelo valor do índice da coluna. Usando o algoritmo do tópico anterior, podemos ter uma estrutura de dados homogênea bidimensional chamada veiculos, para armazenar o nome e o modelo dos veiculos; para se atribuir um valor a um elemento de uma matriz é necessário usar dois índices, um para a

linha e outro para a **coluna**, veja abaixo a sintaxe para esta condição no **VisuAlg**:

```
veiculos[n° linha, n° coluna] <- valor
```

Da mesma forma que na estrutura unidimensional, aqui vamos precisar utilizar para percorrer as posições da matriz a estrutura **para...faca;** neste caso devemos utilizar as estruturas **para...faca** aninhadas, uma dentro da outra, ou seja, uma para cada dimensão. Neste caso seria uma para percorrer as linhas e outra para percorrer as colunas. Uma vez que sabemos os valores inicial e final das linhas e colunas da matriz. Veja como a **Variável Composta Homogênea Multidimensional Matriz(Array)**, é implementada no **VisuAlg**, vamos criar um aplicativo para a concessionária de veículos Carro dos Seus Sonhos, que entre com o nome do veículo e seu modelo. No final, exibir os nomes e os modelos dos veiculos digitados. Vamos retornar para o nosso algoritmo **algoritmo_018** no **VisuAlg**, se o mesmo estiver aberto, basta posicionar o botão do mouse sobre o ícone do **VisuAlg** na barra de tarefas do **Windows 10**, vai aparecer uma miniatura do algoritmo, conforme vimos na **figura 60**. Clique sobre esta miniatura e vamos retornar à tela principal do mesmo. Caso o **VisuAlg** esteja fechado, para abrí-lo novamente, basta clicar sobre o ícone do **VisuAlg** na barra de tarefas do **Windows 10**, conforme vimos na **figura 145** no **Anexo I**, vai abrir a tela principal do mesmo, clique com o botão do mouse sobre o menu **Arquivo**, em seguida selecione o item **Novo**, ou pressione, ao mesmo tempo, as teclas de atalho **Ctrl+N**, conforme vimos na **figura 61**.

Antes de começarmos a digitar algo, vamos salvar nosso algoritmo, para isto, clique com o botão do mouse sobre o menu **Arquivo**, em seguida selecione o item **Salvar**, ou pressione, ao mesmo tempo, as teclas de atalho **Ctrl+S**, conforme vimos na **figura 4**. Ou clique no ícone do disquete no menu de ferramentas, conforme vimos na **figura 5**. Independentemente da forma escolhida para salvar o algoritmo vai abrir a janela **Salvar como**, no item **Salvar em:**, selecione **Disco local (C:)**, se você renomeou o seu **Disco local (C:)**, clique no nome do disco que você escolheu — no meu caso eu chamei de **Win10 (C:)** —, em seguida selecione a pasta **projetos_livro**, e clique no botão **Abrir** ou clique duas vezes com o botão do mouse sobre a pasta, em seguida selecione a pasta **algoritmos**, e clique no botão **Abrir** ou clique duas vezes com o botão do mouse sobre a pasta. No item **Nome:**, digite **algoritmo_019**, conforme vimos na **figura 6**. Clique no botão **Salvar**. Para saber se o algoritmo foi salvo no caminho que especificamos, basta verificar no topo da janela do **VisuAlg**, que mostra o caminho onde salvamos nosso algoritmo, conforme vimos na **figura 7**. Não esqueça de configurar a numeração de linhas, pois é muito importante, principalmente na indicação de erros. Para isto, clique no menu **Exibir**, e selecione o item **Número de linhas**, conforme vimos na **figura 8**. Ou clique no ícone **Numerar linhas** no menu de ferramentas, conforme vimos na **figura 9**. Agora posicione o cursor no início da **linha 1**, em seguida pressione, ao mesmo tempo, as teclas **Ctrl+T**, veja como ficou, conforme vimos na **figura 12**. Pressione a tecla **Delete** do teclado, e observe que o cursor do mouse vai ficar piscando na **linha 1**, neste local digite o código abaixo:

```
algoritmo "Estrutura Homogenea"
// Função : Usar a Estrutura Homogênea Bidimensional Matriz
// Autor : Prof. Msc Rafael Soares
// Data : 08/08/2019
// Seção de Declarações
var
veiculos: vetor[0..2,0..1] de caracter
linha, coluna : inteiro

inicio
// Seção de Comandos
linha <- 0
coluna <- 0
para linha de 0 ate 2 faca
   para coluna de 0 ate 1 faca
      escreval("Digite o Nome do Veiculo em Seguida o Modelo: ")
      leia(veiculos[linha, coluna])
   fimpara
fimpara
para linha de 0 ate 2 faca
```

```
    escreval("Nome e Modelo do Veículo: ")
    para coluna de 0 ate 1 faca
       escreval(veiculos[linha, coluna])
    fimpara
fimpara
fimalgoritmo
```

Salve o algoritmo, conforme vimos nas **figuras** 4 e 5. Não esqueça de fazer a indentação do código, conforme vimos nas **figuras** 87 e **88**, ou pressione, ao mesmo tempo, as teclas **Ctrl+G**. É muito importante fazer a indentação do código, pois desta forma, deixaremos o nosso código mais legível. Vamos pedir para o usuário entrar com os dados, para isto, vamos alterar a exibição da janela de entrada e saída do **VisuAlg**, clique no ícone **Executar o algoritmo como DOS** no menu de ferramentas, conforme vimos na **figura 82**. Vamos executar o algoritmo, para isto vamos até o menu **Algoritmo**, e vamos selecionar o item **Executar**, ou pressionar a tecla **F9**, conforme vimos na **figura 14**. Ou clique no ícone **Executar** no menu de ferramentas, conforme vimos na **figura 15**. Veja que vai aparecer uma janela com o cursor do mouse piscando dentro de uma caixa de texto, para digitar o nome do veículo, em seguida clique no botão **OK**, e vai aparecer a mesma caixa de texto anterior, digite o nome do modelo, esta caixa vai se repetir de acordo com a quantidade de veículos que foi digitada, vá clicando no botão **OK** até finalizar o **loop**. Veja que ao finalizar o **loop**, as informações vão aparecer na janela de visualização de resultados, conforme **figura 124**:

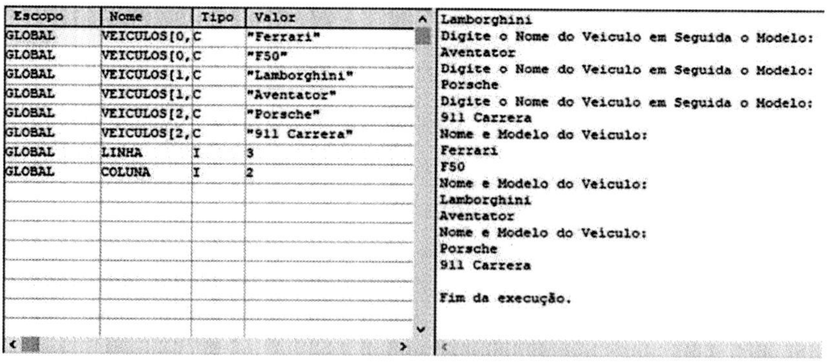

Figura 124

Assim como no **VisuAlg**, na linguagem **Python** para se atribuir um valor a um elemento de uma matriz é necessário usar dois índices, um para a **linha** e outro para a **coluna**, veja abaixo a sintaxe para esta condição no **Phyton**:

```
veiculos[ [ ] ] = valor
```

Na realidade vamos utilizar lista dentro de lista. Veja como a **Variável Composta Homogênea Multidimensional Matriz(Array)**, é implementada no **Python**, vamos retornar para o nosso aplicativo **aplicativo_026.py** no **Wing 101**, se o mesmo estiver aberto, basta posicionar o botão do mouse sobre o ícone do **Wing 101** na barra de tarefas do **Windows 10**, vai aparecer uma miniatura do aplicativo, conforme vimos na **figura 65**, clique sobre esta miniatura e vamos retornar à tela principal do mesmo. Caso o **Wing 101** esteja fechado, para abrí-lo novamente, basta clicar sobre o ícone do **Wing 101** na barra de tarefas do **Windows 10**, conforme vimos na **figura 166** no **Anexo I**, vai abrir a tela principal do mesmo, antes de começarmos a digitar algo, vamos fechar o **aplicativo_026**, para isto clique no ícone do quadradinho vermelho com um **X**, conforme vimos na **figura 25**. Agora vamos criar um novo aplicativo em **Python**, para isto clique com o botão do mouse sobre o menu **File**, em seguida selecione o item **New**, ou pressione, ao mesmo tempo, as teclas de atalho **Ctrl+N**, conforme vimos na **figura 28**, vai abrir um script vazio com o seguinte nome: **untitled.py**, conforme vimos na **figura 29**, vamos salvá-lo, para isto vá até o menu **File** e selecione o item **Save As...**, ou pressione, ao mesmo tempo, as teclas de atalho **Ctrl+Shift+S**, conforme vimos na **figura 30**, vai abrir a janela **Save Document As**, no item **Salvar em:**, clique na setinha para baixo da caixa de seleção **combobox** e selecione **Disco local (C:)**, se você renomeou o seu **Disco local (C:)**, clique no nome do disco que você escolheu — no meu caso eu chamei de **Win10 (C:)** —, em seguida clique duas vezes com o botão do mouse sobre a pasta **projetos_livro**, em seguida clique duas vezes com o botão do mouse sobre a pasta **scripts**, no item **Nome:**, digite **aplicativo_027**, no item **Tipo:**, deixe selecionado **Python**, conforme vimos na **figura 31**, clique no botão **Salvar**. Para saber se o aplicativo foi salvo no caminho que especificamos, basta verificar no topo da janela do **Wing 101**, que mostra o caminho onde salvamos nosso aplicativo, conforme vimos na **figura 32**. Veja que o cursor do mouse está posicionado na **linha 1**, neste local digite o código abaixo:

```
# Função : Usar a Estrutura Homogênea Bidimensional Matriz
# Autor : Prof. Msc Rafael Soares
# Data : 15/08/2019
# Seção de Comandos

nomeVeiculo = ''
modeloVeiculo = ''
sair = 'NÃO'
veiculos = list()

while (sair == 'NÃO'):
    nomeVeiculo = str(input("\nDigite o nome do Veículo: "))
    modeloVeiculo = str(input("Digite o modelo do Veículo: "))
    sair = str(input("\nDeseja Sair do programa?[Sim/Não]: ")).
upper()
    veiculos.append([nomeVeiculo])
    veiculos.append([modeloVeiculo])
#Imprime o conteúdo de toda a matriz
print("Nome do Veículo e Modelo:\n" + str(veiculos))
#Imprime o conteúdo da matriz em linhas e colunas
for i in range(len(veiculos)):
    for j in range(len(veiculos[i])):
        print("\nNome do Veículo e Modelo: " + veiculos[i][j],
end='')
```

Veja como ficou, conforme vimos na **figura 37**. Observe que tem um asterisco na frente do nome do arquivo e os dois ícones dos disquetes ficam habilitados nas cores azul claro e azul escuro acima do nome do arquivo, aparece um disquete na cor azul claro, isto significa que temos que salvar nossa aplicação, para isto, clique com o botão do mouse sobre o menu **File**, em seguida selecione o item **Save All**, conforme vimos na **figura 38**, ou clique no ícone dos disquetes duplos na barra de ferramentas, conforme vimos na **figura 39**. Vamos executar nosso aplicativo, para isto clique no ícone do triângulo verde na barra de ferramentas, ou pressione as teclas **Ctrl+Alt+V**, conforme vimos na **figura 40**, e veja que o resultado vai ser mostrado na janela de visualização de resultados **Python Shell**, conforme **figura 125:**

```
Python Shell | Debug I/O

Commands execute without debug. Use arrow keys for history.

    3.7.4 (tags/v3.7.4:e09359112e, Jul  8 2019, 19:29:22) [MSC v.1916 32 bit (Intel)]
    Python Type "help", "copyright", "credits" or "license" for more information.
>>> [evaluate aplicativo_027.py]

    Digite o nome do Veículo: Ferrari
    Digite o modelo do Veículo: F50

    Deseja Sair do programa?[Sim/Não]: não

    Digite o nome do Veículo: Porsche
    Digite o modelo do Veículo: 911 Carrera

    Deseja Sair do programa?[Sim/Não]: não

    Digite o nome do Veículo: Lamborguini
    Digite o modelo do Veículo: Aventator

    Deseja Sair do programa?[Sim/Não]: sim
    Nome do Veículo e Modelo:
    [['Ferrari'], ['F50'], ['Porsche'], ['911 Carrera'], ['Lamborguini'], ['Aventator']]

    Nome do Veículo e Modelo: Ferrari
    Nome do Veículo e Modelo: F50
    Nome do Veículo e Modelo: Porsche
    Nome do Veículo e Modelo: 911 Carrera
    Nome do Veículo e Modelo: Lamborguini
    Nome do Veículo e Modelo: Aventator
>>>
```

Figura 125

Modularização ou Subalgoritmos

Modularizar, em programação é uma característica muito importante. Este método é muito utilizado quando precisamos facilitar a construção de algoritmos muito extensos, assim dividimos esses algoritmos em pequenas etapas, que são chamadas de **subalgoritmos**. Desta forma em vez de escrevermos um algoritmo muito extenso, escrevemos vários algoritmos menores, os quais, não isoladamente, mas em conjunto, resolvem o problema proposto; é o que chamamos de **dividir para conquistar**. As ferramentas de modularização que várias linguagens utilizam são os procedimentos (**procedures**) e as funções (**functions**). Elas permitem construir programas constituídos de módulos bastante independentes que correspondem aos refinamentos sucessivos recomendados na programação estruturada. Os procedimentos e funções devem ser declarados antes do corpo do programa. Estes trechos de algoritmos efetuam um ou mais cálculos determinados. Devemos utilizá-los quando uma determinada tarefa é efetuada em diversos lugares no mesmo algoritmo. Desta forma, em vez de escrevermos um trecho de algoritmo diversas vezes, escrevemos um **subalgoritmo** e o chamamos diversas vezes. Também conhecido como **subprograma**, **subrotina** ou **módulo**, deve ser declarado antes do início do algoritmo principal e pode ser chamado em qualquer ponto após sua declaração, neste caso, dentro do algoritmo principal ou a partir de outro **subalgoritmo** definido abaixo dele. Suas principais vantagens são:

- Reduzir o tamanho do algoritmo: pois trechos repetidos são implementados uma única vez e depois serão apenas chamados;
- Facilitar a compreensão e visualização do algoritmo: uma vez que a modularização nos faz pensar no algoritmo por partes;
- Facilitar a depuração: neste caso fica mais fácil detectar e corrigir os erros;
- Facilitar a alteração do código: as alterações, quando necessárias, vão ser feitas uma única vez;
- Generalizar o código com uso de parâmetros: aqui temos a possibilidade de escrever algoritmos para diversas situações genéricas.

Existem dois tipos de **subalgoritmos** os **procedimentos** e as **funções**, que iremos descrever detalhadamente a seguir. Sendo que a linguagem **Python** não utiliza procedimentos, somente funções, por este motivo veremos somente as funções.

Funções

O conceito de funções vem de função matemática, onde um valor é calculado a partir de outro(s) valor(es) fornecido(s) à função. Na linguagem do **VisuAlg**, chamamos função de **subalgoritmo** que, além de executar uma determinada tarefa, retorna, explicitamente, um valor para quem a chamou, neste caso o algoritmo principal ou a outro **subalgoritmo** que a tenha chamado, retornando o resultado de sua execução, que neste caso é o valor que vai ser retornado através da instrução **retorne**, sua declaração deve estar entre o final da declaração de variáveis e a linha **inicio** do algoritmo principal. Veja abaixo a sua sintaxe:

Função	
Representação no VisuAlg	**Representação no Python**

//Declaração da Função
//cabeçalho, com o nome, os parâmetros e o tipo de retorno
funcao <nome-da-função> [(<sequência-de-declarações-deparâmetros>)]: <tipo-de-dado>
//declaração das variáveis da função, variáveis locais
var <declaração das variáveis locais da função>
//inicio da execução da função
Inicio
<instruções>
//valor a ser retornado no algoritmo, ao chamar a função
retorne <valor de retorno>
fimfuncao
	def nomeFuncao(argumentos):
	código
	código
	
	return valor

Onde:

- **<nome-de-função>:** obedece as mesmas regras de nomenclatura das variáveis.
- **[(<sequência-de-declarações-de-parâmetros>)]:** assim como nos procedimentos, uma função pode não receber nenhum parâmetro ou pode ter um ou mais parâmetros, por valor ou referência, e a sua sintaxe deve ser como mostrado abaixo:
  - var sequência-de-parâmetros : tipo-de-dado
    - Se a declaração for de um mesmo tipo de dado vai ser separada por vírgula, caso contrário, se for de tipos de dados diferentes vai ser separada por ponto e vírgula. Conforme vimos nos parâmetros nas

funções a palavra-chave **var** é opcional. Se estiver presente, indica que a passagem de parâmetros é feita por referência, caso contrário, a passagem de parâmetros será feita por valor;

- **:Tipo de Retorno:** a função vai retornar explicitamente um valor para quem a chamou. Sendo que o tipo de retorno vai especificar exatamente o que o próprio nome indica, ou seja, que tipo de dados a função vai retornar.
- **[var declaração de variáveis locais]:** da mesma forma que no algoritmo principal, esta seção de declaração de variáveis locais começa com a palavra-chave **var**, em seguida, vem a seguinte sintaxe: **<lista-de-variáveis> : <tipo-de-dado>**. Neste caso as variáveis locais só são vistas e só podem ser usadas dentro da função;
- **<instruções>:** aqui, podemos ter qualquer instrução, exatamente como vimos nos procedimentos estudados no tópico anterior.
- **Retorne (return) <valor de retorno>:** esta instrução é um comando simples que vai ser usado apenas nas funções, desta forma tem como finalidade a interrupção da execução da função, e em seguida enviar um valor para o algoritmo principal ou para outro subalgoritmo ou função, que a tenha chamado. Neste caso, a variável ou expressão que vai ser retornada, tem que ser do mesmo tipo que foi nomeado quando declaramos a função. Sendo assim, se declaramos que a função vai retornar um valor inteiro, a variável ou expressão de retorno obrigatoriamente tem de ser um valor do tipo inteiro. Devemos lembrar que toda função deve ter em sua declaração de instruções, pelo menos uma instrução retorne.

Chamando uma Função

Quando fazemos uma chamada de uma função, quer seja por parte do algoritmo principal ou por outro **subalgoritmo**, ela é feita simplesmente pelo aparecimento de seu nome, com os seus parâmetros obrigatoriamente entre parênteses na mesma ordem, do mesmo tipo e em igual quantidade aos parâmetros da função dentro de uma expressão ou atribuição. As funções podem ser dos seguintes tipos:

- Sem Parâmetros
- Com Parâmetros

- passagem por valor
- passagem por referência

Função Sem Parâmetros

Vejam como a **Função Sem Parâmetros** é implementada no **VisuAlg**, vamos criar um aplicativo para o departamento de Matemática da Universidade Saber é Bom – USB, onde teremos uma função chamada **soma**, que vai calcular a soma entre os dois valores digitados pelo usuário, em seguida o programa principal vai imprimir o resultado. Vamos retornar para o nosso algoritmo **algoritmo_019** no **VisuAlg**, se o mesmo estiver aberto, basta posicionar o botão do mouse sobre o ícone do **VisuAlg** na barra de tarefas do **Windows 10**, vai aparecer uma miniatura do algoritmo, conforme vimos na **figura 60**. Clique sobre essa miniatura e vamos retornar à tela principal do mesmo. Caso o **VisuAlg** esteja fechado, para abrí-lo novamente, basta clicar sobre o ícone do **VisuAlg** na barra de tarefas do **Windows 10**, conforme vimos na **figura 145** no **Anexo I**, vai abrir a tela principal do mesmo, clique com o botão do mouse sobre o menu **Arquivo**, em seguida selecione o item **Novo**, ou pressione, ao mesmo tempo, as teclas de atalho **Ctrl+N**, conforme vimos na **figura 61**. Antes de começarmos a digitar algo, vamos salvar nosso algoritmo, para isto, clique com o botão do mouse sobre o menu **Arquivo**, em seguida selecione o item **Salvar**, ou pressione, ao mesmo tempo, as teclas de atalho **Ctrl+S**, conforme vimos na **figura 4**. Ou clique no ícone do disquete no menu de ferramentas, conforme vimos na **figura 5**. Independentemente da forma escolhida para salvar o algoritmo vai abrir a janela **Salvar como**, no item **Salvar em:**, selecione **Disco local (C:)**, se você renomeou o seu **Disco local (C:)**, clique no nome do disco que você escolheu — no meu caso eu chamei de **Win10 (C:)** —, em seguida selecione a pasta **projetos_livro**, e clique no botão **Abrir** ou clique duas vezes com o botão do mouse sobre a pasta, em seguida selecione a pasta **algoritmos**, e clique no botão **Abrir** ou clique duas vezes com o botão do mouse sobre a pasta. No item **Nome:**, digite **algoritmo_020**, conforme vimos na **figura 6**. Clique no botão **Salvar**. Para saber se o algoritmo foi salvo no caminho que especificamos, basta verificar no topo da janela do **VisuAlg**, que mostra o caminho onde salvamos nosso algoritmo, conforme vimos na **figura 7**. Não esqueçam de configurar a numeração de linhas, pois é muito importante, principalmente na indicação de erros. Para isto, clique no menu **Exibir**, e selecione o item **Número de linhas**, conforme vimos na **figura 8**. Ou clique no ícone **Numerar linhas** no menu de ferramentas, conforme vimos na **figura 9**. Agora posicione o cursor no início da **linha 1**, em seguida pressione, ao mesmo tempo, as teclas **Ctrl+T**, veja como ficou, conforme vimos na **figura 12**. Pressione a tecla **Delete** do teclado, e observe que o cursor do mouse vai ficar piscando na **linha 1**, neste local digite o código abaixo:

```
algoritmo "Funcao"
// Função : Usar Função sem parâmetros
// Autor : Prof. Msc Rafael Soares
// Data : 15/08/2019
// Seção de Declarações
var
numero1, numero2, resultado : inteiro

//Após a declaração das variáveis globais, define-se a função
funcao soma : inteiro
var auxiliar: inteiro
inicio
// numero1, numero2 e resultado são variáveis globais
auxiliar <- numero1 + numero2
retorne auxiliar
fimfuncao

inicio
// Seção de Comandos
escreval("Digite o 1° Número: ")
leia(numero1)
escreval("Digite o 2° Número: ")
leia(numero2)
resultado <- soma
escreva("O Resultado da Soma é:", resultado)
fimalgoritmo
```

Salve o algoritmo, conforme vimos nas **figuras 4** e **5**. Não esqueça de fazer a indentação do código, conforme vimos nas **figuras 87** e **88**, ou pressione, ao mesmo tempo, as teclas **Ctrl+G**. É muito importante fazer a indentação do código, pois desta forma, deixaremos o nosso código mais legível. Vamos pedir para o usuário entrar com os dados, para isto, vamos alterar a exibição da janela de entrada e saída do **VisuAlg**, clique no ícone **Executar o algoritmo como DOS** no menu de ferramentas, conforme vimos na **figura 82**. Vamos executar o algoritmo, para isto vamos até o menu **Algoritmo**, e vamos selecionar o item **Executar**, ou pressionar a tecla **F9**, conforme vimos na **figura 14**. Ou clique no ícone **Executar** no menu de ferramentas, conforme vimos na **figura 15**. Veja que vai aparecer uma janela com o cursor do mouse piscando dentro de uma caixa de texto, para digitar o primeiro valor, digite um número qualquer do tipo inteiro, em seguida clique no botão **OK**, vai aparecer uma janela com o cursor do mouse piscando dentro de uma caixa de texto, para digitar o segundo valor, digite um número qualquer do tipo inteiro, em seguida clique no botão **OK**. Veja que ao finalizar, as informações vão aparecer na janela de visualização de resultados, conforme **figura 126**:

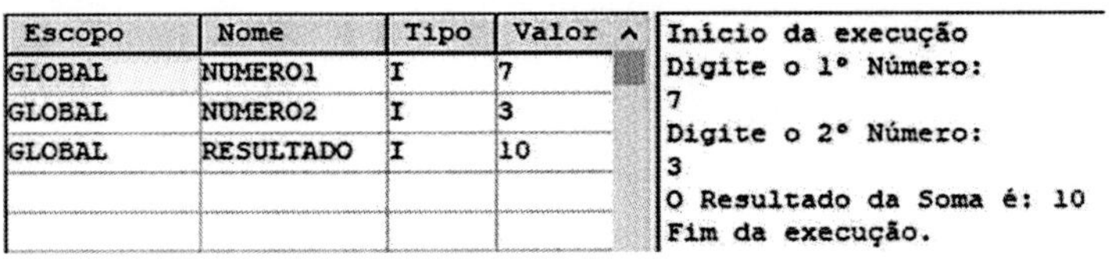

Figura 126

Observe que uma função sem parâmetros utiliza uma variável local que nomeamos de **auxiliar** para armazenar temporariamente o resultado da soma, claro que esta variável é desnecessária, nós a colocamos aí apenas para ilustrar o exemplo, antes de atribuí-lo à variável global **resultado**, ou seja, podemos utilizar variáveis globais em qualquer parte do algoritmo, enquanto as variáveis locais só podem ser utilizadas dentro da função. Se tentarmos atribuir um valor qualquer à variável **auxiliar**, que usamos no exemplo do algoritmo anterior, dentro do corpo principal do algoritmo, conforme estamos fazendo na **linha 24** conforme **figura 127**:

```
24 auxiliar <- soma
25 escreva("O Resultado da Soma é:", resultado)
26 fimalgoritmo
```

Figura 127

Estamos atribuindo a soma das variáveis **numero1+numero2** na variável **auxiliar**, veja que a mesma está declarada na **linha 14**, dentro da função, neste caso vai dar um erro, dizendo que a variável **auxiliar** não foi encontrada, conforme **figura 128**:

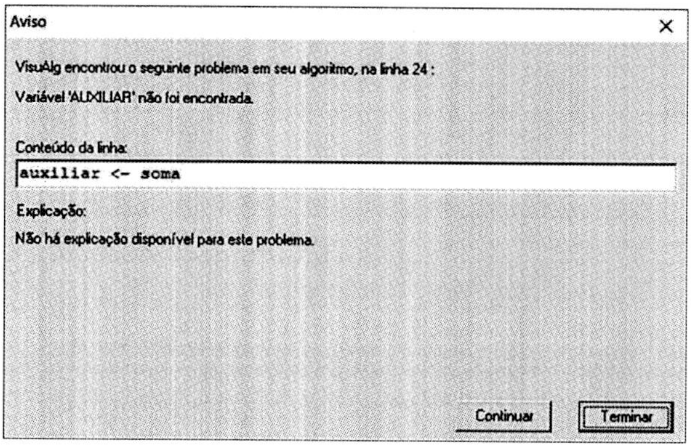

Figura 128

Clique no botão **OK**, e veja o resultado conforme **figura 129**:

Figura 129

Isto ocorreu porque a variável **auxiliar** é uma variável **local** e não uma variável **global**, como as que declaramos no corpo principal do algoritmo. Veja como a **Função Sem Parâmetros** é implementada no **Python**, vamos retornar para o nosso aplicativo **aplicativo_027.py** no **Wing 101**, se o mesmo estiver aberto, basta posicionar o botão do mouse sobre o ícone do **Wing 101** na barra de tarefas do **Windows 10**, vai aparecer uma miniatura do aplicativo, conforme vimos na **figura 65**, clique sobre esta miniatura e vamos retornar à tela principal do mesmo. Caso o **Wing 101** esteja fechado, para abrí-lo novamente, basta clicar sobre o ícone do **Wing 101** na barra de tarefas do **Windows 10**, conforme vimos na **figura 166** no **Anexo I**, vai abrir a tela principal do mesmo, antes de começarmos a digitar algo, vamos fechar o **aplicativo_027**, para isto clique no ícone do quadradinho vermelho com um **X**, conforme vimos na **figura 25**. Agora vamos criar um novo aplicativo em **Python**, para isto clique com o botão do mouse sobre o menu **File**, em seguida selecione o item **New**, ou pressione, ao mesmo tempo, as teclas de atalho **Ctrl+N**, conforme vimos na **figura 28**, vai abrir um script vazio com o seguinte nome: **untitled.py**, conforme vimos na **figura 29**, vamos salvá-lo, para isto, vá até o menu **File** e selecione o item **Save As...**, ou pressione, ao mesmo tempo, as teclas de atalho **Ctrl+Shift+S**, conforme vimos na **figura 30**, vai abrir a janela **Save Document As**, no item **Salvar em:**, clique na setinha para baixo da caixa de seleção **combobox** e selecione **Disco local (C:)**, se você renomeou o seu **Disco local (C:)**, clique no nome do disco que você escolheu — no meu caso eu chamei de **Win10 (C:)** —, em seguida clique duas vezes com o botão do mouse sobre a pasta **projetos_livro**, em seguida clique duas vezes com o botão do mouse sobre a pasta **scripts**, no item **Nome:**, digite **aplicativo_028**, no item **Tipo:**, deixe selecionado **Python**, conforme vimos na **figura 31**, clique no botão **Salvar**. Para saber se o aplicativo foi salvo no caminho que especificamos, basta verificar no topo da janela do **Wing 101**, que mostra o caminho onde salvamos nosso aplicativo, conforme vimos na **figura 32**. Veja que o cursor do mouse está posicionado na **linha 1**, neste local digite o código abaixo:

```
# Função : Usar Função sem parâmetros
# Autor : Prof. Msc Rafael Soares
# Data : 17/08/2019
# Seção de Declarações
```

```
# numero1, numero2 e resultado são variáveis globais
numero1 = 0
numero2 = 0
resultado = 0
def soma():
    # auxiliar é a variável local
    auxiliar = 0
    auxiliar = (numero1 + numero2)
    return auxiliar

# Seção de Comandos
numero1 = int(input("Digite o 1° Número: "))
numero2 = int(input("Digite o 2° Número: "))
resultado = soma()
print("O Resultado da Soma é:", resultado)
```

Veja como ficou, conforme vimos na **figura 37**. Observe que tem um asterisco na frente do nome do arquivo e os dois ícones dos disquetes ficam habilitados nas cores azul claro e azul escuro acima do nome do arquivo, aparece um disquete na cor azul claro, isto significa que temos que salvar nossa aplicação, para isto, clique com o botão do mouse sobre o menu **File**, em seguida selecione o item **Save All**, conforme vimos na **figura 38**, ou clique no ícone dos disquetes duplos na barra de ferramentas, conforme vimos na **figura 39**. Vamos executar nosso aplicativo, para isto clique no ícone do triângulo verde na barra de ferramentas, ou pressione as teclas **Ctrl+Alt+V**, conforme vimos na **figura 40**, e veja que o resultado vai ser mostrado na janela de visualização de resultados **Python Shell**, conforme **figura 130:**

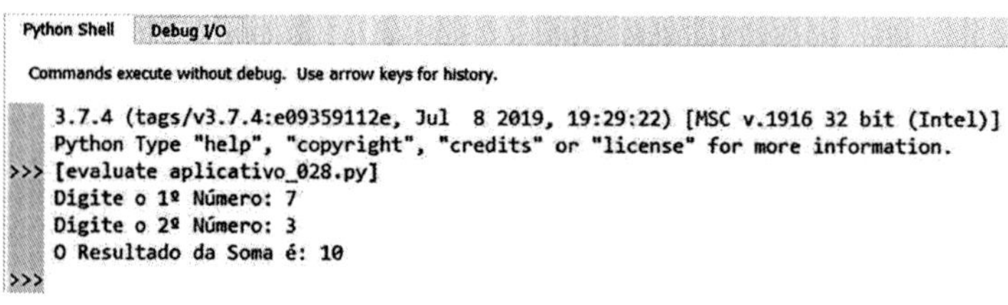

Figura 130

Observe que uma função sem parâmetros utiliza uma variável local que nomeamos de **auxiliar** para armazenar temporariamente o resultado da soma, claro que esta variável é desnecessária, nós a colocamos aí apenas para ilustrar o exemplo, antes de atribuí-lo à variável global **resultado**, ou seja, podemos utilizar variáveis globais em qualquer parte do algoritmo, enquanto as variáveis locais só podem ser utilizadas dentro da função. Se tentarmos atribuir um valor qualquer à variável **auxiliar**, que usamos no exemplo do aplicativo anterior, dentro do corpo principal do aplicativo, conforme estamos fazendo na **linha 19** conforme **figura 131**:

```
18  numero2 = int(input("Digite o 2º Número: "))
19  auxiliar = soma()
20  print("O Resultado da Soma é:", resultado)
```

Figura 131

Vamos executar nosso aplicativo novamente, para isto clique no ícone do triângulo verde na barra de ferramentas, ou pressione as teclas **Ctrl+Alt+V**, conforme vimos na **figura 40**, e veja que o resultado vai ser mostrado na janela de visualização de resultados **Python Shell**, conforme **figura 132:**

```
Python Shell | Debug I/O
Commands execute without debug. Use arrow keys for history.
    3.7.4 (tags/v3.7.4:e09359112e, Jul  8 2019, 19:29:22) [MSC v.1916 32 bit (Intel)]
    Python Type "help", "copyright", "credits" or "license" for more information.
>>> [evaluate aplicativo_028.py]
    Digite o 1º Número: 7
    Digite o 2º Número: 3
    O Resultado da Soma é: 0
>>>
```

Figura 132

Estamos atribuindo a soma das variáveis **numero1+numero2** na variável **auxiliar**, veja que a mesma está declarada na **linha 12**, do script **Phyton**, dentro da função, neste caso vai dar um erro, apresentando o valor 0 no resultado da soma, e ocorreu porque a variável **auxiliar** é uma variável **local** e não uma variável **global**, como as que declaramos no corpo principal do script **Phyton**. Volte o código para o que vimos anteriormente.

Função com Passagem de Parâmetros

Deixa a comunicação entre o **subalgoritmo**, neste caso uma função, e quem o ativa mais viva, deixando muito bem definidas as informações que entram e que saem de um **subalgoritmo** e a forma como estas informações serão alteradas com a unidade que o ativou. Com este esquema selecionado são definidos os parâmetros na declaração do **subalgoritmo**, da função, e os argumentos na chamada do **subalgoritmo**. Neste caso, argumentos é o que passamos para o **subalgoritmo**, no momento da chamada do mesmo. Note que argumentos e parâmetros devem corresponder por tipo e posição, pois se uma destas condições falhar ocorrerá um erro na execução do algoritmo.

Função com Passagem de Parâmetros por Valor

O valor do argumento no momento da chamada da função é avaliado e **reproduzido** ou **copiado** para o parâmetro correspondente do **subalgoritmo,** neste caso, o argumento vai ser apenas um valor de entrada para o parâmetro correspondente. Assim sendo, toda e qualquer alteração feita dentro do **subalgoritmo**, no parâmetro não vai causar nenhuma alteração do argumento fora do **subalgoritmo**. Este fato se deve porque o que está sendo manuseado dentro do **subalgoritmo** é uma cópia do argumento. Para saber se estamos usando a passagem de parâmetros por valor, basta verificarmos se a palavra reservada **var** está ausente na declaração de parâmetros do **subalgoritmo**, e neste caso vamos utilizá-la quando não precisarmos alterar o valor do argumento, mas apenas utilizá-la. Veja como a **Função com Passagem de Parâmetros por Valor**, é implementada no **VisuAlg**, vamos criar um aplicativo para o departamento de Matemática da Universidade Saber é Bom – USB, onde teremos um procedimento chamado **soma**, que vai calcular a soma entre os dois valores digitados pelo usuário, em seguida o programa principal vai imprimir o resultado. Vamos retornar para o nosso algoritmo **algoritmo_020** no **VisuAlg**, se o mesmo estiver aberto, basta posicionar o botão do mouse sobre o ícone do **VisuAlg** na barra de tarefas do **Windows 10**, vai aparecer uma miniatura do algoritmo, conforme vimos na **figura 60**. Clique sobre esta miniatura e vamos retornar á tela principal do mesmo. Caso o **VisuAlg** esteja fechado, para abrí-lo novamente, basta clicar sobre o ícone do **VisuAlg** na barra de tarefas do **Windows 10**, conforme vimos na **figura 145** no **Anexo I**, vai abrir a tela principal do mesmo, clique com o botão do mouse sobre o menu **Arquivo**, em seguida selecione o item **Novo**, ou pressione, ao mesmo tempo, as teclas de atalho **Ctrl+N**, conforme vimos na **figura 61**. Antes de começarmos a digitar algo, vamos salvar nosso algoritmo, para isto, clique com o botão do mouse sobre o menu **Arquivo**, em seguida selecione o item **Salvar**, ou pressione, ao mesmo tempo, as teclas de atalho **Ctrl+S**, conforme vimos na **figura 4**. Ou clique no ícone do disquete no menu de ferramentas, conforme vimos na **figura 5**. Independentemente da forma escolhida para salvar o algoritmo vai abrir a janela **Salvar como**, no item **Salvar em:**, selecione **Disco local (C:)**, se você renomeou o seu **Disco local (C:)**, clique no nome do disco que você escolheu — no meu caso eu chamei de **Win10 (C:)** —, em seguida selecione a pasta **projetos_livro**, e clique no botão **Abrir** ou clique duas vezes com o botão do mouse sobre a pasta, em seguida selecione a pasta **algoritmos**, e clique no botão **Abrir** ou clique duas vezes com o botão do mouse sobre a pasta. No item **Nome:**, digite **algoritmo_021**, conforme vimos na **figura 6**. Clique no botão **Salvar**. Para saber se o algoritmo foi salvo no caminho que especificamos, basta verificar no topo da janela do **VisuAlg**, que mostra o caminho onde salvamos nosso algoritmo, conforme vimos na **figura 7**. Não esqueça de configurar a numeração de linhas, pois é muito importante, principalmente na indicação de erros. Para isto, clique no menu **Exibir**, e selecione o item **Número de linhas**, conforme vimos na **figura 8**. Ou clique no ícone **Numerar linhas** no menu de ferramentas, conforme vimos na **figura 9**. Agora posicione o cursor no início da **linha 1**, em seguida pressione, ao mesmo tempo, as teclas **Ctrl+T**, veja como ficou, conforme vimos na **figura 12**. Pressione a tecla **Delete** do teclado, e observe que o cursor do mouse vai ficar piscando na **linha 1**, neste local digite o código abaixo:

```
algoritmo "Funcao"
// Função : Usar Função com parâmetros e passagem por valor
// Autor : Prof. Msc Rafael Soares
// Data : 17/08/2019
// Seção de Declarações
var
numero1, numero2, resultado : inteiro
```

```
//Após a declaração das variáveis globais, define-se a função
funcao soma(number1, number2 : inteiro) : inteiro
inicio
// resultado é uma variável global
retorne number1 + number2
fimfuncao

inicio
// Seção de Comandos
escreval("Digite o 1° Número: ")
leia(numero1)
escreval("Digite o 2° Número: ")
leia(numero2)
resultado <- soma(numero1, numero2)
escreva("O Resultado da Soma é:", resultado)
fimalgoritmo
```

Salve o algoritmo, conforme vimos nas **figuras 4** e **5**. Não esqueça de fazer a indentação do código, conforme vimos nas **figuras 87** e **88**, ou pressione, ao mesmo tempo, as teclas **Ctrl+G**. É muito importante fazer a indentação do código, pois desta forma, deixaremos o nosso código mais legível. Vamos pedir para o usuário entrar com os dados, para isto, vamos alterar a exibição da janela de entrada e saída do **VisuAlg**, clique no ícone **Executar o algoritmo como DOS** no menu de ferramentas, conforme vimos na **figura 82**. Vamos executar o algoritmo, para isto vamos até o menu **Algoritmo**, e vamos selecionar o item **Executar**, ou pressionar a tecla **F9**, conforme vimos na **figura 14**. Ou clique no ícone **Executar** no menu de ferramentas, conforme vimos na **figura 15**. Veja que vai aparecer uma janela com o cursor do mouse piscando dentro de uma caixa de texto, para digitar o primeiro número, conforme vimos na **figura 109**. Digite um valor qualquer do tipo **inteiro**, em seguida clique no botão **OK**, veja que vai aparecer uma janela com o cursor do mouse piscando dentro de uma caixa de texto, para digitar o segundo número, digite um valor qualquer do tipo **inteiro**, em seguida clique no botão **OK**, e veja que ao finalizar a soma vai ser exibida na janela de visualização de resultados, conforme **figura 133**:

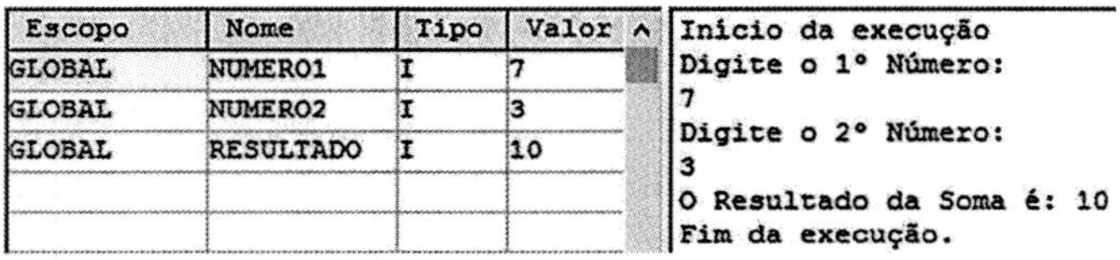

Figura 133

Veja que os argumentos e parâmetros da função só vão existir na memória do computador, quando a função for chamada e, ao encerrar a função todas as variáveis e parâmetros são apagados, deixam de existir. Veja que, após a declaração das variáveis globais do algoritmo, na **linha 7**, **numero1** e **numero2** a serem somados e a variável **resultado** para armazenar o **resultado**, criamos a função. O nome da função é **soma**. Na **linha 22**, fazemos a chamada à função **soma** e vamos receber as variáveis globais **numero1** e **numero2**, em seguida será feito um **backup**, uma cópia, na qual a variável **numero1,** que é o **argumento**, vai ser copiado para a variável **number1,** que é o **parâmetro;** e **numero2,** que é o **argumento**, vai ser copiado para **number2,** que é o **parâmetro**. Os parâmetros são os números inteiros que serão armazenados nas variáveis **number1** e **number2**, as variáveis locais da função **soma**. Neste caso o tipo de retorno da função tem que ser do tipo inteiro. No algoritmo principal, são recebidos dois números inteiros, que são armazenados nas variáveis globais **numero1** e **numero2**. Vai ser chamada uma expressão de atribuição, neste caso, a função **soma**, que vai armazenar nas variáveis locais **number1** e **number2** os valores das variáveis globais **numero1** e **numero2**, que vão ser digitados pelo usuário. Esse valor é, então, armazenado na variável resultado, por atribuição e exibido, em seguida. Veja como a **Função com Passagem de Parâmetros por Valor** é implementada no **Python**, usando o exemplo anterior, vamos retornar para o nosso aplicativo **aplicativo_028.py** no **Wing 101**, se o mesmo estiver aberto, basta posicionar o botão do mouse sobre o ícone do **Wing 101** na barra de tarefas do **Windows 10**, vai aparecer uma miniatura do aplicativo, conforme vimos na **figura 65**, clique sobre esta miniatura e vamos retornar à tela principal do mesmo. Caso o **Wing 101** esteja fechado, para abrí-lo novamente, basta clicar sobre o ícone do **Wing 101** na barra de tarefas do **Windows 10**, conforme vimos na **figura 166** no **Anexo I**, vai abrir a tela principal do mesmo, antes de começarmos a digitar algo, vamos fechar o **aplicativo_028**, para isto clique no ícone do quadradinho vermelho com um **X**, conforme vimos na **figura 25**. Agora vamos criar um novo aplicativo em **Python**, para isto clique com o botão do mouse sobre o menu **File**, em seguida selecione o item **New**, ou pressione, ao mesmo tempo, as teclas de atalho **Ctrl+N**, conforme vimos na **figura 28**, vai abrir um script vazio com o seguinte nome: **untitled.py**, conforme vimos na **figura 29**, vamos salvá-lo, para isto vá até o menu **File** e selecione o item **Save As...**, ou pressione, ao mesmo tempo, as teclas de atalho **Ctrl+Shift+S**, conforme vimos na **figura 30**, vai abrir a janela **Save Document As**, no item **Salvar em:**, clique na setinha para baixo da caixa de seleção **combobox** e selecione **Disco local (C:)**, se você renomeou o seu **Disco local (C:)**, clique no nome do disco que você escolheu — no meu caso eu chamei de **Win10 (C:)** —, em seguida clique duas vezes com o botão do mouse sobre a pasta **projetos_livro**, em seguida clique duas vezes com o botão do mouse sobre a pasta **scripts**, no item **Nome:**, digite **aplicativo_029**, no item **Tipo:**, deixe selecionado **Python**, conforme vimos na **figura 31**, clique no botão **Salvar**. Para saber se o aplicativo foi salvo no caminho que especificamos, basta verificar no topo da janela do **Wing 101**, que mostra o caminho onde salvamos nosso aplicativo, conforme vimos na **figura 32**. Veja que o cursor do mouse está posicionado na **linha 1**, neste local digite o código abaixo:

```
# Função : Função com Passagem de Parâmetros por Valor
# Autor : Prof. Msc Rafael Soares
# Data : 17/08/2019
# Seção de Declarações

# numero1, numero2 e resultado são variáveis globais
numero1 = 0
numero2 = 0
resultado = 0
def soma(number1, number2):
    return (number1 + number2)

# Seção de Comandos
numero1 = int(input("Digite o 1° Número: "))
numero2 = int(input("Digite o 2° Número: "))
```

```
resultado = soma(numero1, numero2)
print("O Resultado da Soma é:", resultado)
```

Veja como ficou, conforme vimos na **figura 37**. Observe que tem um asterisco na frente do nome do arquivo e os dois ícones dos disquetes ficam habilitados nas cores azul claro e azul escuro acima do nome do arquivo, aparece um disquete na cor azul claro, isto significa que temos que salvar nossa aplicação, para isto, clique com o botão do mouse sobre o menu **File**, em seguida selecione o item **Save All**, conforme vimos na **figura 38**, ou clique no ícone dos disquetes duplos na barra de ferramentas, conforme vimos na **figura 39**. Vamos executar nosso aplicativo, para isto clique no ícone do triângulo verde na barra de ferramentas, ou pressione as teclas **Ctrl+Alt+V**, conforme vimos na **figura 40**, e veja que o resultado vai ser mostrado na janela de visualização de resultados **Python Shell**, conforme vimos na **figura 130**.

Função com Passagem de Parâmetros por Referência

Conhecida também como **chamada por endereço**, vai ser utilizada quando quisermos alterar o valor do **argumento** passado por quem aciona o **subalgoritmo** em vez de copiá-lo. Isto quer dizer que nesta técnica, toda alteração feita no **parâmetro** vai modificar o **argumento** associado a este parâmetro, neste caso dizemos que o parâmetro é de entrada e saída. Ou seja, o que é fornecido ao **parâmetro** do **subalgoritmo** não é uma cópia do valor do argumento, mas o seu endereço de memória, ou seja, a localização na memória central. Desta forma **parâmetro** e **argumento** vão compartilhar o mesmo espaço de memória e assim quando uma alteração for feita no **parâmetro** vai ser refletida no **argumento**. Para saber se estamos usando a **passagem de parâmetros por referência**, basta verificarmos se a palavra reservada **var** está presente na declaração de parâmetros do **subalgoritmo**. Veja como a **Função com Passagem de Parâmetros por Referência**, é implementada no **VisuAlg**, vamos criar um aplicativo para o departamento de Matemática da Universidade Saber é Bom – USB, onde teremos um procedimento chamado **soma**, que vai calcular a soma entre os dois valores digitados pelo usuário, em seguida o programa principal vai imprimir o resultado. Vamos retornar para o nosso algoritmo **algoritmo_021** no **VisuAlg**, se o mesmo estiver aberto, basta posicionar o botão do mouse sobre o ícone do **VisuAlg** na barra de tarefas do **Windows 10**, vai aparecer uma miniatura do algoritmo, conforme vimos na **figura 60**. Clique sobre esta miniatura e vamos retornar à tela principal do mesmo. Caso o **VisuAlg** esteja fechado, para abrí-lo novamente, basta clicar sobre o ícone do **VisuAlg** na barra de tarefas do **Windows 10**, conforme vimos na **figura 145** no **Anexo I**, vai abrir a tela principal do mesmo, clique com o botão do mouse sobre o menu **Arquivo**, em seguida selecione o item **Novo**, ou pressione, ao mesmo tempo, as teclas de atalho **Ctrl+N**, conforme vimos na **figura 61**. Antes de começarmos a digitar algo, vamos salvar nosso algoritmo, para isto, clique com o botão do mouse sobre o menu **Arquivo**, em seguida selecione o item **Salvar**, ou pressione, ao mesmo tempo, as teclas de atalho **Ctrl+S**, conforme vimos na **figura 4**. Ou clique no ícone do disquete no menu de ferramentas, conforme vimos na **figura 5**. Independentemente da forma escolhida para salvar o algoritmo vai abrir a janela **Salvar como**, no item **Salvar em:**, selecione **Disco local (C:)**, se você renomeou o seu **Disco local (C:)**, clique no nome do disco que você escolheu — no meu caso eu chamei de **Win10 (C:)** —, em seguida selecione a pasta **projetos_livro**, e clique no botão **Abrir** ou clique duas vezes com o botão do mouse sobre a pasta, em seguida selecione a pasta **algoritmos**, e clique no botão **Abrir** ou clique duas vezes com o botão do mouse sobre a pasta. No item **Nome:**, digite **algoritmo_022**, conforme vimos na **figura 6**. Clique no botão **Salvar**. Para saber se o algoritmo foi salvo no caminho que especificamos, basta verificar no topo da janela do **VisuAlg**, que mostra o caminho onde salvamos nosso algoritmo, conforme vimos na **figura 7**. Não esqueça de configurar a numeração de linhas, pois é muito importante, principalmente na indicação de erros. Para isto, clique no menu **Exibir**, e selecione o item **Número de linhas**, conforme vimos na **figura 8**. Ou clique no ícone **Numerar linhas** no menu de ferramentas, conforme vimos na **figura 9**. Agora posicione o cursor no início da **linha 1**, em seguida pressione, ao mesmo tempo, as teclas **Ctrl+T**, veja como ficou, conforme vimos na **figura 12**. Pressione a tecla **Delete** do teclado, e observe que o cursor do mouse vai ficar piscando na **linha 1**, neste local digite o código abaixo:

```
algoritmo "Funcao"
// Função : Usar Função com parâmetros e passagem por referência
// Autor : Prof. Msc Rafael Soares
```

```
// Data : 17/08/2019
// Seção de Declarações
var
numero1, numero2, resultado : inteiro

//Após a declaração das variáveis globais, define-se o procedi-
mento
funcao soma(var number1, number2:inteiro; var result : inteiro)
: inteiro
inicio
// resultado é uma variável global
number1 <- number1 + 1
number2 <- number2 + 1
result <- number1 + number2
escreval("O Valor da variável number1 é: ", number1)
escreval("O Valor da variável number2 é: ", number2)
retorne result
fimfuncao

inicio
// Seção de Comandos
escreval("Digite o 1° Número: ")
leia(numero1)
escreval("Digite o 2° Número: ")
leia(numero2)
escreval("O Valor da variável numero1 é: ", numero1)
escreval("O Valor da variável numero2 é: ", numero2)
resultado <- soma(numero1, numero2, resultado)
escreval("O Resultado da Soma é: ", resultado)
fimalgoritmo
```

Salve o algoritmo, conforme vimos nas **figuras** 4 e 5. Não esqueça de fazer a indentação do código, conforme vimos nas **figuras** 87 e 88, ou pressione, ao mesmo tempo, as teclas **Ctrl+G**. É muito importante fazer a indentação do código, pois desta forma, deixaremos o nosso código mais legível. Vamos pedir para o usuário entrar com os dados, para isto, vamos alterar a exibição da janela de entrada e saída do **VisuAlg**, clique no ícone **Executar o algoritmo como DOS** no menu de ferramentas, conforme vimos na **figura 82**. Vamos executar o algoritmo, para isto vamos até o menu **Algoritmo**, e vamos selecionar o item **Executar**, ou pressionar a tecla **F9**, conforme vimos na **figura 14**. Ou clique no ícone **Executar** no menu de ferramentas, conforme vimos na **figura 15**. Veja que vai aparecer uma janela com o cursor do mouse piscando dentro de uma caixa de texto, para digitar o primeiro número, conforme vimos na **figura 109**. Digite um valor qualquer do tipo **inteiro**, em seguida clique no botão **OK**, veja que vai aparecer uma janela com o cursor do mouse piscando dentro de uma caixa de texto, para digitar o segundo número, digite um valor qualquer do tipo **inteiro**, em seguida clique no botão **OK**, e veja que ao finalizar a soma vai ser exibida na janela de visualização de resultados, conforme **figura 134**:

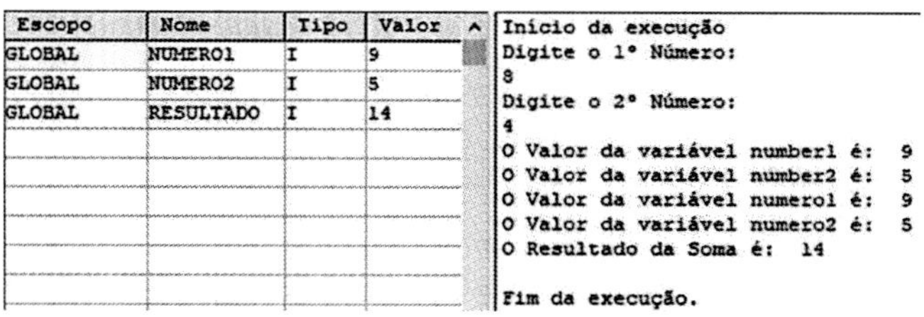

Figura 134

Veja que os argumentos e parâmetros da função só vão existir na memória do computador, quando a função for chamada e, ao encerrar a função todas as variáveis e parâmetros são apagados, deixam de existir. Veja que, após a declaração das variáveis globais do algoritmo, na **linha** 7, **numero1** e **numero2** a serem somados e a variável **resultado** para armazenar o **resultado**, criamos a função. O nome da função é **soma**. Na **linha 27**, fazemos a chamada à função **soma** e vamos receber as variáveis globais **numero1**, **numero2** e **resultado**, em seguida será feito um **backup**, uma cópia, na qual a variável **numero1**, que é o **argumento**, vai ser copiado para a variável **number1**, que é o **parâmetro; numero2**, que é o **argumento**, vai ser copiado para **number2**, que é o **parâmetro** e **resultado**, que é o **argumento**, vai ser copiado para **result**, que é o **parâmetro**. Os parâmetros são os números inteiros que serão armazenados nas variáveis **number1**, **number2** e **result**, as variáveis locais da função **soma**. Neste caso o tipo de retorno da função tem que ser do tipo inteiro. No algoritmo principal, são recebidos dois números inteiros, que são armazenados nas variáveis globais **numero1** e **numero2**. Vai ser chamada uma expressão de atribuição, neste caso, a função **soma**, que vai armazenar nas variáveis locais **number1** e **number2** os valores das variáveis globais **numero1** e **numero2**, que vão ser digitados pelo usuário. Esse valor é, então, armazenado na variável resultado, por atribuição e exibido, em seguida. Observe que nas **linhas 16** e **17** da função e nas **linhas 28** e **29** do algoritmo principal estão mostrando o conteúdo das varáveis que são os mesmos, ou seja, estão ocupando o mesmo espaço de memória, por este motivo os valores são idênticos. Para exibir valores diferentes, basta colocar a chamada da função no corpo principal do algoritmo após a **linha 29**. Veja como a **Função com Passagem de Parâmetros por Referência** é implementada no **Python**, usando o exemplo anterior, vamos retornar para o nosso aplicativo **aplicativo_029.py** no **Wing 101**, se o mesmo estiver aberto, basta posicionar o botão do mouse sobre o ícone do **Wing 101** na barra de tarefas do **Windows 10**, vai aparecer uma miniatura do aplicativo, conforme vimos na **figura 65**, clique sobre esta miniatura e vamos retornar à tela principal do mesmo. Caso o **Wing 101** esteja fechado, para abrí-lo novamente, basta clicar sobre o ícone do **Wing 101** na barra de tarefas do **Windows 10**, conforme vimos na **figura 166** no **Anexo I**, vai abrir a tela principal do mesmo, antes de começarmos a digitar algo, vamos fechar o **aplicativo_029**, para isto clique no ícone do quadradinho vermelho com um **X**, conforme vimos na **figura 25**. Agora vamos criar um novo aplicativo em **Python**, para isto clique com o botão do mouse sobre o menu **File**, em seguida selecione o item **New**, ou pressione, ao mesmo tempo, as teclas de atalho **Ctrl+N**, conforme vimos na **figura 28**, vai abrir um script vazio com o seguinte nome: **untitled.py**, conforme vimos na **figura 29**, vamos salvá-lo, para isto vá até o menu **File** e selecione o item **Save As...**, ou pressione, ao mesmo tempo, as teclas de atalho **Ctrl+Shift+S**, conforme vimos na **figura 30**, vai abrir a janela **Save Document As**, no item **Salvar em:**, clique na setinha para baixo da caixa de seleção **combobox** e selecione **Disco local (C:)**, se você renomeou o seu **Disco local (C:)**, clique no nome do disco que você escolheu — no meu caso eu chamei de **Win10 (C:)** —, em seguida clique duas vezes com o botão do mouse sobre a pasta **projetos_livro**, em seguida clique duas vezes com o botão do mouse sobre a pasta **scripts**, no item **Nome:**, digite **aplicativo_030**, no item **Tipo:**, deixe selecionado **Python**, conforme vimos na **figura 31**, clique no botão **Salvar**. Para saber se o aplicativo foi salvo no caminho que especificamos, basta verificar no topo da janela do **Wing 101**, que mostra o caminho onde salvamos nosso aplicativo, conforme vimos na **figura 32**. Veja que o cursor do mouse está posicionado na **linha 1**, neste local digite o código abaixo:

```
# Função : Função com Passagem de Parâmetros por Referência
# Autor : Prof. Msc Rafael Soares
# Data : 17/08/2019
# Seção de Declarações

numero1 = 0
numero2 = 0
resultado = 0
def soma(number1, number2, result):
    number1 = (number1 + 1)
    number2 = (number2 + 1)
    result = (number1 + number2)
    print("O Valor da variável number1 é: ", number1)
    print("O Valor da variável number2 é: ", number2)
    return (result)

# Seção de Comandos
numero1 = int(input("Digite o 1° Número: "))
numero2 = int(input("Digite o 2° Número: "))
resultado = soma(numero1, numero2, resultado)
print("O Valor da variável numero1 é: ", numero1)
print("O Valor da variável numero2 é: ", numero2)
print("O Resultado da Soma é:", resultado)
```

Veja como ficou, conforme vimos na **figura 37**. Observe que tem um asterisco na frente do nome do arquivo e os dois ícones dos disquetes ficam habilitados nas cores azul claro e azul escuro acima do nome do arquivo, aparece um disquete na cor azul claro, isto significa que temos que salvar nossa aplicação, para isto, clique com o botão do mouse sobre o menu **File**, em seguida selecione o item **Save All**, conforme vimos na **figura 38**, ou clique no ícone dos disquetes duplos na barra de ferramentas, conforme vimos na **figura 39**. Vamos executar nosso aplicativo, para isto, clique no ícone do triângulo verde na barra de ferramentas, ou pressione as teclas **Ctrl+Alt+V**, conforme vimos na **figura 40**, e vejam que o resultado vai ser mostrado na janela de visualização de resultados **Python Shell**, conforme **figura 135**.

```
Python Shell | Debug I/O
Commands execute without debug. Use arrow keys for history.

>>> [evaluate Teste_Vetor.py]
    Digite o 1º Número: 8
    Digite o 2º Número: 4
    O Valor da variável number1 é:  9
    O Valor da variável number2 é:  5
    O Valor da variável numero1 é:  8
    O Valor da variável numero2 é:  4
    O Resultado da Soma é: 14
>>>
```

Figura 135

Na linguagem **Python**, ao contrário do **VisuAlg**, as variáveis só terão os mesmos valores, se você mudar as **linhas 13** e **14**, para as **linhas 10** e **11**, no corpo da função.

Função Recursiva

A linguagem do **VisuAlg** permite recursão, isto é o que chamamos de possibilidade de que um **subprograma** possa chamar a si mesmo. A função que calcula um fatorial de um número inteiro que recebe como parâmetro é o exemplo mais conhecido de recursividade. Veja como a **Função Recursiva** é implementada no **VisuAlg**, vamos criar um aplicativo para o departamento de Matemática da Universidade Saber é Bom – USB, onde teremos uma função recursiva chamada **fatorial**, que vai calcular o fatorial de um determinado número digitado pelo usuário, em seguida o programa principal vai imprimir o resultado. Vamos retornar para o nosso algoritmo **algoritmo_022** no **VisuAlg**, se o mesmo estiver aberto, basta posicionar o botão do mouse sobre o ícone do **VisuAlg** na barra de tarefas do **Windows 10**, vai aparecer uma miniatura do algoritmo, conforme vimos na **figura 60**. Clique sobre esta miniatura e vamos retornar à tela principal do mesmo. Caso o **VisuAlg** esteja fechado, para abrí-lo novamente, basta clicar sobre o ícone do **VisuAlg** na barra de tarefas do **Windows 10**, conforme vimos na **figura 145** no **Anexo I**, vai abrir a tela principal do mesmo, clique com o botão do mouse sobre o menu **Arquivo**, em seguida selecione o item **Novo**, ou pressione, ao mesmo tempo, as teclas de atalho **Ctrl+N**, conforme vimos na **figura 61**. Antes de começarmos a digitar algo, vamos salvar nosso algoritmo, para isto, clique com o botão do mouse sobre o menu **Arquivo**, em seguida selecione o item **Salvar**, ou pressione, ao mesmo tempo, as teclas de atalho **Ctrl+S**, conforme vimos na **figura 4**. Ou clique no ícone do disquete no menu de ferramentas, conforme vimos na **figura 5**. Independentemente da forma escolhida para salvar o algoritmo vai abrir a janela **Salvar como**, no item **Salvar em:**, selecione **Disco local (C:)**, se você renomeou o seu **Disco local (C:)**, clique no nome do disco que você escolheu — no meu caso eu chamei de **Win10 (C:)** —, em seguida selecione a pasta **projetos_livro**, e clique no botão **Abrir** ou clique duas vezes com o botão do mouse sobre a pasta, em seguida selecione a pasta **algoritmos**, e clique no botão **Abrir** ou clique duas vezes com o botão do mouse sobre a pasta. No item **Nome:**, digite **algoritmo_023**, conforme vimos na **figura 6**. Clique no botão **Salvar**. Para saber se o algoritmo foi salvo no caminho que especificamos, basta verificar no topo da janela do **VisuAlg**, que mostra o caminho onde salvamos nosso algoritmo, conforme vimos na **figura 7**. Não esqueça de configurar a numeração de linhas, pois é muito importante, principalmente na indicação de erros. Para isto, clique no menu **Exibir**, e selecione o item **Número de linhas**, conforme vimos na **figura 8**. Ou clique no ícone **Numerar linhas** no menu de ferramentas, conforme vimos na **figura 9**. Agora posicione o cursor no início da **linha 1**, em seguida pressione, ao mesmo tempo, as teclas **Ctrl+T**, veja como ficou, conforme vimos na **figura 12**. Pressione a tecla **Delete** do teclado, e observe que o cursor do mouse vai ficar piscando na **linha 1**, neste local digite o código abaixo:

```
algoritmo "Funcao"
// Função : Demonstrar a capacidade de recursividade do Visualg
versão 2.0
```

```
// Autor : Prof. Msc Rafael Soares
// Data : 17/08/2019
// Seção de Declarações
var valor1 : inteiro

//Após a declaração das variáveis globais, define-se a função
funcao fatorial(valor2 :inteiro) : inteiro
inicio
se valor2 <= 2 entao
   retorne valor2
senao
   retorne valor2 * fatorial(valor2-1)
fimse
fimfuncao

inicio
// Corpo principal do programa
escreva("Digite um número: ")
leia(valor1)
escreva("O fatorial de ",valor1," é ",fatorial(valor1))
fimalgoritmo
```

Salve o algoritmo, conforme vimos nas **figuras** 4 e 5. Não esqueça de fazer a indentação do código, conforme vimos nas **figuras** 87 e **88**, ou pressione, ao mesmo tempo, as teclas **Ctrl+G**. É muito importante fazer a indentação do código, pois desta forma, deixaremos o nosso código mais legível. Vamos pedir para o usuário entrar com os dados, para isto, vamos alterar a exibição da janela de entrada e saída do **VisuAlg**, clique no ícone **Executar o algoritmo como DOS** no menu de ferramentas, conforme vimos na **figura 82**. Vamos executar o algoritmo, para isto vamos até o menu **Algoritmo**, e vamos selecionar o item **Executar**, ou pressionar a tecla **F9**, conforme vimos na **figura 14**. Ou clique no ícone **Executar** no menu de ferramentas, conforme vimos na **figura 15**. Veja que vai aparecer uma janela com o cursor do mouse piscando dentro de uma caixa de texto, para digitar o primeiro número, conforme vimos na **figura 109**. Digite um valor qualquer do tipo **inteiro**, em seguida clique no botão **OK**, veja que vai aparecer uma janela com o cursor do mouse piscando dentro de uma caixa de texto, para digitar o segundo número, digite um valor qualquer do tipo **inteiro**, em seguida clique no botão **OK**, e veja que ao finalizar, a soma será exibida na janela de visualização de resultados, conforme **figura 136**:

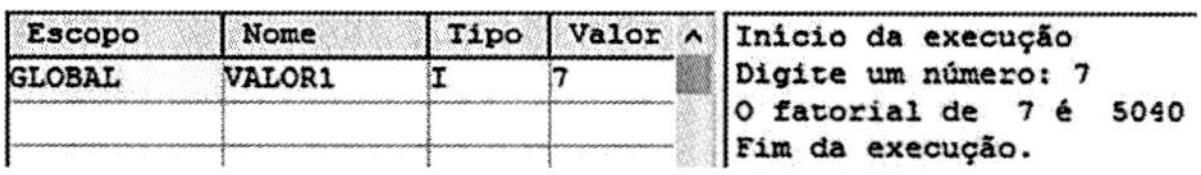

Figura 136

Veja como a **Função Recursiva** é implementada no **Python**, usando o exemplo anterior, vamos retornar para o nosso aplicativo **aplicativo_030.py** no **Wing 101**, se o mesmo estiver aberto, basta posicionar o botão do mouse sobre o ícone do **Wing 101** na barra de tarefas do **Windows 10**, vai aparecer uma miniatura do aplicativo, conforme vimos na **figura 65**, clique sobre esta miniatura e vamos retornar à tela principal do mesmo. Caso o **Wing 101** esteja fechado, para abrí-lo novamente, basta clicar sobre o ícone do **Wing 101** na barra de tarefas do **Windows 10**, conforme vimos na **figura 166** no **Anexo I**, vai abrir a tela principal do mesmo, antes de começarmos a digitar algo, vamos fechar o **aplicativo_030**, para isto clique no ícone do quadradinho vermelho com um **X**, conforme vimos na **figura 25**. Agora vamos criar um novo aplicativo em **Python**, para isto clique com o botão do mouse sobre o menu **File**, em seguida selecione o item **New**, ou pressione, ao mesmo tempo, as teclas de atalho **Ctrl+N**, conforme vimos na **figura 28**, vai abrir um script vazio com o seguinte nome: **untitled.py**, conforme vimos na **figura 29**, vamos salvá-lo, para isto vá até o menu **File** e selecione o item **Save As...**, ou pressione, ao mesmo tempo, as teclas de atalho **Ctrl+Shift+S**, conforme vimos na **figura 30**, vai abrir a janela **Save Document As**, no item **Salvar em:**, clique na setinha para baixo da caixa de seleção **combobox** e selecione **Disco local (C:)**, se você renomeou o seu **Disco local (C:)**, clique no nome do disco que você escolheu — no meu caso eu chamei de **Win10 (C:)** —, em seguida clique duas vezes com o botão do mouse sobre a pasta **projetos_livro**, em seguida clique duas vezes com o botão do mouse sobre a pasta **scripts**, no item **Nome:**, digite **aplicativo_031**, no item **Tipo:**, deixe selecionado **Python**, conforme vimos na

figura 31, clique no botão **Salvar**. Para saber se o aplicativo foi salvo no caminho que especificamos, basta verificar no topo da janela do **Wing 101**, que mostra o caminho onde salvamos nosso aplicativo, conforme vimos na **figura 32**. Veja que o cursor do mouse está posicionado na **linha 1**, neste local digite o código abaixo:

```
# Função : Demonstrar a capacidade de recursividade do Python
# Autor : Prof. Msc Rafael Soares
# Data : 17/08/2019
# Seção de Declarações

def fatorial(valor2):
    if (valor2 <= 2):
        return valor2
    else:
        return valor2 * fatorial(valor2-1)

# Corpo principal do programa
valor1 = int(input("Digite um número: "))
print("O fatorial de ", valor1, " é ", fatorial(valor1))
```

Veja como ficou, conforme vimos na **figura 37**. Observe que tem um asterisco na frente do nome do arquivo e os dois ícones dos disquetes ficam habilitados nas cores azul claro e azul escuro acima do nome do arquivo, aparece um disquete na cor azul claro, isto significa que temos que salvar nossa aplicação, para isto, clique com o botão do mouse sobre o menu **File**, em seguida selecione o item **Save All**, conforme vimos na **figura 38**, ou clique no ícone dos disquetes duplos na barra de ferramentas, conforme vimos na **figura 39**. Vamos executar nosso aplicativo, para isto clique no ícone do triângulo verde na barra de ferramentas, ou pressione as teclas **Ctrl+Alt+V**, conforme vimos na **figura 40**, e veja que o resultado vai ser mostrado na janela de visualização de resultados **Python Shell**, conforme **figura 137**.

```
Python Shell    Debug I/O
Commands execute without debug. Use arrow keys for history.
    3.7.4 (tags/v3.7.4:e09359112e, Jul  8 2019, 19:29:22) [MSC v.1916 32 bit (Intel)]
    Python Type "help", "copyright", "credits" or "license" for more information.
>>> [evaluate Teste_Vetor.py]
    Digite um número: 7
    O fatorial de  7  é  5040
>>>
```

Figura 137

Chegamos ao Final

Queridas leitoras, queridos leitores. Queridas alunas e queridos alunos. Espero que tenham apreciado um pouco do conhecimento que acabei de compartilhar com vocês, pois isto não seria possível sem que vocês tivessem incentivado para que este livro fosse escrito. Algoritmos são muito importantes para o aprendizado de qualquer linguagem de programação, mesmos as linguagens que trabalham com componentes visuais como janelas, botões, caixa de texto, entre outros. Espero realmente ter conseguido deixar bem mais agradável o seu aprendizado com a ajuda da ferramenta **VisuAlg** e da linguagem de programação **Python**.

Anexo I

Instalação e Requerimentos de Hardware

O **VisuAlg** é um programa simples, que não depende de **DLLs**, **OCXs** ou outros componentes. Sua instalação não copia arquivos para nenhuma outra pasta a não ser aquela em que for instalado, e exige cerca de 1 MB de espaço em disco. Pode ser executado sob **Windows 10** ou posterior, e tem melhor aparência com resolução de vídeo de 800x600 ou maior.

Obtendo o VisuAlg

Para baixar o **VisuAlg**, digite o seguinte endereço no seu navegador: **https://dicasdeprogramacao.com.br/download-visualg/**, vai aparecer a janela do site, conforme **figura 138**:

Figura 138

Role a página até encontrar o link **BAIXAR O VISUALG 2.5**, conforme **figura 139**:

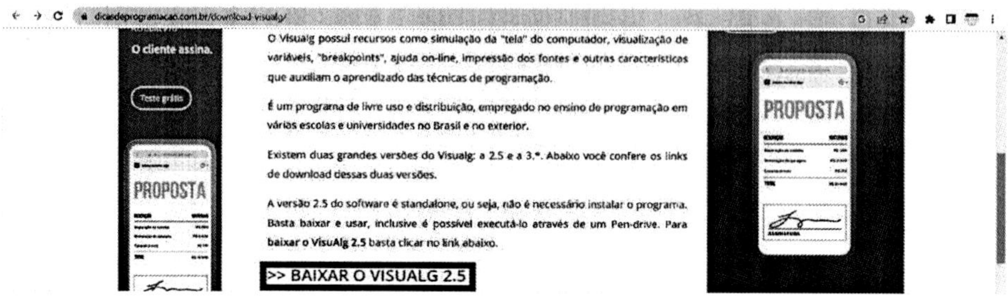

Figura 139

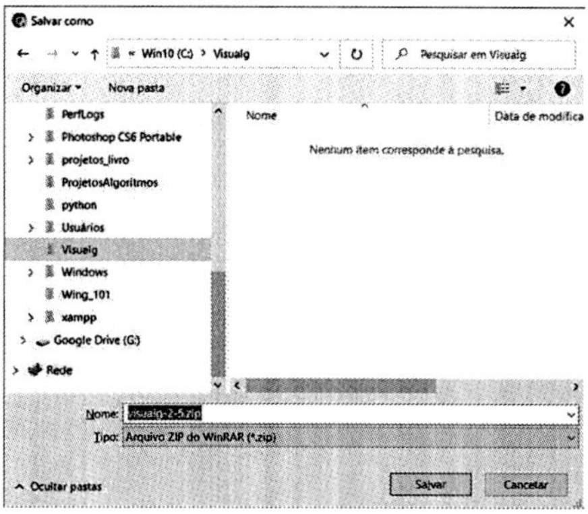

Figura 140

Em seguida, clique no link conforme **figura 139**, aguarde e vai aparecer a janela **Salvar como**, no seu navegador perguntando se você quer salvar o arquivo, se esta janela não abrir, provavelmente você não configurou o menu download de seu navegador para perguntar antes de salvar o arquivo e ele deve salvar na pasta padrão de **download** do seu navegador, selecione o seguinte caminho: **C:\Visualg** conforme **figura 140**:

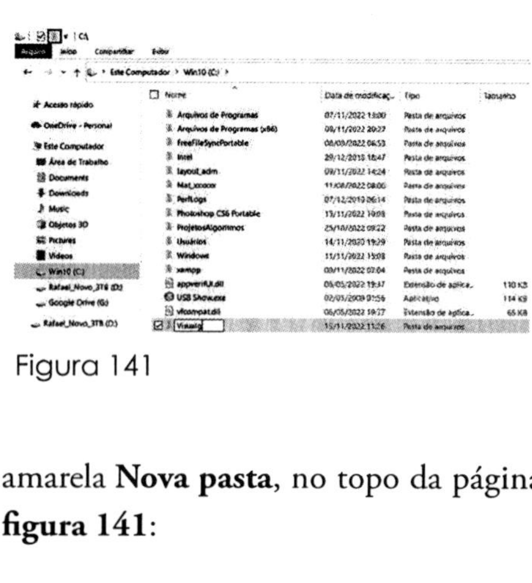
Figura 141

Estou usando o navegador **Chrome** da **Google**. Se você não tiver esta pasta, basta cria-la, para isto, selecione **Disco local (C:)**, se você renomeou o seu **Disco local (C:)**, clique no nome do disco que você escolheu — no meu caso eu chamei de **Win10 (C:)** —, em seguida crie uma pasta chamada **VisuAlg**, para isto basta clicar no ícone da pasta amarela **Nova pasta**, no topo da página, em seguida e digite **VisuAlg**, conforme **figura 141**:

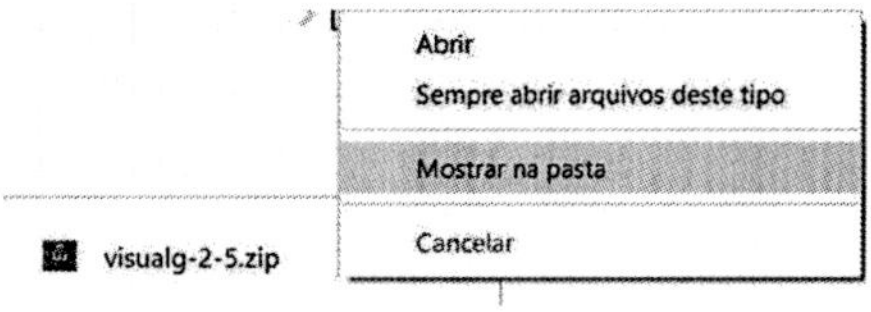

Figura 142

Em seguida pressione a tecla **Enter** duas vezes, clique no botão **Salvar**, aguarde o término do **Download**, vai aparecer o arquivo no rodapé da página, clique com o mouse sobre este arquivo, em seguida, clique no item **Mostrar na pasta**, conforme **figura 142**:

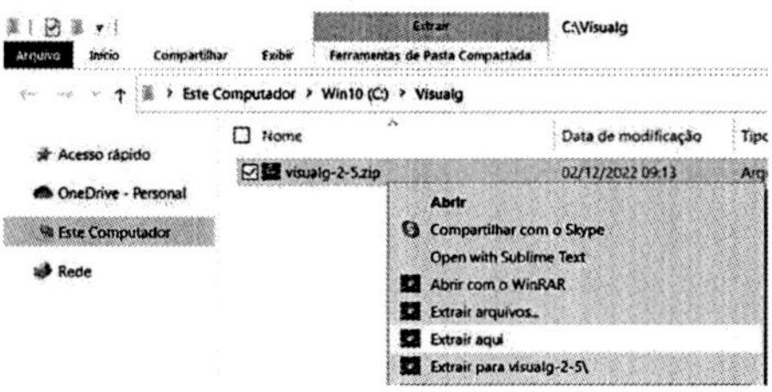

Figura 143

Vai abrir a pasta onde o arquivo foi baixado, notem que vamos precisar de um programa para descompactar o arquivo, no meu caso estou usando o **Winrar**, clique com o botão esquerdo do mouse sobre o arquivo **visualg-2-5.zip**, em seguida selecione o item **Extrair aqui**, conforme **figura 143**:

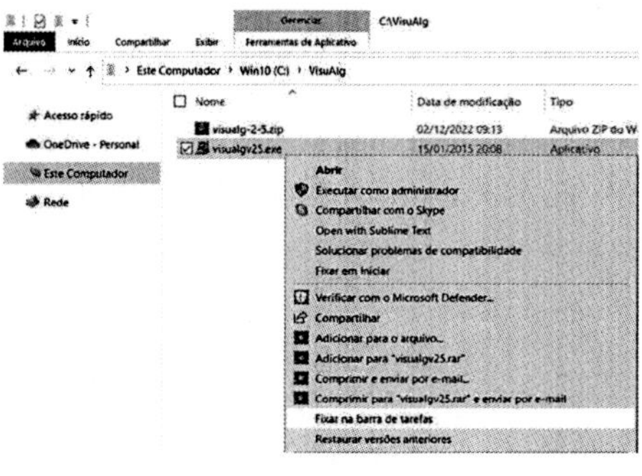

Figura 144

Vejam que vai ser extraído o arquivo executável **visualgv25.exe**, selecione o arquivo **visualgv25.exe** com o botão esquerdo do mouse, no menu que abre, selecione o item **Fixar na barra de tarefas**, conforme **figura 144**:

Figura 145

Vamos nos familiarizar com o mesmo no decorrer do livro. Se você quiser conhecer um pouco mais o **VisuAlg**, tem um livro de minha autoria chamado: **Aprendendo Algoritmo com VisuAlg**, da editora Ciência Moderna. Se clicar direto no arquivo, vai abrir o programa direto. Veja que o **VisuAlg**, agora está acessível na barra de tarefas do **Windows 10**, para abri-lo, basta clicar sobre o ícone do **VisuAlg**, conforme **figura 145**:

Vejam a tela inicial do **VisuAlg** aberta, conforme **figura 146**:

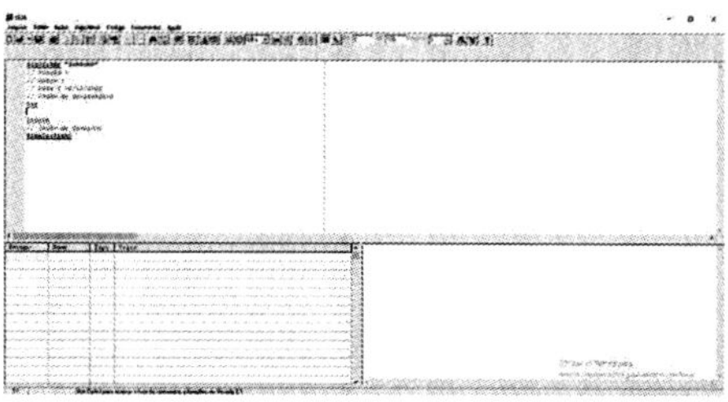

Figura 146

Para fechá-lo, vá até o menu **Arquivo**, e selecione o item **Sair**, ou clique no botão do **X** na parte superior direita da janela do **VisuAlg**, conforme **figura 147**:

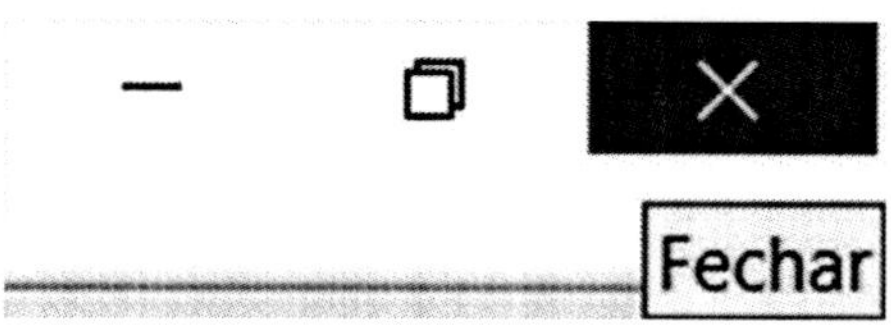

Figura 147

Vamos criar uma pasta chamada **projetos_livro**, e dentro dela criaremos duas pastas, uma chamada **algoritmos** e outra chamada **scripts**. Para isto abra o **Explorador de Arquivos**, pressione ao mesmo tempo a tecla do **logotipo do Windows+E**, ou vá até a barra de tarefas do **Windows**, e selecione o item **Explorador de Arquivos**, conforme **figura 148**:

Figura 148

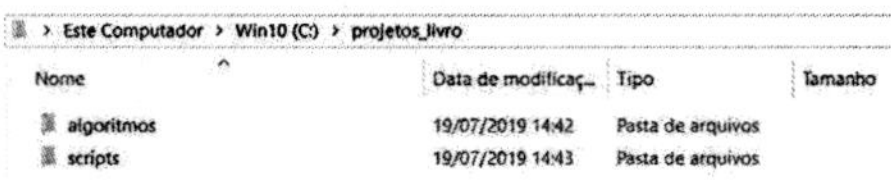

Figura 149

Em seguida, selecione **Disco local (C:)**, se você renomeou o seu **Disco local (C:)**, clique no nome do disco que você escolheu — no meu caso eu chamei de **Win10 (C:)** —, em seguida crie uma pasta chamada **projetos_livro**, para isto basta clicar no ícone da pasta amarela **Nova pasta**, no topo da página, em seguida e digite **VisuAlg**, conforme vimos **figura 141**. Em seguida pressione a tecla **Enter** duas vezes, repita o procedimento anterior para criar as pastas **algoritmos** e **scripts**, dentro da pasta **projetos_livro**. Veja como ficou, conforme **figura 149**:

Desta forma, o caminho dos nossos **algoritmos** vão ser: **C:\projetos_livro\algoritmos**, e dos programas **Python**, vão ser: **C:\projetos_livro\scripts**.

O que é o Python

Python é uma maravilhosa linguagem de programação criada por Guido Van Rossum, cientista da computação e matemático holandês que decidiu presentear o mundo com um projeto com o qual ele estava brincando no Natal de 1989. A linguagem apareceu para o público em algum lugar por volta de 1991, e desde então evoluiu para ser uma das principais linguagens de programação usadas mundialmente nos dias de hoje. Antes de entrarmos nos detalhes técnicos, vamos entender por que alguém iria querer usar o **Python** (eu recomendo que você leia a página do **Python** na Wikipedia para obter uma introdução mais detalhada). Ao meu ver, o **Python** sintetiza as seguintes qualidades:

- **Portabilidade – Portability**: é executado em todos os lugares, e portar um programa do Linux para o Windows ou Mac geralmente é apenas uma questão de corrigir caminhos e configurações. Ele é projetado para portabilidade e vai cuidar de peculiaridades específicas do sistema operacional (OS) por trás de interfaces que o protegem da dificuldade de escrever código adaptado a uma plataforma específica.

- **Coerência – Coherence**: é extremamente lógico e coerente. Você pode ver que foi projetado por um cientista da computação brilhante. Na maioria das vezes, você pode adivinhar como um método é chamado, se você não souber. Você pode não perceber o quanto isso é importante neste momento, especialmente se você estiver começando, mas essa é uma característica importante. Isso significa menos confusão em sua cabeça, assim como menos detalhes na documentação e menos necessidade de mapeamento em seu cérebro quando você codifica.

- **Produtividade do desenvolvedor – Developer productivity**: um programa em **Python** tem tipicamente um quinto a um terço do tamanho de um código equivalente em Java ou C++. Isso significa que o trabalho é feito mais rápido, ou seja, quanto mais rápido significa uma resposta mais rápida ao mercado. Menos código não significa apenas menos código para escrever, mas também menos código para ler (e codificadores profissionais lêem muito mais do que escrevem), menos código para manter, depurar e refatorar.

- Outro aspecto importante é que o **Python** é executado sem a necessidade de longas e demoradas etapas de compilação e ligação, para que você não precise esperar para ver os resultados do seu trabalho.

- **Uma extensa biblioteca – An extensive library**: tem uma biblioteca padrão incrivelmente ampla (diz-se que vem com baterias inclusas). Se isso não bastasse, a comunidade **Python** em todo o mundo mantém um grande número de bibliotecas de terceiros, adaptadas a necessidades específicas, que você pode acessar livremente no **Python** Package Index (PyPI). Quando você codifica **Python** e percebe que precisa de um determinado recurso, na maioria dos casos, há pelo menos uma biblioteca em que esse recurso já foi implementado para você.

- **Qualidade de software – Software quality**: é fortemente focado em legibilidade, coerência e qualidade. A uniformidade da linguagem permite uma alta legibilidade e isso é crucial hoje em dia, onde a codificação é mais um esforço coletivo do que um esforço solo. Outro aspecto importante do **Python** é sua natureza multiparadigmática intrínseca. Você pode usá-la como uma linguagem de script, mas também pode explorar estilos de programação orientados a objetos, imperativos e funcionais. É uma linguagem muito versátil.

- **Integração de software – Software integration**: Outro aspecto importante é que o **Python** pode ser estendido e integrado a muitas outras linguagens, o que significa que mesmo quando uma empresa usa uma linguagem diferente como ferramenta principal, o **Python** pode entrar e agir como um agente de cola entre aplicativos complexos que precisam falar uns aos outros de alguma forma. Este é um tópico avançado, mas no mundo real, esse recurso é muito importante.

- **Satisfação e prazer – Satisfaction and enjoyment**: Por último, mas não menos importante, é que trabalhar com **Python** é divertido. Eu posso codificar por 8 horas e deixar o escritório feliz e satisfeito, alheio à luta que outros programadores têm que suportar porque eles usam linguagens que não lhes fornecem a mesma quantidade de estruturas e construções de dados bem projetadas. O **Python** torna a codificação divertida, sem dúvida. E divertido promove motivação e produtividade.

Esses são os principais motivos pelo qual a linguagem **Python** é eu recomendada a todos. Naturalmente, há muitos outros recursos técnicos e avançados que poderíamos ter falado, mas eles não pertencem a uma seção introdutória como esta.

Diretrizes sobre como escrever um bom código

Escrever um bom código não é tão fácil quanto parece. Como já disse antes, um bom código expõe uma longa lista de qualidades que é bastante difícil de montar. Escrever um bom código é, até certo ponto, uma arte. Independentemente de onde no caminho você será feliz para resolver, há algo que você pode abraçar o que tornará seu código instantaneamente melhor: PEP 8.

Segundo a Wikipedia: "O desenvolvimento do **Python** é conduzido em grande parte através do processo PEP. O processo PEP é o principal mecanismo para propor novos recursos importantes, para coletar informações da comunidade sobre um problema e para documentar as decisões de design que entraram no **Python**."

O **PEP 8** é talvez o mais famoso de todos os PEPs. Ele estabelece um conjunto simples, mas eficaz de diretrizes para definir a estética do **Python** para que possamos escrever um suntuoso código **Python**. Quer uma Sugestão, use-as, abrace estas diretrizes, vocês não irão se arrepender disto. Alguns tópicos importantes que valem ser destacados:

- Use 4 espaços para indentação;
- Nunca misture Tab's e espaços;
- Tamanho máximo da linha é 79 caracteres;
- Use **nome_de_variavel** para nomes de variáveis;
- Use a metodologia **CamelCase** para nome de classes.

No guia vamos encontrar mais itens sobre indentação, espaçamento, e propostas de como usar **imports** e muito mais.

Obtendo o Python e preparando o ambiente

Para baixar o **Python**, digite o seguinte endereço no seu navegador: **https://www.python.org/downloads/windows/**, vai aparecer a janela do site, procure o item **Python 3.11.0 - Oct. 24, 2022**, e clique com o botão do mouse no link **Download Windows installer (64-bit)**, conforme **figura 150**:

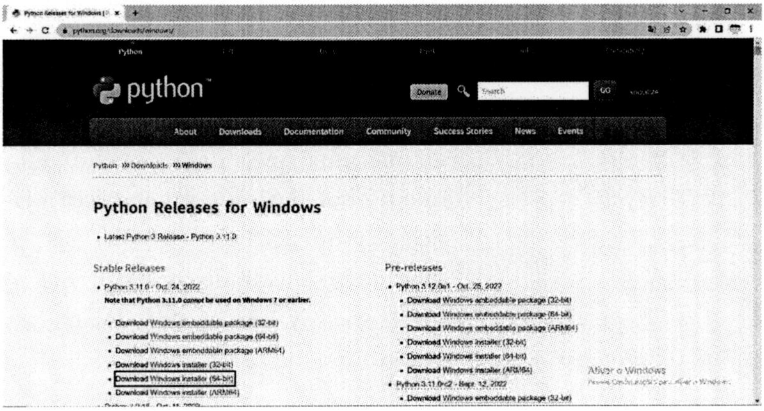

Figura 150

Vai aparecer a janela de download de seu navegador perguntando se você quer salvar o arquivo, se esta janela não abrir, provavelmente você não configurou o menu download de seu navegador para perguntar antes de salvar o arquivo e ele deve salvar na pasta padrão de download do seu navegador. Estou usando o navegador **Chrome** da **Google**, vai abrir a janela **Salvar como**, selecione **Disco local (C:)**, se você renomeou o seu **Disco local (C:)**, clique no nome do disco que você escolheu — no meu caso eu chamei de **Win10 (C:)** —, em seguida crie uma pasta chamada **Python**, para isto basta clicar no item **Nova pasta** e digite **python**, conforme vimos na **figura 141**. Em seguida pressione a tecla **Enter** duas vezes, e clique no botão **Salvar**. Aguarde o término do **download**. Agora vamos instalar o **python-3.11.0-amd64.exe**, clique no botão **Explorador de Arquivos** que se encontra na barra de tarefas, conforme vimos na **figura 148**. Vá até a pasta onde você baixou o arquivo do **Python**, no meu caso o caminho é o seguinte: **C:\python**, clique com o botão esquerdo do mouse sobre o arquivo **python-3.11.0-amd64.exe**, e selecione o item **Executar como administrador**, conforme **figura 151**:

Figura 151

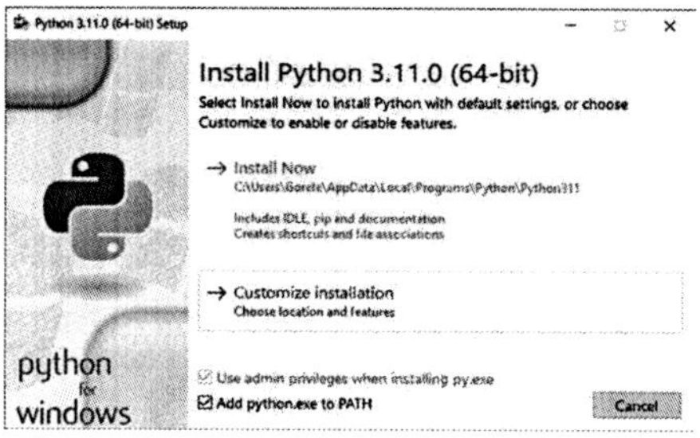

Figura 152

Se você configurou na central de segurança do **Windows** para alertar sobre novas atualizações e instalações de programas uma janela deverá se abrir. Clique no botão **Sim**, e vai aparecer a janela **Python 3.11.0 (64-bit) Setup**, selecione o quadradinho em frente ao item **Add python.exe to PATH**, em seguida clique sobre o item **Customize installation**, conforme **figura 152**:

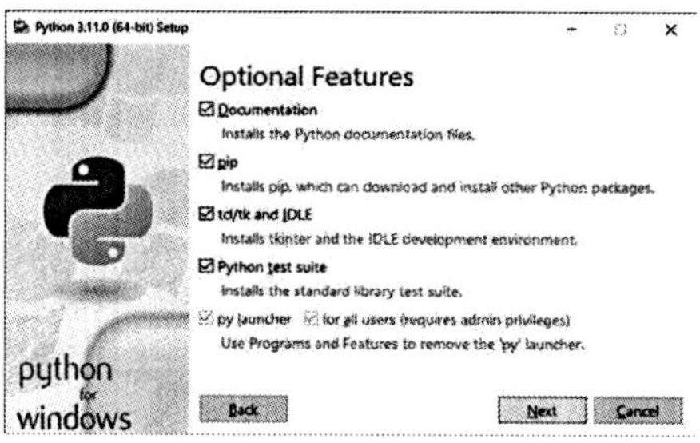

Figura 153

vai aparecer a janela **Optional Features**, conforme **figura 153:**

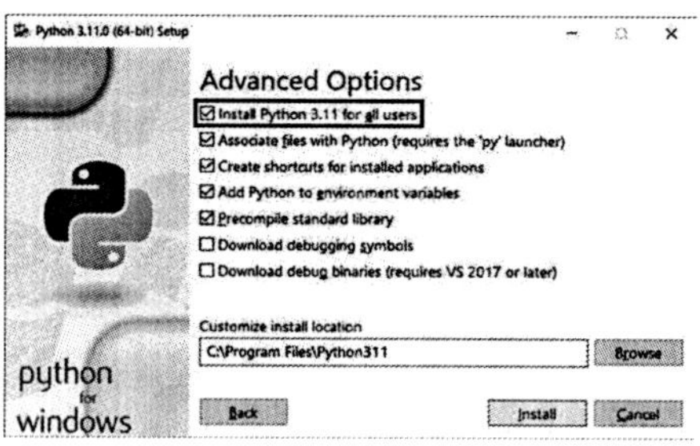

Figura 154

Deixe todas as opções marcadas e clique no botão **Next**, vai aparecer a janela **Advanced Options**, selecione o item **Install for all users**, em seguida clique no botão **Install**, conforme **figura 154**:

Vai iniciar o **download**, conforme **figura 155**:

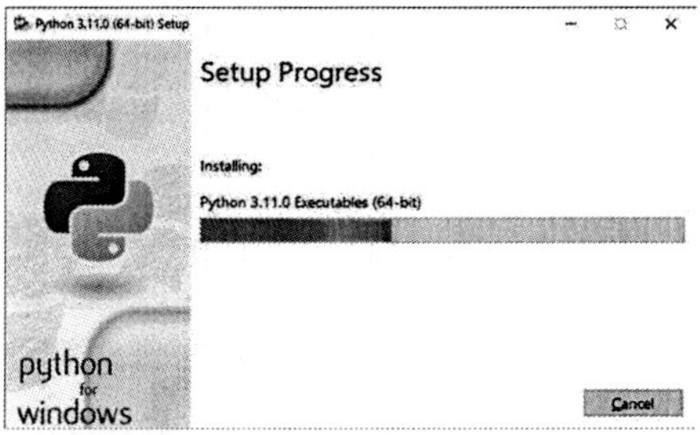

Figura 155

Aguarde o término da instalação e vai aparecer a janela **Setup was successful**, conforme **figura 156**:

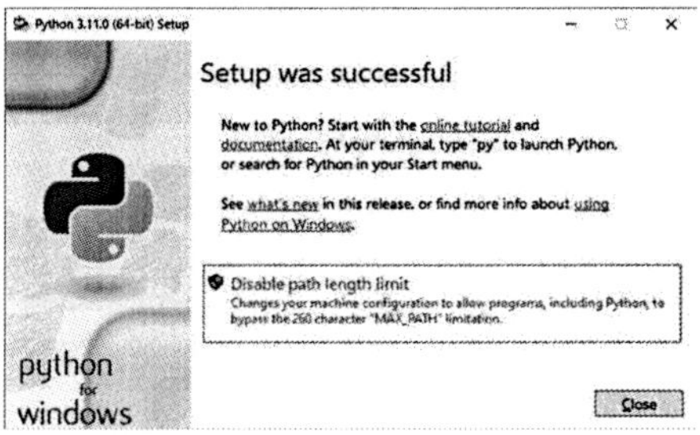

Figura 156

Clique no botão **Close**. Pronto o **Python** está instalado e pronto para ser usado no terminal do **Windows**, ou seja, na linha de comando do **DOS**, o que não é nada prático. Vamos utilizar uma IDE chamada **Wing 101**, para isto digite no seu navegador o seguinte endereço: **http://wingware.com/downloads/wingide-101**, vai aparecer a janela do site, conforme **figura 157**:

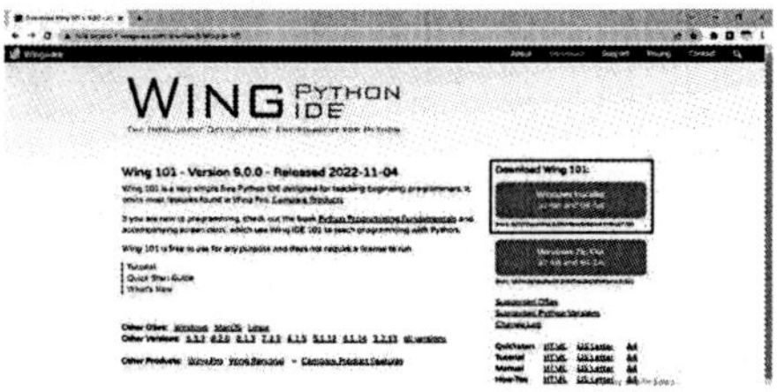

Figura 157

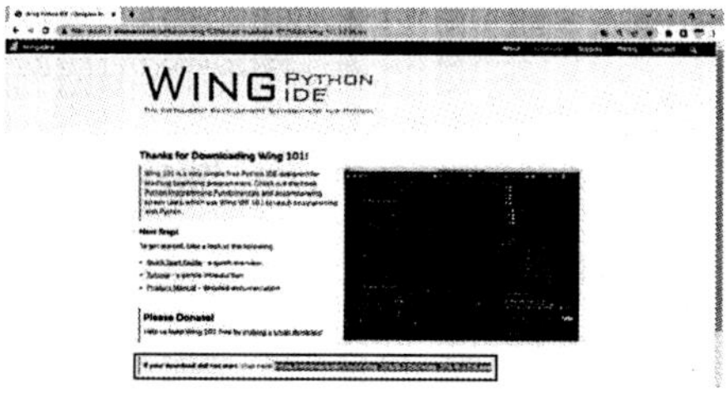

Figura 158

Clique no botão verde **Windows Installer 32-bit and 64-bit**, vai aparecer a janela de download de seu navegador perguntando se você quer salvar o arquivo, se esta janela não abrir, provavelmente você não configurou o menu download de seu navegador para perguntar antes de salvar o arquivo e ele deve salvar na pasta padrão de download do seu navegador, caso a janela não abra, vamos ser direcionados para esta outra página, conforme **figura 158**:

Clique no link **https://wingware.com/pub/wing-101/9.0.2.1/wing-101-9.0.2.1.exe**, estou usando o navegador **Chrome** da **Google**, vai abrir a janela **Salvar como**, selecione **Disco local (C:)**, se você renomeou o seu **Disco local (C:)**, clique no nome do disco que você escolheu — no meu caso eu chamei de **Win10 (C:)** —, em seguida crie uma pasta chamada **Wing_101**, para isto basta clicar no item **Nova pasta** e digite **Wing_101**, conforme vimos na **figura 141**. Em seguida pressione a tecla **Enter** duas vezes, e clique sobre o botão **Salvar**. Aguarde o término do **download**. Agora vamos instalar o **Wing 101**, abra o **Explorador de Arquivos**, conforme vimos na **figura 148.** Vá até a pasta onde você baixou o arquivo do **Wing 101**, no meu caso o caminho é o seguinte: **C:\Wing_101**, clique com o botão esquerdo do mouse sobre o arquivo **wing-101-9.0.0.6.exe**, e selecione o item **Executar como administrador**, conforme **figura 159**:

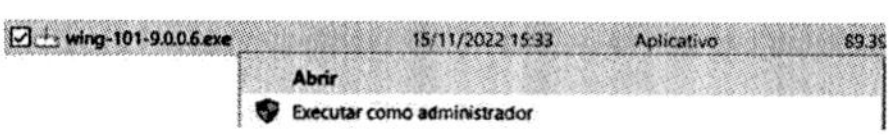

Figura 159

Se você configurou na central de segurança do **Windows** para alertar sobre novas atualizações e instalações de programas uma janela deverá se abrir, clique no botão **Sim**, e vai aparecer a janela **Setup Wizard License Agreement**, conforme **figura 160**:

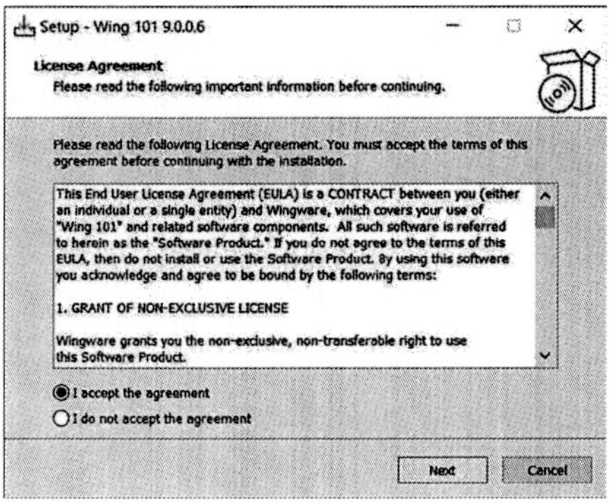

Figura 160

Selecione o item **I accept agreement**, Clique no botão **Next**. Na próxima janela, **Select Destination Location**, será mostrado o caminho padrão para instalar o software, conforme **figura 161**:

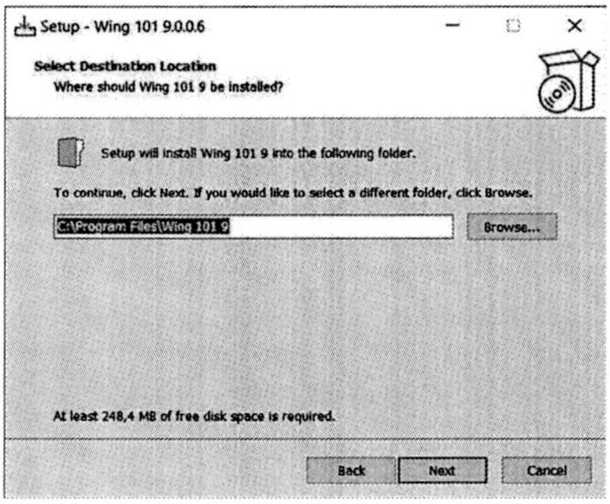

Figura 161

Deixe como está e clique no botão **Next**. Na próxima janela, **Ready to Install**, vão aparecer todas as configurações para você conferir, conforme **figura 162**:

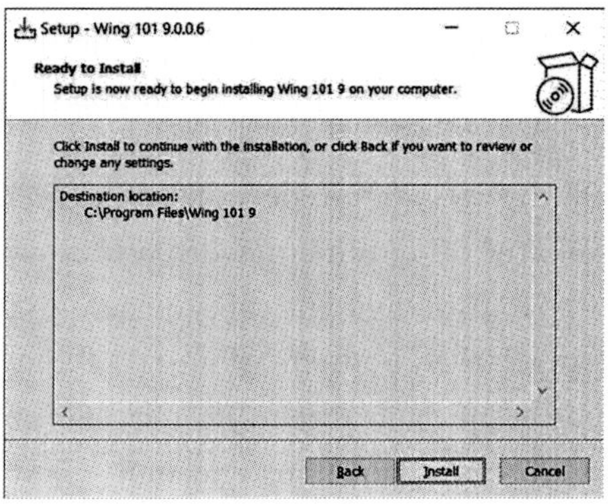

Figura 162

Se estiver tudo ok, clique no botão **Install**, senão clique no botão **Back** e faça as alterações necessárias. Vai aparecer a janela **Installing**, conforme **figura 163**:

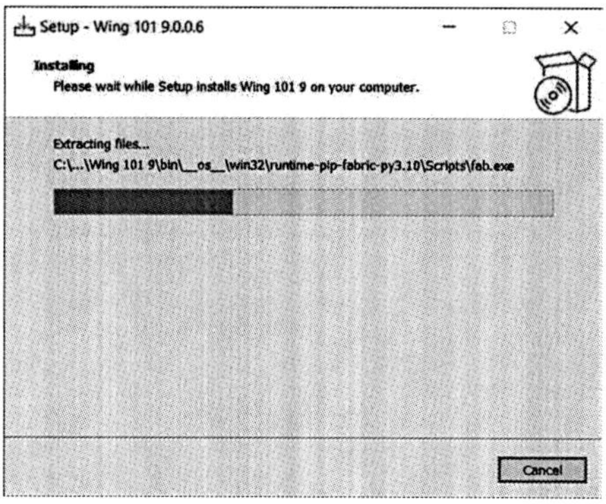

Figura 163

Aguarde o término da instalação e aparecerá a janela **Instalação Completa – Completing the Wing 101 9 Setup Wizard**, conforme **figura 164**:

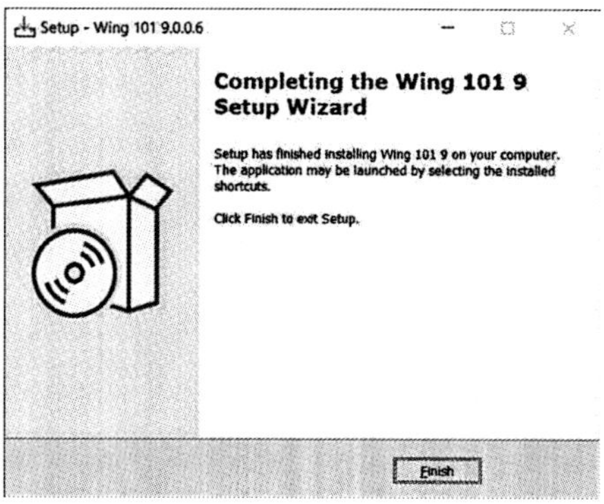

Figura 164

Clique no botão **Finish**, pronto a IDE **Wing 101**, está instalada. Vamos nos familiarizar com a mesma no decorrer do livro. Como vamos utilizar bastante o **Wing 101**, vamos deixa-lo disponível na barra de ferramentas do **Windows 10**, para isto digite na caixa de pesquisa **Wing 101 9**, no item **Wing 101 9** que aparece no lado direito da tela, clique com o botão do mouse no item **Fixar na barra de tarefas**, conforme **figura 165**:

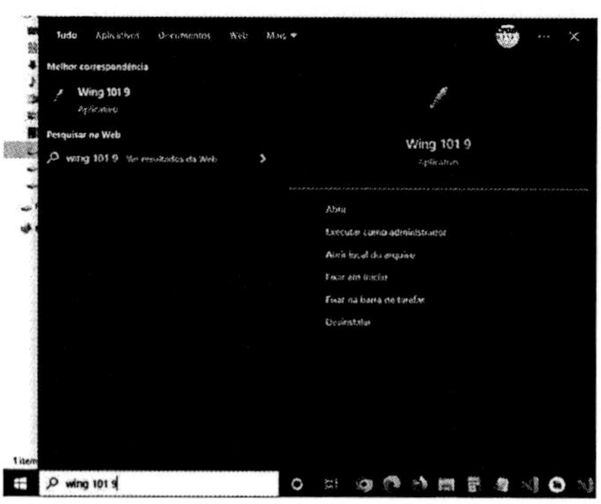

Figura 165

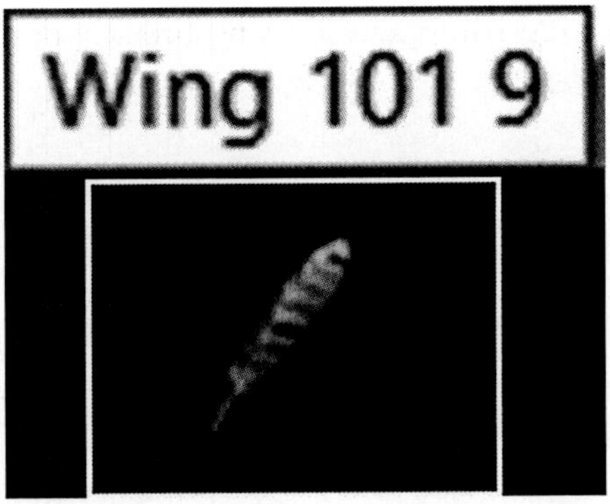

Figura 166

Veja que o **Wing 101 9**, agora está acessível na barra de tarefas do **Windows 10**, para abri-lo, basta clicar sobre o ícone do **Wing 101 9**, que parece uma pena, conforme **figura 166**:

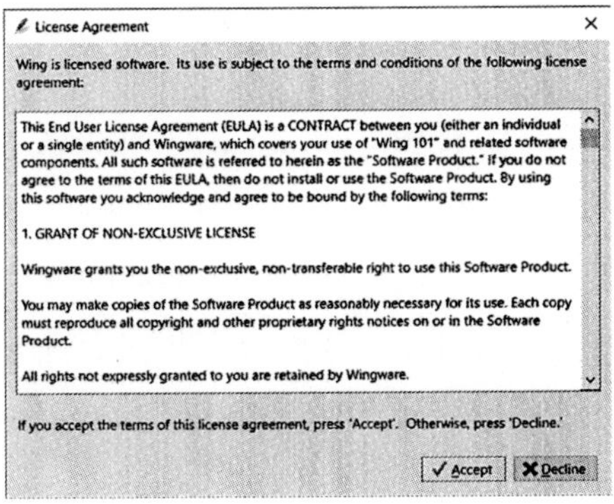

Figura 166

Vai abrir uma janela pedindo para que você aceite a licença de uso, conforme **figura 167**:

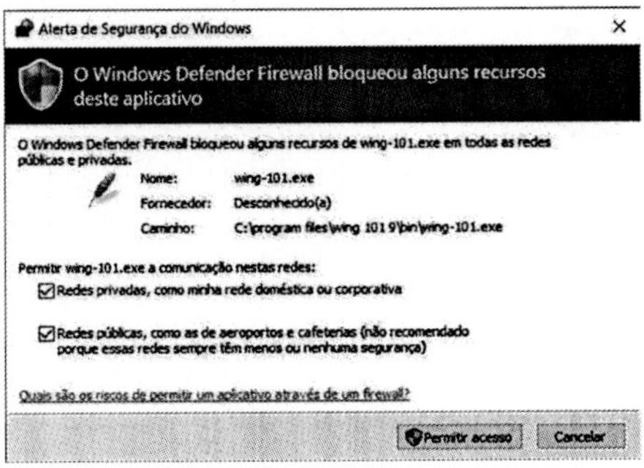

Figura 168

Clique no botão **Accept**. Junto com a tela inicial do **Wing 101**, vai abrir a já janela de **Segurança do Windows**, conforme **figura 168**:

Selecione todos os itens e clique no botão **Permitir acesso**. Vai abrir a janela principal do **Wing 101**, conforme **figura 169**:

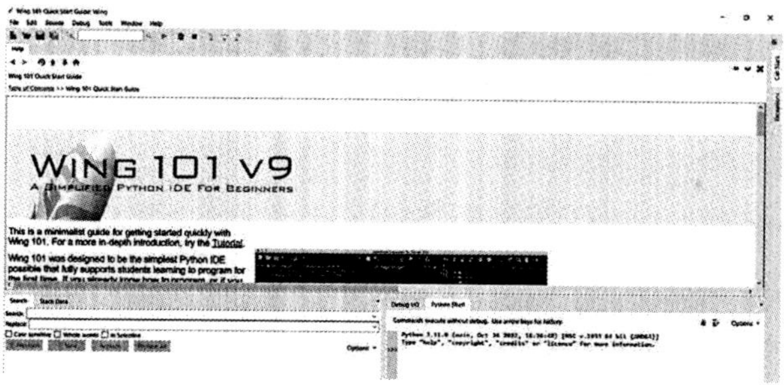

Figura 169

Para fechá-lo, vá até o menu **File**, e selecione o item **Quit**, ou pressione as teclas **Ctrl+Q**, ou clique no botão do **X** na parte superior direita da janela do **Wing 101**, conforme **figura 170**:

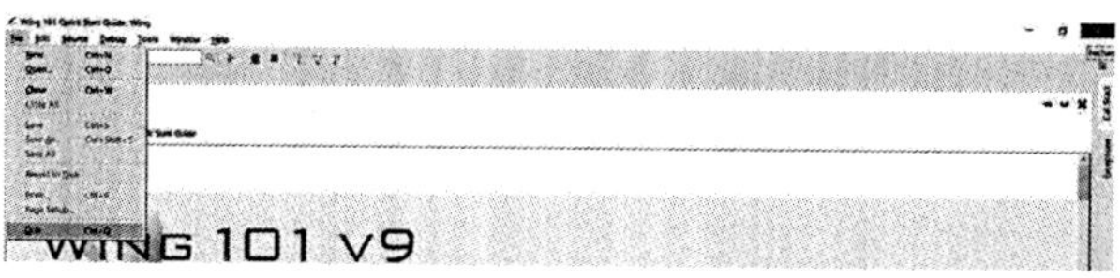

Figura 170

Impressão e acabamento
Gráfica da Editora Ciência Moderna Ltda.
Tel: (21) 2201-6662